U0940407

内 容 简 介

本书汇集全行业范围内企业数字化学习应用的成功实践案例，充分体现企业数字化学习领域的地位和对行业学习趋势的把握，涉及金融、能源、电力、生产制造、通信技术、连锁经营、健康医疗、IT 等行业，全面展现近年来国内知名企业的数字化学习理论和实践成果。

本书适合人力资源管理人员和企业管理者，以及在线教育和培训领域的从业人员、机构阅读参考。

图书在版编目（CIP）数据

中国企业数字化学习黑皮书. 3 / 付春鸥，张春林，朱维芳主编. —北京：电子工业出版社，2021.11
ISBN 978-7-121-42464-9

Ⅰ. ①中… Ⅱ. ①付… ②张… ③朱… Ⅲ. ①企业管理—数字化—研究—中国 Ⅳ. ①F272.7

中国版本图书馆 CIP 数据核字（2021）第 241747 号

责任编辑：王二华　　文字编辑：张　慧
印　　刷：天津嘉恒印务有限公司
装　　订：天津嘉恒印务有限公司
出版发行：电子工业出版社
　　　　　北京市海淀区万寿路 173 信箱　　邮编：100036
开　　本：720 × 1000　1/16　印张：17.75　字数：312 千字
版　　次：2021 年 11 月第 1 版
印　　次：2021 年 11 月第 1 次印刷
定　　价：98.00 元

凡所购买电子工业出版社图书有缺损问题，请向购买书店调换。若书店售缺，请与本社发行部联系，联系及邮购电话：（010）88254888，88258888。

质量投诉请发邮件至 zlts@phei.com.cn，盗版侵权举报请发邮件至 dbqq@phei.com.cn。

本书咨询联系方式：wangrh@phei.com.cn。

推　荐　语

智能时代和百年未有的大变局时代的来临，为技术变革教育培训创造了前所未有的历史机遇。如何利用数字技术促进教育培训变革，探索数字化学习的推进路径，是一项重大而紧迫的时代课题。《中国企业数字化学习黑皮书 3》开行业之先河，从实践探索和理论研究的视角为我们揭开了数字技术赋能企业数字化学习的“密码”，深刻探讨了数字技术对企业教育培训的工具、方式、内容、运营及治理等方面的影响，提供了有效的参考案例和系统的实践路径。相信本书能够给企业教育培训的转型及数字化学习的推进带来诸多借鉴和启示。

——建行大学华东学院院长 屈建伟

数字化时代，成年人学习的方式、方法已经发生了很多变化，内容来源多元化、知识结构碎片化、学习时间随意化，给企业培训的管理者带来了极大的挑战。《中国企业数字化学习黑皮书 3》是行业优秀实践的大汇集，既为企业培训管理者提供了学习借鉴的案例和解决方案，也使企业培训参与者拓宽了视野、增长了见识。

——光大永明人寿保险副总经理 李林

毋庸置疑，技术会极大地影响和推动学习发展领域的进步与变革。数字化时代已然来临，作为学习发展从业人士，掌握和运用数字化学习技术不再是加分项，而是基本功。《中国企业数字化学习黑皮书 3》历经 3 年的专业研究与沉淀，为培训行业的数字化转型提供了转型的方向和落地的举措。本书从更多的维度剖析数字化学习，带来了更前沿的最佳实践，希望从业人士共同实践与总结，共创学习发展新篇章。

——九州通大学执行校长 陈亮

上汽集团正处于数字化转型的关键时刻，在软件定义汽车的时代，我们将在智能网联、智能制造、数字营销等新赛道上构建核心竞争力。《中国企业数字化学习黑皮书 3》萃取了行业数字化的优秀案例，为上汽集团的数字化转型提供了可借鉴的战略思维和落实举措。“他山之石，可以攻玉。”本书给企业经营者带来了很大的启示。

——上海汽车集团股份有限公司培训中心主任 蒋建华

在后疫情时代，加快推进企业数字化转型是企业发展的必然要求，也是大势所趋。《中国企业数字化学习黑皮书 3》一书结合大量的企业现实案例中的经典问题，给出了切实的解决方案，从而指导企业通过数字化培训持续为企业人才创新知识，不断增强企业组织能力，为更多的企业提供启发并使其从中受益。

——中国海峡人才市场培训中心主任 王辛岩

在数字化的大趋势和前景下，学习型企业的挑战是如何将精准的产品化思维与业务战略相结合，开发出能够真正有利于组织发展和人才发展的学习项目。这必然是一个探索性工作。无论是在优秀的课程、混合式项目还是场景化学习等方面，我们 LD/TD 工作者，都不得不参考优秀企业案例，而《中国企业数字化学习黑皮书 3》无疑是优秀案例的第一选择。

——诺华肿瘤（中国） 温雅娟

编　委　会

张少亮	小米集团
周永军　官炳新	东北证券股份有限公司
杜书明　张新法　徐　硕	中国银河证券股份有限公司
金　永　余　晓	中国人寿成都保险研修院
刘　卓　傅小斌　田欣桐　姜希德	58 集团
彭江龙	方正证券培训学院
程训俪	施维雅（天津）制药有限公司
李金鹏　杨　彤	京东零售学院
王星恒　林韋翰　蒋　燕	诺华制药一线培训与发展部
吴屹华	职鼎科技

序

过去的一年很不寻常，一场突如其来的新冠肺炎疫情给我们每个人的工作和生活带来了巨大的挑战，VUCA 时代的韵味与痕迹也日趋明显，很多事情变得越来越不确定。但是，在今天所有的不确定当中，有一件事是确定无疑的，那就是全球范围的数字化时代已经到来，数字化在各领域的应用已进入深耕阶段，数字时代的趋势无法改变，且发展速度之快远超我们的想象。

中国企业在数字化转型的浪潮下，主动求变、砥砺探索，可以预见在接下来的 3 至 5 年内，我国企业的数字化转型必将给国家、行业、产业的发展带来深刻的变革。数字化的核心是“数据”，数据已经成为重要的资产，数据的获取和利用将成为每个企业的新能力，数字化经济与产业将会蓬勃兴起，而产业数字化转型也为传统企业带来了新挑战、新机遇和新课题。

时代的变革推进市场和企业变革，决定企业推动变革和抓住数字化时代机遇的关键，也是每一家企业最关键的底蕴——“人才”培养。这些“人才”是指能够快速适应变化、具备数字化思维、掌握数字化技能、使用数字化工具、创造数字化价值的新型人才。只有这些掌握新理念和新能力的人才，才能利用数字化思维重构企业的商业模式，驱动研发、生产和营销；才能利用数字化能力节省管理成本、渠道成本和人力成本。所以说，一个企业数字化转型是否成功取决于是否拥有快速培养数字化人才的能力。我们将会看到，一方面是大量岗位被数字化人才取代，另一方面是因产业升级带来的数字化人才短缺，这两种情况可能会在一定时期内并存。

全球 80%的大型企业已经开始探索高效、大规模的数字化人才培养方法和路径，以适应未来的不确定性，若要在更短的时间内高效、精准、大规模地生产和培养人才，则需要通过“数字化学习”的手段来实现。数字化学习需要建立在组织战略的视角，夯实基础平台、链接学习资源，更精准、更高效地服务于各行各业岗位专业人才的培养。随着 AI 技术的飞速进步，智能化学习指日可待，市场覆盖率也必将大幅度提升。同样，我们也需要认识到，领域人才稀缺、专业能力不足等因素，均制约着数字化学习的推进速度和应用效果，各企业可参考“数字化学习专业人才能力要求”（见图 1）并结合《中国企业数字化学习黑皮书 3》中的案例，不断推动企业的数字化转型。

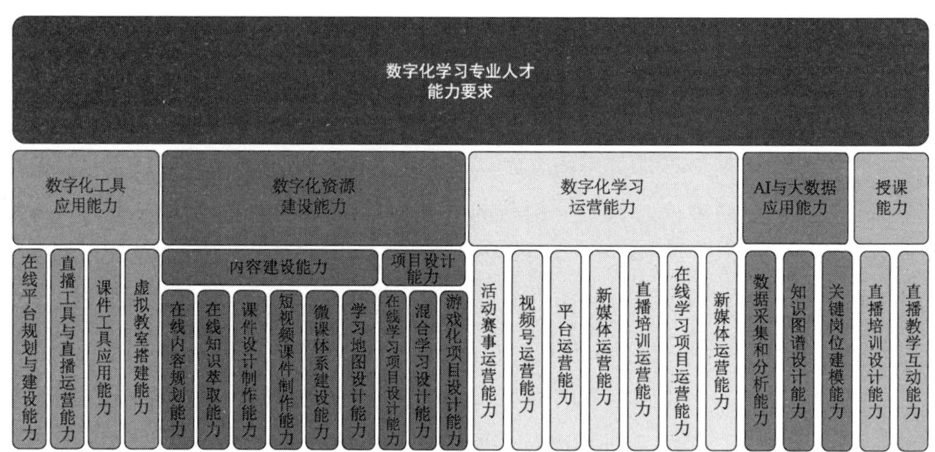

图 1　数字化学习专业人才能力要求

在线学习行业迎来了数字化新纪元，行业从业者也面临着新的使命。用数字化学习手段加速数字化人才培养，推动企业数字化转型，将成为每个行业人的新使命。在数字化学习建设与数字化人才培养的道路上，online-edu（在线教育资讯网）愿与大家继续携手前行。

王　岩

优秀服务商推荐列表

平安知鸟

北京开课吧科技有限公司

上海时代光华教育发展有限公司

弘成科技发展有限公司

博奥研究院

中经网数据有限公司

深圳市问鼎资讯有限公司

职鼎科技

目　　录

第三篇　共创资源开发之径

第四篇　做活运营实施之法

第五篇　赋能业务增长之举

第六篇　建设专业能力之术

专题：

数字化人才培养解决方案

北京开课吧科技有限公司　　朱维芳

一、企业介绍

“开课吧”是中国在线职业教育领军企业，于2013年8月正式上线，专注于培养符合新时代发展趋势的复合型和应用型人才。“开课吧”整合全球知名高校和领军企业的一线师资及实战项目，面向大学生和在职人员提供职业能力进阶、职业资格考试、学历提升等多元化职业教育及人才服务，帮助用户实现可持续职业成长。

“开课吧企业服务”是“开课吧”孵化的为B端客户提供数字化人才培养与组织建设的组织，针对有数字化转型诉求的企业，提供定制化数字化转型的组织赋能和人才培养解决方案，致力于为企业数字化转型储备全局优化的数字化专业人才，帮助企业构建数字化能力，开展数字化工程，实现数字化转型。

二、数字化转型现状

国家“十四五”规划和2035年远景目标纲要中都专门谈到要“加快数字化发展，建设数字中国”，显而易见，数字化转型已经上升为国家战略。

我国现有的大量传统企业，尤其是中小企业都需要进行数字化转型，数字化转型将大幅度提高企业的经营效益。新兴产业，如电商等开始向传统产业“渗透”，而传统产业通过数字化转型，利用数字技术赋能变得越来越扁平化和互联网化。如果数字化能扩展到所有传统产业中，则将改变中国数字经济整体面貌。

在此背景下，“开课吧”积极响应国家号召，结合自身在技术人才培养方面的优势，为社会及企业输送及培养转型形态下亟须的数字化人才。数字化转型已经成为不可逆转的趋势。但数字化转型不仅是目的，而且还是手段，是为了给企业创造新的价值。数字化技术是数字化转型的驱动力，数据的应用程度与数字化转型的成熟度正相关。以价值创新为目的、用数字技术驱动业务变革的企业发展战略如图 1 所示。

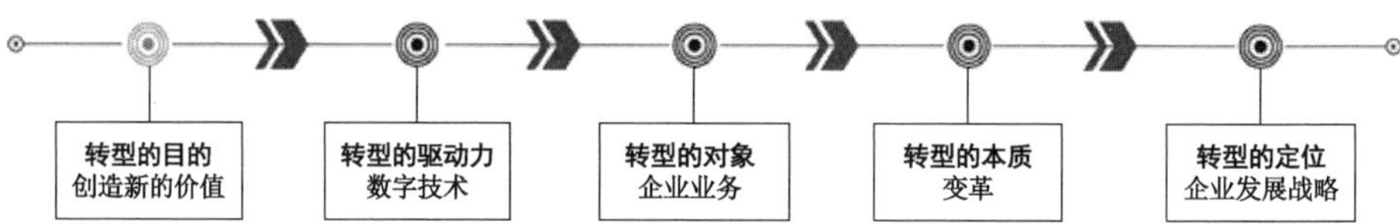

图 1　以价值创新为目的、用数字技术驱动业务变革的企业发展战略

不同发展阶段的企业在获取、开发和利用数据方面，总体呈现出由局部到整体、由内到外、由浅到深、由封闭到开放的演进过程。基于数据要素在不同发展阶段的不同作用，并结合数字化转型在战略、业务创新、组织能力、营销方式、治理体系、领导力等不同方面的特点，数据价值将呈现如图 2 所示的三个阶段。

第一阶段
数据看得见
实现上云有数

阶段现状	代表行业	转型难点
企业仍有大量的业务（生产销售、服务）环节未实现业务上云、数据上云，业务数据化链路未全面打通，缺少实现数据可视化、数据驱动业务的基础设施、数据智能产品、数据增长团队编制或孵化团队	制造业、农业、部分消费品生产厂商	• 完善的数据采集能力-由于行业特性，往往数据很难采集 • 数据治理能力-作为后续的数据使用的前提条件（数据清洗、数据融合） • 基础的数据可视化能力-主要以统计为目标，对自身的业务数据进行统计展示，做到心中有“数”（数据驱动业务增长的雏形）

第二阶段
数据看得懂
促进互联互通

阶段现状	代表行业	转型难点
绝大部分业务环节实现业务上云，数据上云，完成数据仓库的基础性建设，有数据中台需求，有数据可视化等BI基础设施建设需求，几乎没有数据智能产品和数据增长团队	大部分产业中的互联网企业	• 完整/实时的运营数据可视化监控能力，即用户流转地图 • 数据中台化，跨业务部门、场景的数据共享共治 • 深度的数据商业分析能力 • 初步的智能数据产品需求，作为数据驱动业务增长的起点

第三阶段
数据用得好
数据驱动增长

阶段现状	代表行业	转型难点
绝大部分业务环节实现业务云、数据上云，数据仓库及数据中台的基本建设，完成相对完善的BI建设，有大量的数据智能产品的场景需求，有完善的数据增长团队的体系和组织保障	技术领先的头部企业（技术驱动型互联网公司、大数据公司、AI公司）	• 在更多的场景中基于数据智能产品实现数据驱动业务增长 • 提升自身的数据算法能力，在计算视觉领域的竞争尤其激烈

图 2　数据价值的三个阶段

由于数字技术的日益发展，因此海量的数据得以被充分挖掘和有效利用。这不仅改变了人们原有的生活和消费模式，更对社会经济发展发挥着越来越重要的作用。2020 年 3 月，中共中央、国务院发布《关于构建更加完善的要素市场化配置体制机制的意见》，将数据作为与土地、劳动力、资本、技术并列的生产要素，要求“加快培育数据要素市场”。

在数字化时代的当下，数据已经成为企业在数字化转型过程中的重要资源和生产要素，企业唯有使数据看得见、看得懂、用得好，才有在市场竞争中突围的可能，而这一切都离不开数字化人才培养的实践与落地。

三、数字化人才培养解决方案

（一）人才转型的三个方面

数字化转型的关键在于人才与组织转型，主要体现在“转思维”“转人才”“转组织”三个方面。

1. 转思维

“转思维”是指数字化思维转型，即指以云计算、大数据、物联网、人工智能等新一代信息技术为依据，促进产品、服务、渠道等借助数字化技术发生转变，从业务数据化到业务网络化，最终实现业务智能化。

2. 转人才

“转人才”是指数字化人才转型，即指与数据技术引进、软硬件投入匹配的人才队伍的搭建，只有对应用型、创新型、复合专业型数字化人才的不断补充、引进、投资、培养，才能推进行业数字化转型的深化。

3. 转组织

“转组织”是指数字化组织转型，即指为了配合快速变革的数字技术，需要更科学敏捷的决策流程、更高效的团队协同机制、更客观的价值评价体系、更具适应性的快速迭代能力、更积极进取的团队组织文化。

在这些理念下，结合市场的需求，数字化人才发展解决方案一定是一个全面且立体的组合过程。“开课吧企业服务”提出数字化人才方阵，助力数字化人才发展。“开课吧企业服务”的数字化人才方阵及人才发展服务如图 3 所示。

人才发展服务

数字化领军人才　　洞察 + 场景 + 行业实践

企业高管，推进整个企业数字化变革的顶层管理人才
受众：CEO、CTO、CIO、CHO、CPO、HRVP、CMO、COO、营销VP、首席数字官等

数字化管理人才　　思维 + 洞察 + 应用场景

具备行业视野和数据科学思维，能发挥数据驱动业务、数据支持决策等优势，从而推进企业数字化变革的管理型人才
受众：市场总监、产品总监、技术总监、财务总监、数据经理、运营总监、职能部门总监等

咨询服务 + 定制培训 + 工作坊

数字化专业人才　　思维 + 技能 + 行业认知

在IT、互联网、数据等技术领域，具备纵深垂直能力的专业技术型人才
受众：前端、后端、网络安全、运维、大数据、硬件、算法工程师、产品经理、UI设计师等

数字化应用人才　　思维 + 工具 + 场景映射

在企业各岗位中应用数据技术来支持自身工作或业务提升的广泛人群
受众：投资、产品、生产、采购、供应链、仓储物流、商业分析、用户增长、销售运营、财务出纳、HR等从业者

伴随式开发 + 定制培训 + 课程产品

图 3 “开课吧企业服务”的数字化人才方阵及人才发展服务

基于对整个数字化人才方阵的洞察，在调查及走访了众多企业之后，我们结合客户的成功实践，提出了数字化人才的解决方案。该解决方案主要包含四个方向，课程资源、企业培训、技术服务及人才服务。数字化人才的解决方案如图 4 所示。

课程资源

- 通用课：拉齐数字化思维认知
- 岗位课：提升数字化岗位技能
- 场景课：提升数字化场景认知

企业培训

- 实战训练营：赋能数字化场景运用
- 工作坊：探索数字化行动路径
- 数字化创新大赛：训赛贯通、激发创新、发现人才

技术服务

- 伴随式开发：助力数字化落地进程

人才服务

- 专家咨询：深入助力数字化转型落地
- 中高端人才寻访：加速推进企业数字化转型进程
- IT人才外包：解决企业快速搭建系统需求

图 4 数字化人才的解决方案

（二）课程资源

课程资源主要指针对有数字化转型需求的人群而开展的自主学习及成长的课程，助力学习者拉齐数字化思维认知、提升数字化岗位技能、提升数字化场景认知，从而促进其有效建立数字化转型的意识。

1. 通用课程

通用课程包括人人课、数字化通用能力、职场素养课及员工关怀四类，具体内容如图 5 所示。

人人课	数字化通用能力	职场素养课	员工关怀
数字化转型：取势、明道、优术	数据思维与实战训练营	个人深度成长课	人生财富战略课
数字化转型：从认知到落地	AI商业思维训练营	职场逆袭课	人生财富新算法
数字化转型方法论	Excel高效训练营	乐嘉性格色彩	高配人生研习班
数据中台：让数据动用起来（数据认知升级课）	办公自动化训练营	职场情商课	考研课:电子信息专硕
数据驱动增长	数据分析训练营	职场沟通力	考研课:应用心理专硕
数字化时代营销新变局：企业如何做好新营销		说服高手课	考研课:法律专硕
点石成金：从零基础快速成为短视频高手		高能英语提升课	考研课:教育专硕
社群运营助力业务增长全攻略		管理进阶特训营	考研课:艺术专硕
感性商业：用户体验驱动业务增长方法论		项目管理实战课	考研课:工商管理硕士
数字化时代业务骨干提升课		项目管理理论课	考研课:公共管理硕士
HR数字化转型		软件考试认证课程	考研课:工程管理硕士
敏捷基因：数字纪元的组织、人才和领导力			考研课:会计专业硕士
协同：数字化时代组织效率的本质			
人力资源数据分析			
直播培训师转型赋能课			
直播培训设计与实施			
直播培训:手把手教你做好企业线上学习课程			
在线课程开发			
智能制造：制造企业数字化转型			
新零售风向标：智慧门店的数字化经营			

图 5　通用课程内容

2. 岗位课程

岗位课程对应的关键岗位、课程名称及能力等级如图 6 所示。

关键岗位	课程名称	能力		
		初级	中级	高级
数字化HR	HR数字化能力课	√		
产品经理	C端产品经理系统课（初阶）	√		
	C端产品经理系统课（中阶）		√	
	C端产品经理系统课（高阶）			√
	B端产品经理系统课（初阶）	√		
	B端产品经理系统课（高阶）			√
数字营销&互联网运营	全栈运营核心能力训练营	√		
	短视频+直播变现课	√		
	互联网短视频营销+直播带货全揭秘	√		
	私域流量时代的个人IP打造术	√		
	个人微信营销技巧及老会员运营	√		
	私域流量营销全攻略		√	
	企业私域中台从零到一		√	
	视频号时代的私域新模式		√	
	互联网短视频营销+直播带货全揭秘		√	
数据分析师	数据分析全栈训练营		√	
	数据挖掘实战训练营		√	
AI工程师	人工智能核心能力训练营		√	
	计算机视觉与图像处理算法训练营			√
	自然语言处理与文本检索算法训练营			√
	数据挖掘与高级商业分析算法训练营			√
Web前端开发工程师	Web前端工程师训练营	√		
	Web前端高级工程师训练营		√	
	Web全栈架构师训练营			√
Java开发工程师	JavaEE开发工程师训练营	√		
	Java全栈高级实战训练营		√	
	Java架构师P7技术专家进阶训练营			√
	首席架构师训练营			√
C++开发工程师	C语言程序设计	√		
	数据结构	√		
	Linux操作系统基础	√		
	Linux系统编程	√		
	Linux网络编程基础	√		
	C++程序设计	√		

图 6　岗位课程对应的关键岗位、课程名称及能力等级

3. 场景课程

场景课程指场景应用实训课，其课程及应用场景如图 7 所示。

零售行业	金融行业	制造行业
客户价值分析	银行网点对公效能分析	工业产品表面缺陷检测
准超级用户分析	内控检查业务状态多维分析	引线框目标检测
新增客户分析	客户交易分析	航空产品销售分析
销售预测分析	银行客户投诉分析	机场智能问答系统
产品销售分析	银行网点经营状态分析	电池异常检测
用户反馈分析	金融产品潜在客户挖掘	锂芯极耳检测
零售终端员工收入水平分析	省分行人员压降分析	
各渠道下各品类达成率分析	信用卡反欺诈风控模型	
用户产品价格偏好分析		
产品优化分析		
产品节假日销售分析		
用户产品偏好分析		
抖音平台销量数据的分析		
线上销售与库存对比分析		
品牌终端人员现状分析		
企业培训学情分析		
AI自动合成卡通视频		
库存分析		
促销活动分析		
食品电商数据可视化		
门店商品销售数据分析		
会员消费行为分析		

图 7　场景课程及应用场景

（三）企业培训

企业培训部分主要是针对有数字化转型培训需求的企业提供的课程，可以分为实战训练营、工作坊及数字化创新大赛三个部分。

1. 实战训练营

实战训练营是基于业务场景的学习情境设计，以项目为导向的短期集训模式，是针对具体企业的项目或问题，不拘泥于线上、线下或混合式学习，而是讲求训战结合，赋能数字化场景运用的一种培训方式。

实战训练营需经历项目调研、需求识别、制定规划、培训赋能、实战实践五个环节，它不仅使培训成果可视化，而且还可将培训成果应用到实践当中，从而帮助企业提升工作效能，真正实现降本增效。

实战训练营五个环节的具体内容如图 8 所示。

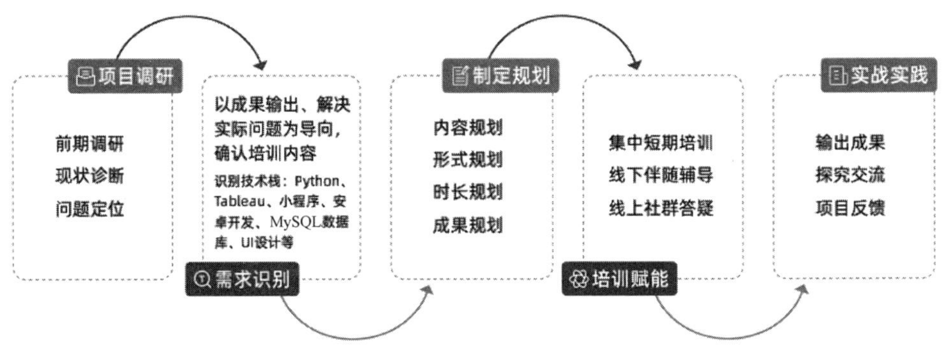

图 8　实战训练营五个环节的具体内容

结合数字化人才方阵，实战训练营的主题可呈现为矩阵形式，主要包含认知类、工具类、岗位类三个方向，如图 9 所示。

2. 工作坊

工作坊是针对企业中高层管理者、业务骨干、技术骨干，以专家指导共创应用方案的培训模式，旨在赋能企业管理者与核心骨干，共同探索数字化行动路径。

数字化转型工程犹如一个建造工程，需要有坚实的地基、清晰的框架、封顶的设计等才能确保整个数字化转型有序且正确地推进。工作坊具体内容如图 10 所示。

3. 数字化创新大赛

数字化创新大赛是通过以赛带“学、练、创、产”的形式，激发学习者自下而上地输出产品的开放型创新培训方式。数字化创新大赛的目标如图 11 所示。

数字化创新大赛通过赛训结合、以赛促效的模式，帮助企业发掘并培养数字化创新应用人才，助力企业数字化转型成功，形成“员工自身成长、企业业务增长、实训文化生长”的良性循环。数字化创新大赛的特点如图 12 所示。

认知类

数据思维与实战

- 想法：练成数字化思维
- 看法：玩转可视化分析
- 活法：决胜数字化生存
- 认知：数字化时代的职业能力要求
- 觉醒：获取数据的有效方法
- 洞悉：通过数据理解业务
- 提升：快速提升业绩的有效手段
- 跃迁：用数据思维成就人生

AI商业思维

- 何为AI商业思维
- AI商业思维培养
- AI商业化应用案例
- AI前沿技术概览及未来发展趋势

工具类

Excel高效应用

- 让数据统计更高效
- 让数据整理更快速
- 让数据计算更准确
- 让数据分析更精确
- 让数据显示更直观
- 让数据维护更安全
- 让数据输出更专业
- 综合实例：销售报表方向
- 综合实例：HR招聘方向

Python办公自动化

- Python工具学习
- 数据处理实操
- 办公自动化应用实战

数据分析

- 认知：快速掌握数据分析必备知识
- Python核心技能
- 案例：基于零售、金融电商行业项目实战

岗位类

数字化HR

- 数据思维认知培养
- 数据分析工具应用
- 应用实践回归场景

数字化营销

- 公域：短视频运营、直播运营、IP运营
- 私域：社群运营、私域营销

产品经理

- 产品规划
- 需求管理
- 产品增长
- 高质量需求文档

图 9 实战训练营的主题方阵

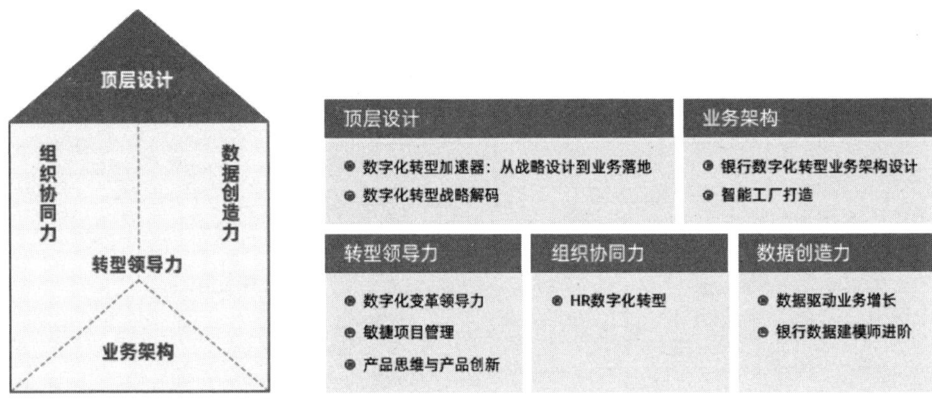

图 10　工作坊具体内容

创新大赛是通过以赛带“学、练、创、产”形式，激发学习者自下而上输出好产品的开放型创新培训方式，它能帮助企业与员工：

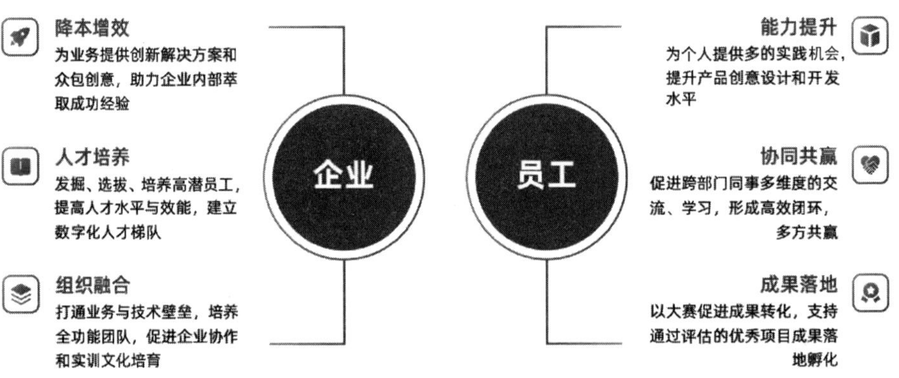

图 11　数字化创新大赛的目标

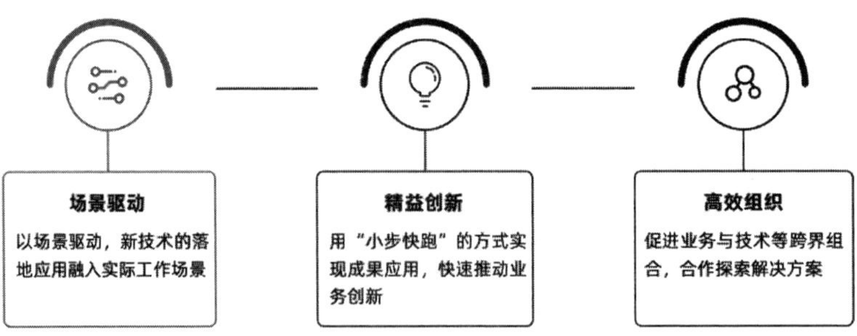

图 12　数字化创新大赛的特点

数字化创新大赛的培训方式采用赛训并行、以赛促成果；赛事组织，以赛促创新的方式，如图 13 所示。

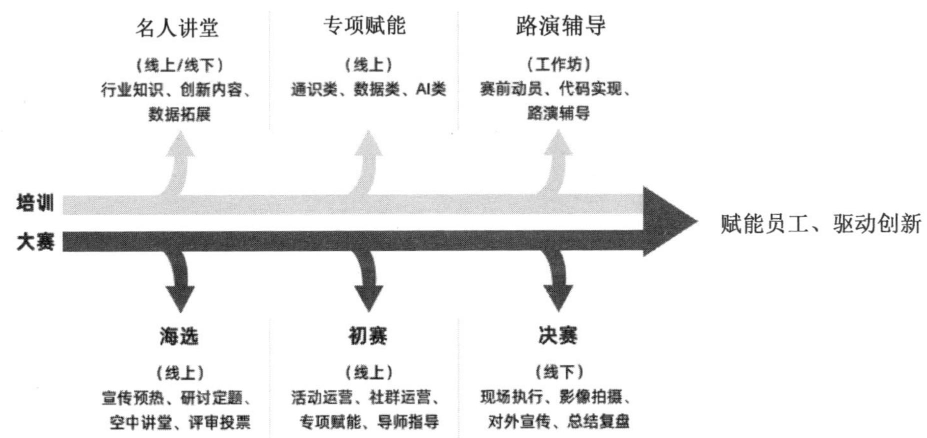

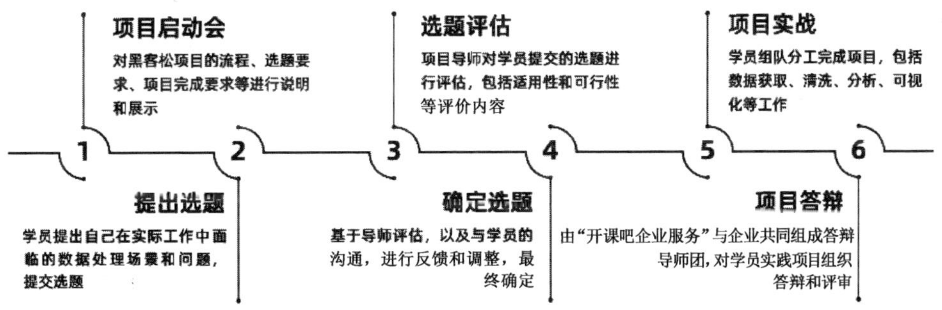

图 13　数字化创新大赛的培训方式

数字化创新大赛的主题包括数据类创新应用大赛、AI 技术创新应用大赛、黑客松及其他技术类创新大赛等，如图 14 所示。

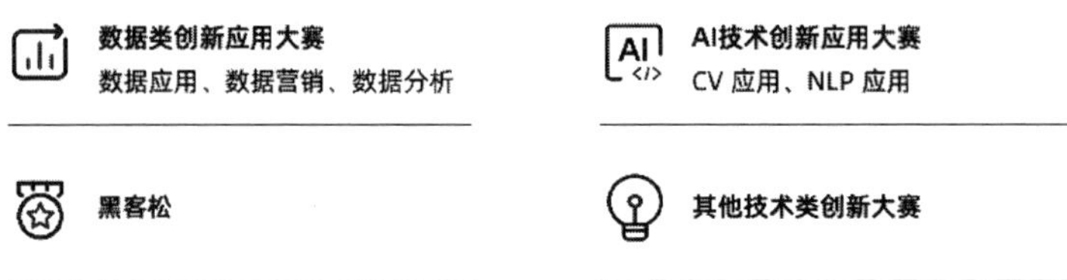

图 14　数字化创新大赛主题

（四）技术服务

伴随式开发是“开课吧企业服务”提出的一种新型的技术服务模式，前期有项目调研、需求识别、技术识别，中期灵活匹配技术能力培养课，后期组织项目实战并制订具体实施方案，从而帮助企业实现企业、个人双向赋能。

技术服务流程如图 15 所示。技术服务落地场景如图 16 所示。

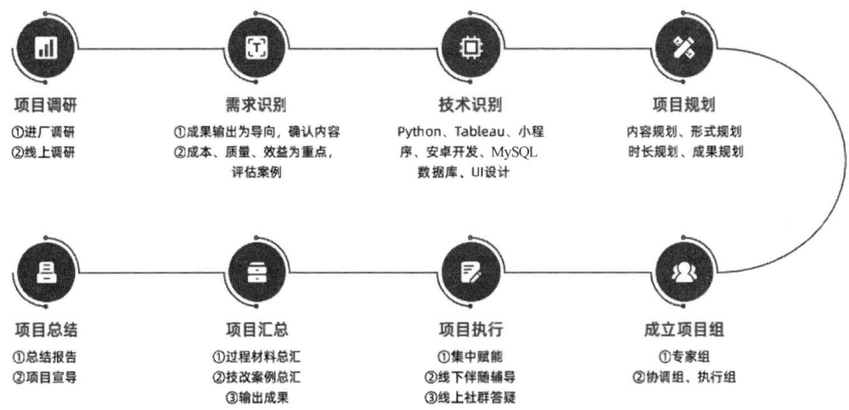

图 15　技术服务流程

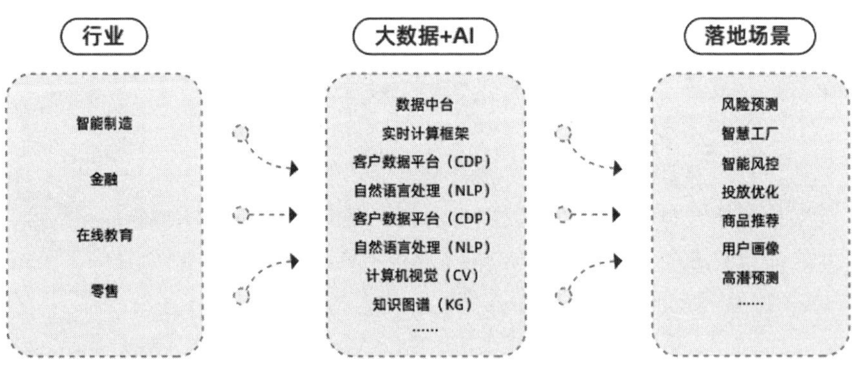

图 16　技术服务落地场景

（五）人才服务

人才服务采取专家咨询、中高端人才寻访、IT 技术人才外包的形式，如图 17 所示。

专家咨询

汇集名企，工信部、中科院单位的专家学者，从企业实际行业背景汲真实问题出发，提供前瞻视角，跨领域借鉴经验，突破思维局限

中高端人才寻访

迎合创新驱动、转型升级的企业需求，为其寻访并引进数据，AI等高精尖数字化人才，加速推进企业数字化转型进程

IT技术人才外包

自建人才资源库，可拥有百万级高品质IT人才。通过专业化、体系化、平台化的项目管理体系，解决企业快速搭建系统的需求

图 17　人才服务

四、总结

数字经济塑造人才流动新格局，数字化人才的培养成为数字化转型的关键。企业若要抓住未来的机遇，就要提高自身数字化技能。当前各行各业对数字化人才需求旺盛，对于低迷的求职市场实属不易。处于职业生涯瓶颈的人才、求职困难的人才不妨调整思路，借此机会学习、提升自身数字化能力，为自己赢得通往未来的“车票”。

“开课吧企业服务”秉承激活组织内生动力赋能数字化人才、加速企业数字化转型助力业务增长的信念，助力企业的数字化转型。

第一篇　建设学习组织之道

数据驱动价值：中国电信在线学习数字化转型的实践路径

中国电信股份有限公司培训事业部　胡盈滢　王　猛

一、企业简介

中国电信集团公司（以下简称“中国电信”）是国有特大型通信骨干企业，主要经营固定电话、移动通信、卫星通信、互联网接入及应用等综合信息服务。中国电信连续多年位列“世界500强”，多次被国际权威机构评选为全球最受赞赏公司、亚洲最受尊崇企业、亚洲最佳管理公司、亚洲全方位最佳管理公司、中国杰出电信企业等。

中国电信股份有限公司培训事业部（以下简称“中国电信培训事业部”）是中国电信组织发展和员工成长的价值伙伴，于2008年4月10日在上海正式成立。中国电信培训事业部坚持“服务企业战略，推动企业变革”的宗旨，形成“一个基地、三个平台”，坚持“专、精、特、新”的高标准，在企业内，围绕集团经营发展，聚焦人才队伍建设，聚智赋能，做精产品，提升能力，在实现自身高质量发展的同时，助推集团转型战略目标的实现；在企业外，大胆创新、积极探索，扩大企业的影响力和品牌价值。中国电信培训事业部近5年连续获得ATD大奖，取得了业内认可的教学成果，同时也在中国央企联盟、中国企业在线学习论坛（CEFE）等国内外行业交流平台上实现了优秀经验的对外输出，履行了社会责任。

当今社会已经由信息化时代进入数字化时代。信息化时代的重心是建设，是将传统流程“复刻”到计算机和网络系统的关键时期，而数字化时代的重心，从建设跃迁为应用，企业的管理理念从单纯的技术思维，升级为包含战略、管理、制度、流程、文化、生产等全要素在内的经营理念。这一切投射到原有的在线学习体系上，也同样引发了一系列的转型和革命，推动了在线学习向数字化学习的转变。

二、案例背景

在移动互联、大数据、云计算等技术持续拓宽行业应用深度和宽度的新时代背景下，中国电信在 2020 年确立了“云改数转”战略，其目标是以自身的数字化转型，推动全社会数字化转型。为了更好地服务企业改革转型，人力资源管理的工作理念需进行转变，从基于管理要求的行政工作转向基于业绩需要的智慧运营工作。这对学习发展也提出了新的要求，人力资源管理的角色需从培训流程的承载者转向辅助绩效提升的支持者，从被动地提供企业知识库变为主动地提供知识服务，不断推动培训管理集约化和业务生态化、智慧化的实现。在线学习迎来新的挑战。

历经近二十年的发展，中国电信在线学习以“中国电信网上大学”平台为主要载体，从标准化学习、社会化学习，再到移动化学习等各个阶段，和外部行业热潮相对比，几乎每一次都走在了行业前列，每一次都与未来趋势相符合。如今，中国电信面临新的数字化转型，在这一转型过程中，中国电信将面对如下问题：组织管理模式是否经得起变革考验？转型过程中应把握哪些关键要素？如何利用数字化技术真正推动学习培训工作向智慧化发展？如何聚焦企业转型升级，以在线学习的数字化转型推动企业的数字化转型和高质量发展？

突如其来的新冠肺炎疫情，使数字化学习平台要应对挑战、高速发展，并要抓住时机加速变革。面对疫情期间大幅增长的培训学习需求，中国电信网上大学紧急启动了应对特殊时期的工作部署，凭借近二十年网络培训管理与教育技术应用领域的经验积累和专业优势，持续赋能集团和各省市公司培训工作从线下到线上的快速转型，同时也走出了一条“数据驱动价值”的在线学习数字化转型实践路径。2020 年，中国电信网上大学新增线上课程 13762 门，覆盖 5259 万人次（是 2019 年的 8 倍），1611 万学习时长（是 2019 年的 2.6 倍）；支撑线上专题培训班 1916 个，覆盖 2967 万人次（是 2019 年的 40 倍）；设立面授培训班（含混合式培训）31284 个，覆盖 111 万人次；开展直播 1341 场，覆盖 238 万人次；支撑实施集团级技能认证和专业考试 163 场，累计 209528 人次；全年系统可用率达 99.9%，日均访问人数超 4 万人次。

数据的爆发式增长在为企业带来发展的同时也暴露出发展过程中难以避免的问题，具体表现为：（1）机构管理和工作职责分工逐步细分，但权限归属、监督考核体系等组织保障待完善；（2）资源储量颇丰，但内容质量和应用成效待提高，培训组织方法有待创新，配置缺乏均衡性；（3）在平台建设方面，功能可用但应对个性化需求的支持力度、使用体验有待加强；（4）数据存储传输性能稳定发展但欠缺规范性，数据分析深度不够。

运用数据驱动教学变革是大数据时代培训领域数字化转型的必然诉求，势必驱动流程重塑，同时也是充分发挥培训数据资源潜在价值的重要表现。

三、创新成果措施

中国电信在线学习平台的数字化转型依托中国电信智慧人力中台的优势，实现了中国电信智慧人力平台、中国电信网上党校、网上大学、企业内部各类培训应用和管理信息系统、国家级干部网络培训平台之间的互联和互通，促进了课程共享、档案互通、学时互认，探索了基于大数据的智慧化学习和生态化运营，为企业人才的培养起到支撑和保障作用。

牢牢把握“用数据刻画业务，用数据指导业务”这一企业数字化转型的核心，紧紧围绕“以数据为中心”“以用户为中心”“以体验为中心”“以服务为中心”的设计原则，中国电信网上大学完成了“业务数字化”的1.0阶段，进入了“数字业务化”的2.0阶段，推动了企业的价值传递与创造。

中国电信网上大学数字化转型的发展路径如图1所示。

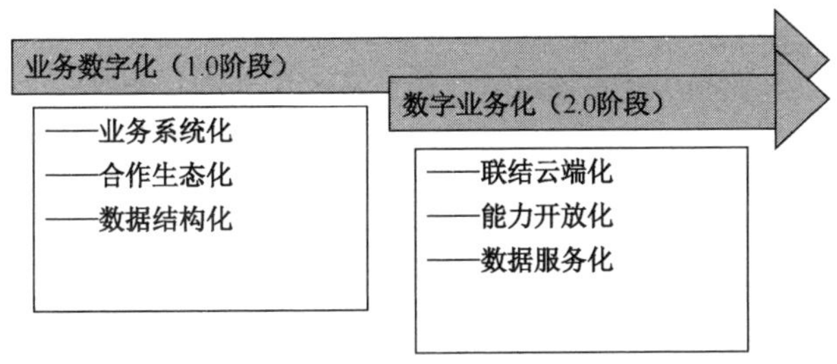

图1 中国电信网上大学数字化转型的发展路径

1. 业务数字化（1.0阶段）

业务数字化的显著特征是内容资源、学习项目、功能平台、培训管理等所有必要的线上/线下培训业务，已经用数字化的方式而非经验的方式记录、执行和管理。中国电信网上大学从业务系统化、合作生态化、数据结构化三条主线完成了初阶转型。

业务系统化。早在2014年，中国电信内部培训就已经基于“培训班小助手”

等面授辅助工具来管理课程、师资、案例、教材等教学资源，并沉淀了大量学习数据，形成了人才发展档案。通过系统地梳理线上/线下各个业务环节，如面授培训从报名到归档，在线学习从自主选学、专题学习到证书发放，从考试报名到认证体系，使所有企业都初步形成了闭环，实现了线上/线下培训管理流程的数字化覆盖，并与企业内部各类管理系统、生产系统实现了能力共享、数据互通。这也是中国电信比其他企业在数字化学习领域的显著优势。

合作生态化。基于 189 统一账号认证服务和接口对接，中国电信已初步完成数字化学习生态平台的构建和对外开放。在应用方面，与内外部学习平台、直播平台、问卷平台等 SaaS 服务实现联通；在内容方面，与行业内权威智库、知名学府、职业院校、企业顾问建立了良好的沟通和合作渠道，持续推进内容生态建设，与众多优质学习平台实现资源共享和数据互通。

数据结构化。标准是结构化的基础。作为干部网络培训国家标准的研制单位之一，中国电信是标准落地的积极实践者。每个培训业务环节都伴随着数据的生成，为应对个性化培训中潜在的未知需求，需要对大量的原始数据做标准定义和结构化提取工作。中国电信依据国家标准完成平台数据的界定，根据具体学习业务进行清洗、加工和回传，形成了标准化、结构化的报表，同时方便在后续工作中灵活建模、按需配置。

业务数字化阶段不仅刻画了内部全业务数据，与外部数据实现了通过接口互通，还实现了数据平台的标准化改造和结构化呈现，秉承“存储一切数据、分析一切数据”的愿景，为基于数据的在线学习生态搭建提供了新的发展经验。

2. 数字业务化（2.0 阶段）

数字业务化是指数据指导业务，产生价值并传递价值的过程。中国电信针对培训管理与应用过程中伴生的实际问题，不断迭代变革，在数字业务化探索的发展过程中不断前行。中国电信网上大学从联结云端化、能力开放化、数据服务化三个方面实现了数字业务化转型。

联结云端化。为真正打破系统平台和各应用的数据边界，为使用者带来更加便捷的学习体验和更加轻量的管理通道，中国电信网上大学正持续推进平台的云化改造工作，实现了自建核心应用、内外部 SAAS 应用、各类管理和业务平台均在云端产生连接，从而实现全集团统一、流程和数据实时深度互通。

能力开放化。在新数据源源不断地产生，以及培训方式不断创新的过程中，保持数据的活性和规范化治理是在线学习可持续发展的关键。因此，构建开放的自身原子能力体系显得尤为重要。线上课程、培训班、考试认证等内部较为成熟的数字化学习的经验积累和实践成果，一方面可积淀成为企业大学核心能力资产，另一方面可转化为对外销售的解决方案，为企业创造更大价值。

数据服务化。在线学习项目越来越被期待能够与业绩相关联，考核评估的可衡量及可量化程度对数据的服务化水平有了更进一步的要求。基于岗位、能力和生产经营需要，中国电信网上大学目前已实现人课标签匹配、档案互通、学时互认的精准培训，而如何将业务、产品与学习内容进行关联，如何将各业务条线重点人群的能力模型与网上大学的数据服务能力进行对接，如何进一步精细化标签管理等问题都是数据服务提升需要进一步探索和解决的问题。

3. 转型实例：深度嵌入业务系统的学习能力

在从 1.0 阶段向 2.0 阶段迈进的过程中，中国电信网上大学不断探索数据驱动价值的最大化，将人才发展系统与业务经营系统打通，学习能力深度嵌入业务系统，实现千人千面、分层分类地提供数据支持和服务。

中国电信网上大学通过与销售助手、翼管店、智慧营维三大电信前端业务系统打通，结合人员画像及商机信息等业务触点，将合适的内容，在合适的场景，推送到适合的学员面前；同时紧抓学员触点，推进和完善更智慧、更精准、更科学的智慧化培训体系。中国电信网上大学主要完成的工作有以下两个方面。

一方面，优化“组织主动定向推、学员主动按需学”的智慧化学习模式，快速传播 5G、智慧家庭、云网融合等重点业务知识。结合各业务条线最新案例、最热课程，对党员、党务工作者、各级领导干部、卫健行业、智慧家庭等各业务条线的目标学员进行精准课程推荐，共完成 170 次推送，覆盖 222 万人次。定期汇聚热点内容，每周推送资源、推荐图文消息，向全集团快速传播重点业务知识，全年完成 44 次推文，吸引 81 万人次参与学习。

另一方面，通过智慧学习平台关键词触发和首页课程推荐，满足学员主动按需学习的场景。通过设置关键词触发回复机制，主动响应学员课程学习需求 184 万人次，聚焦年度重点业务和重点人群，定期更新网上大学热门栏目的课程推荐，满足学员自主选学的需求，响应学员自主选学的学习需求 478 万人次。

四、案例效果

中国电信培训事业部注重互联网思维与技术对传统培训流程的改造，从非实时统计分析到实时数据分析，全流程采集与分析数据，从而帮助运营管理由被动到主动，从主观化管理走向客观、科学管理。如今，培训管理者只要在 PC 端或手机端点击几次即可完成培训班组织与实施的一系列工作，由此实现了“互联网 + 培训”思维的落地，将培训管理化繁为简，使培训工作者从大量繁重的事务性工作中解放出来，大幅提升了传统线下培训工作的效率。

过去各类离散、非结构化的学习数据也获得了持续、长期的积累，形成了企业数据资产，彻底改变了原来分散、多层级的管理模式，通过集中管理，大力促进了培训工作的集约化、扁平化、规范化、实时性，以较低的培训实施成本优化更系统、更智慧、更生态的培训管理体系，赋能约 40 万名电信员工，使其通过平台免费参与学习、考试、交流，获得能力的提升。以外部市场价格计算，产生的直接效益是成本的 4 倍，而带来的辐射效益是每年为政企和相关单位带来三四百万元的业务收入。

在这个转型过程中，中国电信培训事业部立足企业治理运营，形成制度，通过标准化流程提升企业运营管理整体能力，促进集团各级单位形成合力，同时实现优秀经验的对外输出，履行社会责任。

五、案例经验总结

中国电信培训事业部通过集约与开放平台，使培训体系与企业发展融合得更紧密；通过数据驱动，使培训由群体化、单一化向个性化、精准化转变；通过打通渠道，使员工的学习场景更贴近工作场景；优化组织模式，为培训的管理和推动模式带来革命。

通过“业务系统化、合作生态化、数据结构化”，中国电信网上大学完成了业务数字化的 1.0 阶段，进入了数字业务化的 2.0 阶段，将继续通过“联结云端化、能力开放化、数据服务化”推动价值传递与创造。中国电信培训事业部坚持与时俱进，持续创新线上/线下融合方案，从封闭集约走向生态开放，推进共建、共享、互联、互通的生态建设，践行央企政治责任，为中国电信在数字政府和在线教育行业增加新的资质和领先优势。

移动学习助力隆平学教型学习生态打造

隆平商学院　黄　丹

一、企业简介

袁隆平农业高科技股份有限公司(以下简称“隆平高科”)于1999年成立，2000年上市，是一家以“杂交水稻之父”袁隆平院士的名字命名，并由袁隆平院士担任名誉董事长的高科技现代化种业集团，第一大股东为中信集团。自成立以来，隆平高科始终坚持战略引领和创新驱动，以“推动种业进步，造福世界人民”为使命，矢志不渝地为实现民族种业崛起的梦想而努力前行。

隆平高科是国内领先的“育繁推一体化”种业企业，主营业务涵盖种业运营和农业服务两大体系，其中杂交水稻种子业务全球领先，玉米、辣椒、黄瓜、谷子、食葵等种子业务国内领先。

强大的研发能力是隆平高科持续发展的核心竞争力。隆平高科连续多年的研发投入占营业收入的比率稳定在10%左右。

隆平高科坚定地推进国际化战略，在印度、菲律宾等南亚、东南亚国家，水稻品种研发已经进入成果集中产出阶段；在南美的巴西市场，玉米品种的市场份额位居前三。

隆平高科积极履行社会责任，秉承“造福”理念，坚持为农户提供优质、高产的种子和综合农业服务，以增产增收带动乡村振兴；积极开展对外援助，至今已为亚洲、非洲和拉丁美洲等100多个国家和地区培养了约10000名农业及相关领域的专业人才，先后承担十多个国家的援外技术合作项目，为世界农业发展和粮食安全做出了积极贡献。

二、项目背景

隆平高科近年来加快了全球化步伐，收购了一批行业领域的优秀标杆企业，在业务拓展的同时，也面临了一些挑战。

从集团层面看，全球化的发展使企业对国际化人才的需求增强，隆平高科国际化速度及收购兼并项目速度加快，人员规模快速增长，目前隆平高科已有超过 30 家分公司和子公司。

从个人层面看，员工个人的学习成长需求强烈，但缺乏有效的学习平台和机制。

从培训管理层面看，人员分散，分公司和子公司的培训管理水平参差不齐，培训成本高，监控管理难。

从组织层面看，随着大量分公司和子公司的加入，人员和文化呈现多元化，整个集团内部缺乏体系化人才培养的支持，缺乏系统知识的智慧沉淀；企业有很好的人才基础，但没能让人才价值充分发挥出来，人才价值需要有一个释放的渠道或通道。而在传统机制下，很难让优秀人才得到表现，因此亟须建立一个平台、一种机制，以为人才提供自由释放才能和价值的舞台。

如何应用高效的方式激活学习氛围，提升组织的学习能力，是隆平高科面临的挑战。

基于以上背景，2018 年 1 月，隆平高科建立了隆平商学院，并搭建了移动学习平台，着手打造以移动学习平台为依托的学教型学习生态系统，将移动学习平台与培训和人才发展有效链接，形成一个生态闭环。该项目着眼于企业全球化人才战略、企业信息化战略，以移动互联网为载体，以企业文化为基石，用品牌精神作为指导，以“让学习与分享成为一种习惯”为宗旨，以打造“学教型组织”为目标，培养国际优秀的民族种业人才，引领种业发展。

移动学习平台基于沉淀组织智慧、支持人才发展、提高培训效率、促进业绩提升、塑造学教型学习生态这五个目标进行建设。

三、学教型学习生态的运营模式和方法论

1. 学教型学习生态运营模式的思想来源

隆平商学院以打造学教型组织为目标，以移动学习平台为载体，充分融合培训和人才发展各个要素，设计了系统的学教型学习生态模型（见图 1）。该模型符合现代企业的人才培养方式，贴合新生代员工的学习特点和培养方式。人才培养的理念贯穿了整个移动学习平台，将人才发展体系、人才测评体系、内训师体系、领导力体系、新员工培训课程体系、培训管理体系等，通过线上/线下有效连接，形成闭环，使移动学习平台的功能和技术得以全面发挥，从而提升人才培训和培养管理

效率。

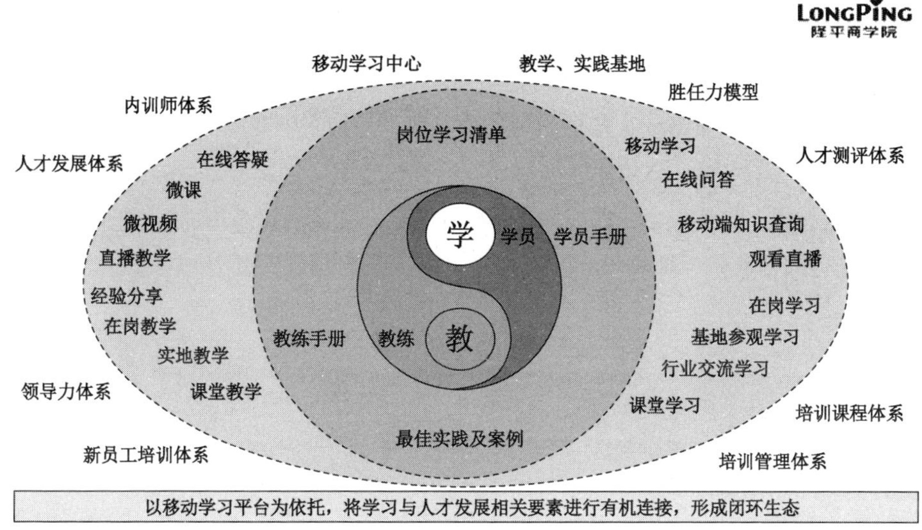

图 1　学教型学习生态模型

该模式基于道家的阴阳理论。阴阳理论的思想强调相互融合和转化。“教”和“学”就是一阴一阳，就是一个相互影响、相互融合和转化的过程。教学相长，也充分体现了道家思想。

对于隆平高科而言，企业的良性发展不仅需要员工个人的成长，更需要每位员工为企业输出个人的价值，即需要员工注重知识和价值的创造和输出，这个输出的过程包含了价值创造、传播和转化过程。

信任人、尊重人和成就人是隆平高科的人才理念。隆平商学院充分践行人才理念，充分尊重每位员工，充分挖掘每位员工的价值，让所有员工都成为知识经验的创造者和输出者，让每位员工都逐渐养成学习和分享的习惯。

2. 学教型学习生态模型概述

学教型学习生态模型将移动学习平台和组织人才发展各环节充分融合，形成了闭环生态。整个模型从内到外共分为四层。

第一层是学教对象。整个模型以学教对象为核心，强调教学相长、教学转化，学教对象就是指企业中的每个人。企业中的每个人既是学员也是教练。每个人既要有谦卑的学习态度，也要有教育他人的勇气和意识。

第二层是学教工具。隆平商学院联合隆平高科的业务部门共同制作教练手册、学员手册、岗位学习清单、企业最佳实践和案例等学习工具，为学员和教练的“学”“教”活动提供有效的指导工具，使学教过程更有针对性和计划性。

第三层是学教的形式，即 O2O 线上/线下充分结合。与学习平台充分融合，使学习活动立体化、多样化，增加学习趣味，提升培训管理效率。

在“教”的场景，采用的学教形式包括在线答疑、经验分享、微视频、在岗教学、课堂教学、实地教学、直播教学等；在“学”的场景，采用的学教形式包括移动学习、在线问答、微信端知识查询、在岗学习、课堂学习、基地参观学习、观看直播等。

第四个层面是体系支撑。体系包括领导力体系、人才发展体系、培训课程体系、内训师体系、人才测评体系等。

许多企业的学习平台是为了学习、培训、考试而设置的，功能单一，而且使用率并不高，为了考试而用，为了完成一个课程而用，这不能称为生态。

隆平高科的移动学习平台集培训、考核、调研、员工沟通、问题查询、知识问答、直播互动、经验分享、人才发展等功能为一体，辅助打造企业的学教型学习生态。这种生态强调与学习相关、与人才培养相关，把人才培养的理念贯穿整个移动学习平台中。

3. 学教型学习生态运营关键

平台、内容、运营这“三驾马车”需要并驾齐驱，缺少任意一个都会影响整个效果。

这就像一道菜，决定一道菜好不好吃有三个要素：食材、烹饪设备和厨师。若食材不新鲜，则厨师的技术再好、烹饪设备再先进，做出来的菜也不会好吃；多种多样的烹饪设备和工具能够协助做出蒸、煎、炒、炸等不同口味的美食；厨师的技艺也对菜品有重要影响。

内容相当于食材，内容不好、不符合员工需求，就不能给员工带来价值或为企业解决问题。仅有强大的平台功能和运营也不会被员工接受，做不出员工想吃的“菜”。

平台相当于烹饪设备和工具。平台只有拥有直播功能、打赏、排行榜、游戏答题、分享社区、抽奖等各种功能，能为设计出各种不同的运行方案提供可能，才能有各种不一样的内容呈现。例如，直播功能和打赏功能，可以充分激发员工的参与和互动，打造企业自己的“网红”，挖掘员工潜力和价值。

运营者相当于厨师。运营就是将内容和功能有效结合，设计各种形式的学习项目或运营方案，如读书会项目，可以利用直播功能结合书籍推荐，定期组织内部同事进行读书分享，同时加上打赏功能，让员工自愿为分享者打赏，增加了趣味性，也增加了员工主动分享的可能。

平台、内容、运营三者有机结合，即形成移动商学院运营的“三驾马车”并驾齐驱之势，才能够真正炒出一盘让我们的学员、组织、企业都想吃的“菜”（见图 2）。

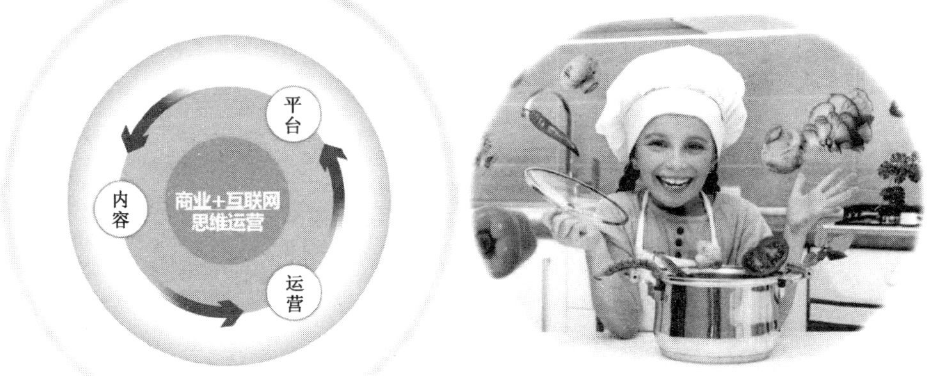

图 2　移动商学院的“三驾马车”

4. 学习内容的分类运用

分析一门课程的好坏不是简单地看内容，还要分析两个关键要素，即正确的人和正确的时间。再好的内容如果不能在正确的时间给到正确的人，也会成为一门没有价值或价值大打折扣的课程。

例如，刚毕业就加入公司的新员工和 3 年以上的老员工，在职场认知和工作技能等方面有很大不同，他们应学习的课程也要不一样，如职场角色转变的课程对于刚毕业的新员工就很有用，但对老员工就不是一门好课程；又如“如何与员工做绩效面谈”的课程，如果将该课程在平时提供给管理人员，则不一定会有人认真学习，但如果放在年终刚好要给员工做绩效面谈的时候，这个课程就会很受欢迎，因为此时该课程能够帮助管理人员解决问题。

基于学习场景和人才培养目标的需要，聚集核心，资源打造关键品牌项目，将业务需求和学习技术形成有效对接；精选和打造一批高质量、有影响 力的线上课程和混合式学习项目。隆平商学院把学习分成以下三种类型（见图 3）。

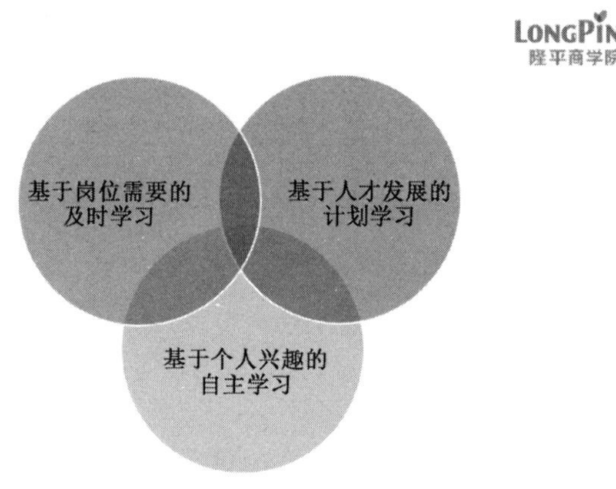

图 3　学习的三种类型

第一，基于岗位需要的及时学习。这种学习和业务高度匹配，和员工当下的工作需求和岗位需求高度匹配，能够解决员工实际工作中遇到的问题，强调的是及时性和针对性。

针对基于岗位需要的及时学习，隆平商学完推出了基于学习形态的运营方案设计，针对业务的学习，结合每个月隆平高科的种植特点和每个月的营销工作，确定每个月具体营销主题和重心（见图 4）。例如，1 月要重点解决收款问题，要推出收款的相关课程；2 月营销任务为铺货，要推出铺货的相关课程，这些都是基于岗位需求的及时学习。

第二，基于人才发展的计划学习。这种学习是基于整个组织发展的需要，目的是培养关键人才，培养管理者梯队，强调的是计划性和系统性。例如，新员工培训项目、新晋主管培训项目、内训师培养项目、营销人员能力提升项目等，这些都是系统性的有一定时间期限的学习培养过程，课程内容不一定能为学习者解决当下工作中的实际问题，但能系统地提升学习者的知识结构和综合能力。

为此，隆平商学院做了一些项目，如推出初级营销、资深营销等五个营销专题学习课程体系。以“营销专题学习”五个课程系列为例，2019 年 2 月 1 日提出该系列课程，在两个月内，每个专题 的学习人次均在 3000 人次左右（见图 5）。

LONGPING 隆平商学院

运营项目		辅助运营			全面铺开						自运营		
		1月	2月	3月	4月	5月	6月	7月	8月	9月	10月	11月	12月

类别	项目	内容
业务支持	通用能力	结合具体工作场景，以考代练，在线学习：工作计划类；时间管理类；办公技能类；职业素养；沟通管理；绩效和评估
业务支持	营销业务	结合营销每月工作重点，提供适合业务需求的线上课程：收款；铺货入户；客户关系维护；示范田建设；营销方案制订；营销会议策划；渠道优化；观摩会；测产会；订购会
人才培养	人才培养	混合式培训：金种子培训计划；营销精英基础培训班；内训师培养；新员工培训项目；培养管理者项目
文化融入	互动分享	年会大晒照；说出你的新春愿望；趣味知识大赛 史上最难产品知识挑战；学习分享 做精彩的隆平新人；直播互动；教你做工作总结
文化融入	主题活动	进取的隆平人；劳动最光荣；文化大挑战；教师节活动；感恩活动；双旦活动

图 4　基于学习形态的运营方案设计

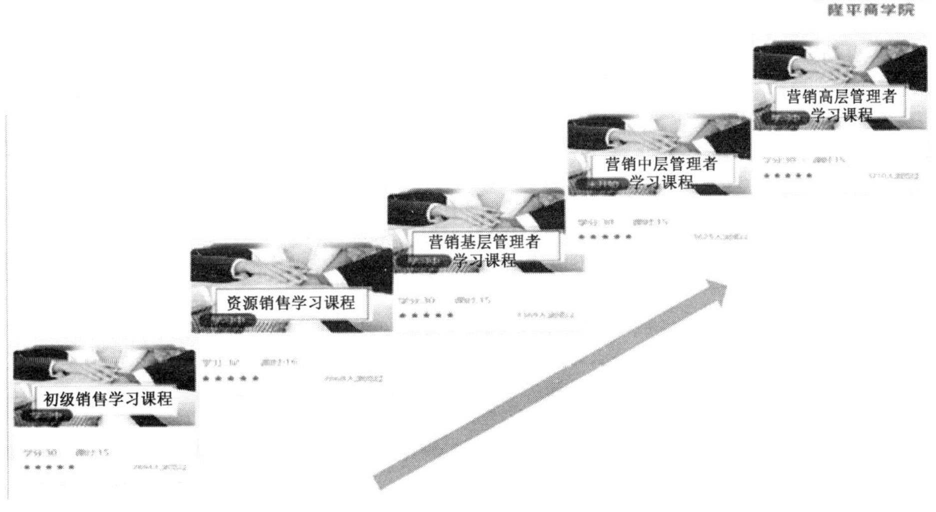

图 5　五个营销专题学习课程体系

第三，基于个人兴趣的自主学习。这种学习强调的是自主性、自愿性，基于个人爱好、个人兴趣、个人发展的需求，为员工提供一些有趣的、拓展知识面的内容。

整个学习项目的设计和内容设计，无外乎就是以上三种学习类型组合而成的，所有内容都有必要学习，要将其进行有效结合。

在实际运行中会发现，如果太注重计划性的学习，会导致学习缺乏趣味性和实用性，最后流于任务完成；如果过分强调自主学习，而让学习没有针对性，就会导致学习的内容太多，杂乱无章；如果过分强调及时学习，就会缺乏学习的系统性。

三者的比例可按照重要性的高低排序，在不同企业、同一企业的不同发展阶段都会不一样，需要结合企业实际合理规划三者的比例。

隆平高科现阶段处于企业大学初建阶段，体系化的学习并不成熟，移动学习对公司员工来讲是一个新事物，为了吸引大家学习，让大家更能接受这种学习方法，“有用”是一个基本要素，解决“有用”的方法按有效程度和重要程度首先是基于岗位需要的及时学习、基于人才发展的计划学习、基于个人兴趣的自主学习。

三种学习类型能满足三类人的不同需求，因此需要把三种学习内容有机结合，强化学员的学习黏度，针对学员岗位，推动培训课程的实施。

四、建立多元化学习模式和机制，激发学习兴趣，营造学习氛围

移动学习平台通过微课大赛、建立与岗位强关联的学习项目、设立积分机制、建立积分商城、社群化学习、游戏化学习等方式，激发学员学习的兴趣和主动性。

1. 多种形式，构建学习课程体系

移动学习平台通过内部微课大赛、内训师课程共建、外部优秀课程采购等多种形式，构建学习课程体系。

移动学习平台通过微课大赛，开发了 100 多门课程；于 2018 年获得第四届中国企业微课大赛“先锋模范奖”，其中一个参赛作品获得“全国百强作品奖”；同时，移动学习平台融合了内部优秀案例经验及中欧商学院、世界 500 强等机构的外部优秀课程，覆盖战略、领导力、财务、市场营销和人力资源管理等各大模块；移动学习平台依据公司研发、生产、加工、质检、物流、营销、服务等产业链环节搭建学习课程体系，确保学员对在线学习项目的认可度和兴趣度。

2. 与岗位胜任力模型强关联的学习项目设计

学习项目依照公司岗位任职资格体系，匹配岗位学习地图，为不同层级、不同岗位、不同类型的学员制定学习课程，缩短了岗位胜任时间，加速了人才发展步伐。例如，针对新入职员工，设计了五个阶段的学习内容，包括了解公司文化、学习政策制度、养成阳光学习心态、打造职业形象、形成职业习惯，使整个学习流程更加

具象。

3. 多角度学习激励，有效激发学习动力

移动学习平台基于在线课程完成率、考试得分、分享互动等设置积分激励制度，积分可在积分商城兑换公司内部实物奖品，形成良性循环，有效地激励了员工的学习热情。同时，排行榜实时显示个人学时排名、学分排名、部门排名等，促使员工竞争意识的觉醒，不断激励员工学习。

4. 多维度立体学习氛围营造

全方位推广宣传——通过企业微信号、企业内部宣传、海报、启动会、培训会、直播等各种形式，在线上、线下全方面推广学习，提高移动学习平台的曝光度和影响力。

高管题词助阵——集团高管和分/子公司高管为平台题词，制作首页广告并滚动播放，显示出集团给予本项目极大的支持与关注。

企业微信推广——《每周课程推荐》栏目，根据业务工作计划安排课程，为学员挑选相应课程，通过企业微信推送给有需要的员工。

学习心得征文——通过甄选内部学员的学习心得，并通过微信公众号在公司内部分享，一方面激发了员工的学习兴趣，另一方面也扩大了学习项目的影响力。

在线直播分享——任何一名员工都可通过平台直播功能在集团内部分享自己的观点，既为每一位员工提供了展示自我的舞台，又在公司内部营造出“学习和分享成为一种习惯”的氛围。

5. 游戏化学习体验，打破枯燥学习场景

将枯燥乏味的文化制度、专业知识，通过进阶闯关的答题模式，使学员在趣味答题等场景中掌握相关知识。

五、紧贴业务，为业务赋能

移动学习平台不仅是培训的平台，更是业务场景运用的工具。

1. 案例一：隆平直播间

2020 年新冠肺炎疫情期间，各位员工被要求在家办公。当时春耕就要开始了，如何帮助农民朋友进行有效的种植技术指导，如何帮助营销人员进行种子销售，是

摆在公司面前的现实问题。

为解决实际问题，移动学习平台推出了“战疫情 助春耕”系列直播课程，该课程共推出 21 期，从种植技术到营销技巧、专业的农业服务等，帮助农民及营销人员解决棘手的问题。

隆平高科组织内部专家、岗位能手、营销标兵、外部专家通过这个平台共同授课。移动学习平台沉淀了组织经验，并将大量的优秀经验输出，同时也培养了大量优秀的内训师。

据统计，直播课程累计时长达到 25 小时，参与人数超过了 33 万人。新华社、《农民日报》《证券时报》、农财网、湖南经视等多家媒体纷纷进行了报道（见图 6）。直播课程在农业领域开启了农业服务的新模式。

图 6　多家媒体对直播课程的报道

2. 案例二：直播纪录片《水稻的一生》

过去，种植技术这种专业性内容仅通过讲授方式进行讲解，让农户觉得枯燥无味。

农业种植技术的，操作性较强，光靠讲授很难理解，而通过直播现场教学，可有效提升农民的学习效果。

隆平商学院和公司业务部门紧密合作，全过程直播水稻从浸种催芽、播种到收割等 14 个关键农事环节，请专家在田间地头讲解种植的关键点，使农户朋友一看就明白。

通过实地直播，解决了专家严重不足的问题。专家人数很少，不能全部覆盖农户，但是通过直播，可以让所有农户能够同时学习各农事环节的关键技术，解决了专家无法下田指导的难题。

通过直播的过程，隆平商学院培养了一批能做直播的技术专家，他们能做能讲，也能操作新媒体。直播纪录片《水稻的一生》，开启了种业技术服务新的培训模式（见图 7）。

图 7　直播纪录片《水稻的一生》

3. 案例三：隆平高科 2020 年中国农民丰收节活动

隆平商学院牵头组织策划了“隆平高科 2020 年中国农民丰收节”（以下简称“隆平丰收节”）活动，以活动带动人才培养，推动会议营销模式转变。在活动中充分利用移动平台，结合线上/线下教学，使平台赋能业务。

隆平丰收节活动涉及多种技能和知识，包括直播技术的运用、会议主持技巧、营销活动策划技巧、营销模式思考等。

隆平商学院通过隆平丰收节，运用新媒体，采用最新直播技术，提升了大家对技术的运用，提升了大家组织会议、策划活动等多方面的能力。

通过直播隆平丰收节，全国多地联动，多家公司参与，引入产业链概念，邀请农户、米企、零售企业、餐饮企业、当地农业部门等共同参与，促进农业产业融合发展，直播测粮又卖粮。在隆平丰收节的现场，米企和农户现场签订购粮协议，在隆平高科的商城销售米企的大米，直播过程中进行带货，把大米销售搬到田间，促进政府、企业、农民的联动，促进当地农业的可持续发展。

隆平高科 2020 年中国农民丰收节活动如图 8 所示。

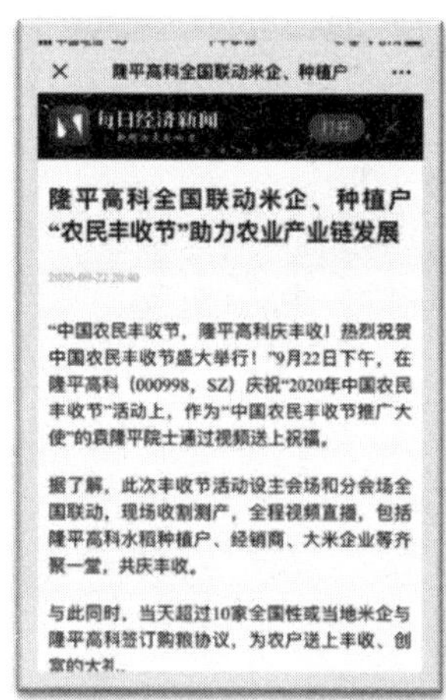
隆平高科全国联动米企、种植户

每日经济新闻

隆平高科全国联动米企、种植户“农民丰收节”助力农业产业链发展

“中国农民丰收节，隆平高科庆丰收！热烈祝贺中国农民丰收节盛大举行！”9月22日下午，在隆平高科（000998，SZ）庆祝“2020年中国农民丰收节”活动上，作为“中国农民丰收节推广大使”的袁隆平院士通过视频送上祝福。

据了解，此次丰收节活动设主会场和分会场全国联动，现场收割测产，全程视频直播，包括隆平高科水稻种植户、经销商、大米企业等齐聚一堂，共庆丰收。

与此同时，当天超过10家全国性或当地米企与隆平高科签订购粮协议，为农户送上丰收、创富的大礼。

图 8　隆平高科 2020 年中国农民丰收节活动

这样的活动不仅拉动了销售，同时也改变了种业的传统营销模式，把整个产业链有机地连接起来。然后由隆平商学院牵头组织策划了多个大型项目，通过项目培养人才的能力、促进业务模式转型，真正实现人才培养的终极目标。

4. 案例四：营销能力提升

隆平商学院充分与业务部门联合，根据公司的业务及组织不同时期的需求和痛点，推出相应的在线课程，解决业务实际问题。目前，隆平商学院已累计推出 58 个专题系列课程，累计超 13 万人次参与学习。

在线学习平台在线课程学习表如图 9 所示。

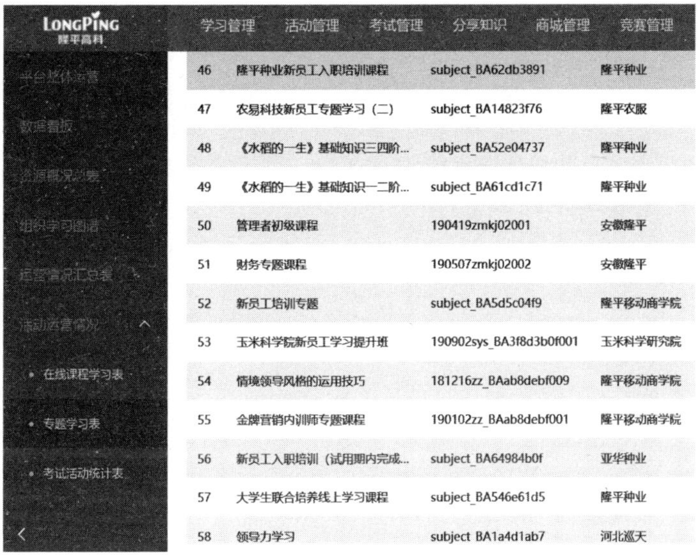
LONGPING
隆平高科
学习管理
活动管理
考试管理
分享知识
商城管理
竞赛管理
在线课程学习表
专题学习表
考试活动统计表
46 隆平种业新员工入职培训课程 subject_BA62db3891 隆平种业
47 农易科技新员工专题学习（二） subject_BA14823f76 隆平农服
48 《水稻的一生》基础知识三四阶... subject_BA52e04737 隆平种业
49 《水稻的一生》基础知识一二阶... subject_BA61cd1c71 隆平种业
50 管理者初级课程 190419zmkj02001 安徽隆平
51 财务专题课程 190507zmkj02002 安徽隆平
52 新员工培训专题 subject_BA5d5c04f9 隆平移动商学院
53 玉米科学院新员工学习提升班 190902sys_BA3f8d3b0f001 玉米科学研究院
54 情境领导风格的运用技巧 181216zz_BAab8debf009 隆平移动商学院
55 金牌营销内训师专题课程 190102zz_BAab8debf001 隆平移动商学院
56 新员工入职培训（试用期内完成... subject_BA64984b0f 亚华种业
57 大学生联合培养线上学习课程 subject_BA546e61d5 隆平种业
58 领导力学习 subject_BA1a4d1ab7 河北巡天

图 9　在线学习平台在线课程学习表

以营销业务需求为例，在区域经理层面，在线学习平台面向 800 多人推出营销经理能力提升在线专题培训课程。

在区域经理及以下层面，对近 20 位分/子公司高管进行访谈调研，并分析核心分/子公司营销负责人的反馈和日常工作中营销人员的表现，分析出如下痛点和需求。

（1）普遍对市场营销缺乏系统的学习和认知。

（2）缺乏对市场、产品的系统思考和分析，对市场凭感觉和经验进行判断。

（3）拓展营销思路的主观意愿比较强烈，使用新媒体营销工具进行营销推广的情况日益增多，但缺乏专业学习。

（4）各分/子公司均对营销人员的培训有刚性需求，但人员分散，集中培训成本高，培训资源少。

根据以上分析，在线学习平台帮助区域经理及以下层面的人员做到以下几点。

（1）提升对市场营销的系统认知；

（2）掌握市场、客户、产品的分析方法，指导其日常工作；

（3）掌握新媒体推广工具和方法；

（4）创新营销思路。

在线学习平台针对上述要求推出五个系列课程，累计学习人次超过 3 万人次。

六、在线学习平台整体应用效果

1. 平台使用数据

在线学习平台目前累计课程约 4800 门，自制课程 400 门。公司员工的使用率超过 90%，满意度为 97%。

2018 年以来，移动学习每年显著增长，2020 年人均学习时长 20.8 小时，较 2019 年增长 21.56%；2021 年 1 月至 6 月人均学习时长达 8 小时。

直播时长迅猛增长，2020 年直播时长 211 小时，平均每天 0.57 小时；2021 年 1 月至 6 月直播时长 118 小时，平均每天 0.65 小时。

2. 成本节约

每年为公司节约培训差旅、培训资料费用约 200 万元，三年累计 600 余万元。

3. 业务促进

直播在业务部门的业务场景中得到广泛使用，如农户会议、经销商会议等，会议模式和营销模式在直播推动下得到转变。

七、思考：在线学习、人才培养与业务实践的结合

无论是企业大学，还是移动学习平台，都需要打破传统的仅以培养人为目的的培训模式，转为以终为始的人才培训模式，将培养人才的目标转移到为企业创造价值上。

人才培养的最终目的是激发人才为企业创造价值、创造利润，因此培训应以终为始、以业务、战略、解决问题为导向。隆平商学院通过组织、策划、实施与业务实际相结合的具体活动和项目，邀请业务部门共同参与办学，通过多种教学方式促进业务发展，最终达到人才培养的目的。

依托学习平台，绘制数字化学习新蓝图

呷哺呷哺营运培训中心　王子炎

一、企业简介

呷哺呷哺是一家连锁餐饮集团，引自中国台湾，于 1999 年创立于北京。呷哺呷哺致力于通过一人一锅的独特而前沿的分餐制火锅形式，使消费者在享受健康美食的同时能够随心地选择不同的口味和丰富多样的菜品。呷哺呷哺的产品，不管是单人小吃火锅，还是双人、多人聚餐，都能满足消费者，特别是年轻消费者对美食的个性化和多样化需求，做到不将就、更讲究。这点成为呷哺呷哺在火锅市场独特的竞争优势。

2014 年，呷哺呷哺快速洞察消费者综合体验升级的要求，率先进行餐厅升级，带动了集团随后五年的增长。同时，其旗下的高端品牌凑凑利用其网红属性，实现了快速扩张，建立了品牌地位。因此，在短短 5 年的时间里，呷哺呷哺旗下门店的总数由 452 家扩张到 1124 家，成为中国火锅十大品牌及中国餐饮百强企业之一。呷哺呷哺门店数量增长示意图如图 1 所示。

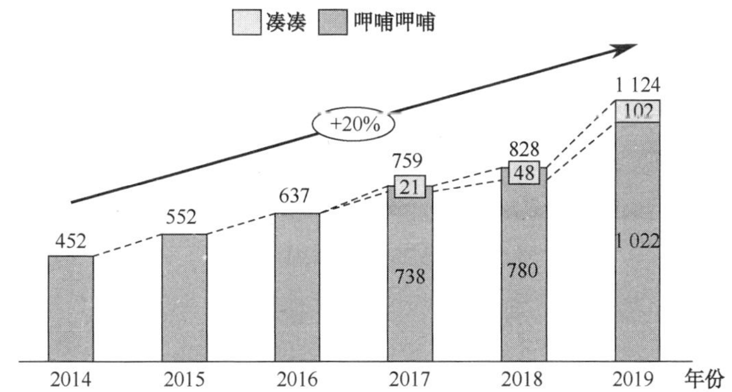

图 1　呷哺呷哺门店数量增长示意图（单位：家）

截至 2020 年，呷哺呷哺已覆盖全国 22 个省份、125 座城市，拥有超过 1 000

家直营餐厅，现有员工 3 万余人，服务消费者超过 1 亿人次。经过 20 余年的发展，呷哺呷哺经历了品牌塑造、稳步扩张和全球化高速扩张三个阶段，成为多元化发展的餐饮集团。

呷哺呷哺的发展历程如图 2 所示。

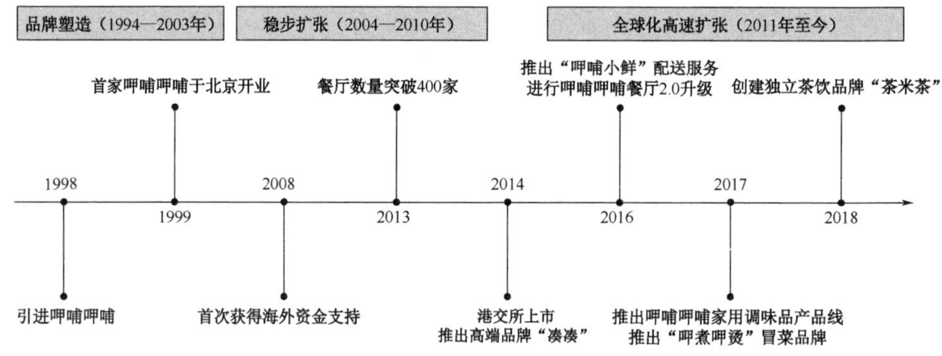

图 2　呷哺呷哺的发展历程

呷哺呷哺本着“一切以顾客的核心利益为考量”的经营理念，为社会提供了大量的就业机会，同时也获得了很多社会荣誉，如中国火锅影响力品牌 TOP100、中国餐饮品牌力百强、北京餐饮企业 50 强等。

二、案例背景

随着呷哺呷哺在全国高速扩张，门店分布在全国，员工基数不断增大，原有传统培训体系越来越不能满足集团的培训需求。具体痛点集中在以下四个方面。

（1）员工文化程度参差不齐，不少员工学习意愿差。呷哺呷哺位于北方的很多餐厅中，服务员年龄都超过 35 岁，学习主动性明显弱于年轻人。

（2）全国餐厅分布分散、人员基数大等原因导致培训成本居高不下。每年公司线下培训场次达数百场，其中培训场地费、差旅费、食宿费及脱产薪资费用总计数百万元。

（3）呷哺呷哺通过保持品牌更新增加消费者忠诚度，采用了“利基产品”“补充品类”“季节性热销产品”和“明星产品”等多产品矩阵策略，其中涉及的操作标准众多，导致培训难以标准化，资料更新不及时。

（4）人才甄选缺乏长期客观的数据依据。以往传统的晋升考试都是由用人区域根据员工主观表现进行考核的。但是由于待晋升者可以通过短期的增强准备来提升考核成绩，这就导致没有长期的客观数据以供参考。

基于以上痛点，呷哺呷哺引入了线上学习平台，并搭建了“呷哺呷哺营运培训中心”，通过“营运培训中心”将培训体系由线下培训转为线上学习和混合式学习，打造学习型组织。

呷哺呷哺营运培训中心图标如图 3 所示。

图 3　呷哺呷哺营运培训中心图标

三、案例实践与创新过程

呷哺呷哺总部营运训练部自 2019 年 6 月开始搭建“营运培训中心”，“营运培训中心”作为集团向学习型组织发展的重要实施工具，目前架构包括“案例中心”“技巧中心”“能力中心”“经营中心”和“茶饮中心”，后续呷哺呷哺会根据业务场景的需要持续扩展架构。“营运培训中心”的架构设计充分考虑用户体验，预留了集团各职能部门的内容展示空间，也搭建了职能部门与营运一线的交流渠道。

呷哺呷哺营运培训中心架构图如图 4 所示。

呷哺呷哺营运培训中心架构的发展经历了五个阶段。

第一阶段：搭建“案例中心”。主导方：训练部。参与方：营运部、客服部、公共事务部。

第二阶段：搭建“技巧中心”。主导方：训练部。参与方：品控部、客服部、检核部。

第三阶段：搭建“能力中心”。主导方：训练部。

第四阶段：搭建“经营中心”。主导方：训练部。参与方：营运部。

第五阶段：搭建“茶饮中心”。主导方：训练部。

同时，在课程内容设置上，“营运培训中心”引入了互动学习机制，鼓励学员评论线上课程，通过整理有效评论，集团可以挖掘一线员工的真实学习需求及痛点，以便在生产后续内容时输出业务贴合度更高、员工适用性更高的内容。在培训形式和内容设置上，集团采用脱口秀的方式讲解知识和技巧，兼顾课程的严谨性和趣味性，让学员更愿意利用碎片化时间学习。

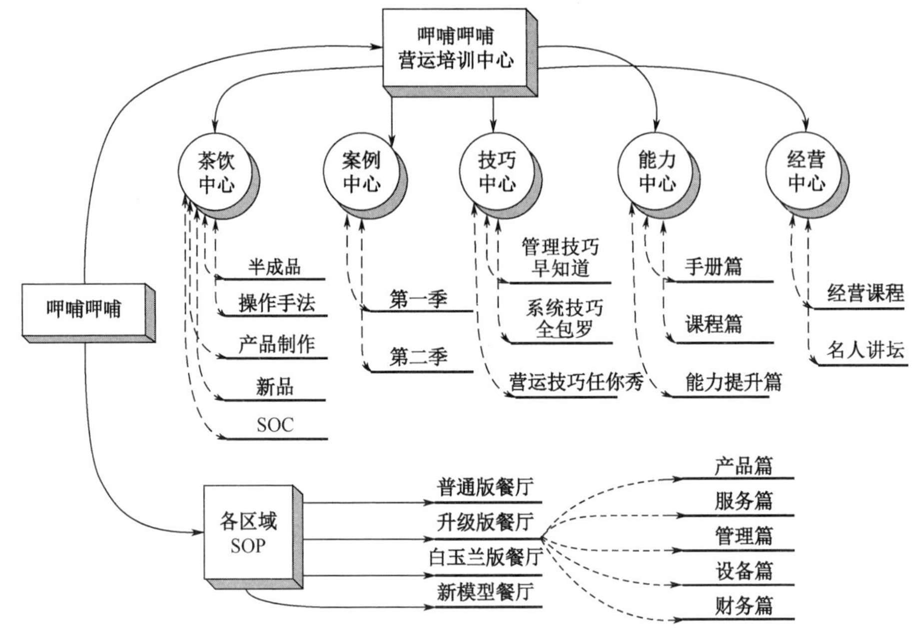

图 4　呷哺呷哺营运培训中心架构图

案例一：搭建“案例中心”

在搭建“案例中心”之初，集团考虑的是如何有效赋能一线员工的客诉处理能力。不同的顾客，其教育背景不同，沟通方式不同，甚至连投诉时的心情都大为不同，集团难以通过一个标准的 SOP 去解决所有客诉问题。因此，呷哺呷哺总部营运训练部通过从客服部梳理占比较高的客诉案件，实现将真实餐厅案例呈现给学员，快速赋能员工，加快新人成长速度，降低集团试错成本。正如呷哺呷哺总部营运训练部负责人所言：“对于新经理个人而言，可以通过处理 3～5 次真实客诉来积累营运经验。但这 3～5 次客诉所产生的不良后果就是培训这名新经理的试错成本。通过建立‘案例中心’，让新经理有机会在线上就模拟经历这 3～5 次的客诉处理，从而有效降低集团的试错成本。”从收录案例的目录（见图 5）可以看出，收录的案例都非常具有代表性，这些案例都是从客服部的众多案例中精挑细选出来的，既具有真实性又具有普遍性。训练的第一季主要聚焦客诉案件最多的主题，训练的第二季则采取邀请业务专家作为嘉宾的形式共享优秀经验。“案例中心”每月发布一期案例，案例时长均控制在 10 分钟以内，便于学员学习。

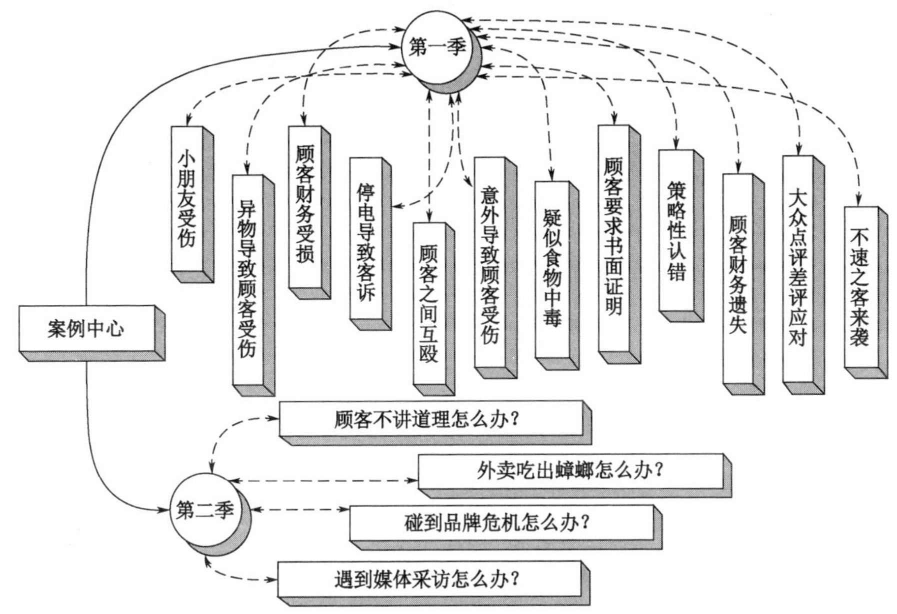

图 5　“案例中心”收录案例目录

选出具有代表性的案例只是第一步，接下来还需要对案例文案进行打磨，将重点内容进行深入刻画，同时弱化非重点内容，聚焦关键内容，便于学员理解。下一步就是进行视频录制、后期剪辑、添加字幕等，以脱口秀的形式呈现案例。在案例分享结束后，设计“奖励机制”鼓励学员进行情景模拟，引导学员思考应对方法。学员会在评论区写下其在该案例中发现的机会点和闪光点。呷哺呷哺总部营运训练部通过后期筛选挑出优质的点评回复，重新排版生成《精彩点评摘录》，将学员回复作为培训内容中重要的一环，实现知识共享，增加学员的参与感。最后，结合案例特点及学员回复的重点内容，进行案例复盘，并拍摄《案例总结》进行收尾，在《案例总结》视频中公布优秀点评的获奖者及奖品，以对学员进行正向的引导和激励。精选案例步骤如图 6 所示。

除此之外，“呷哺呷哺营运培训中心”还提供“顾客满意度提升”“经营管理能力提升”和“认知拓宽”等专项学习内容，如深受学员喜爱的“手把手教你玩转大众点评”“大众点评商铺装修技巧”及“点评回复技巧”等线上课程等，课程通过数据、案例等载体，深入浅出地讲解提升顾客满意度的技巧，有效提升一线管理人员的胜任力。更加难能可贵的是，以上所提及的线上课程都是通过采访呷哺呷哺内部业务专家萃取而来的，课程内容的适用性和贴合度非市面上的通用类课程可比。

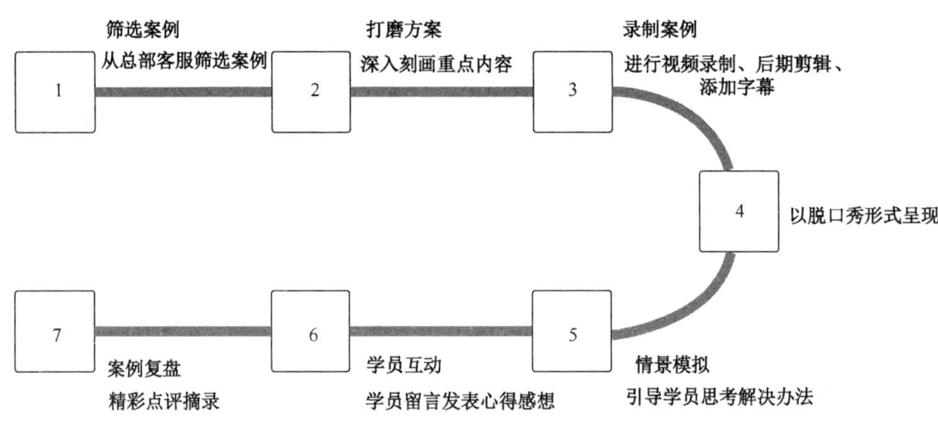

图 6　精选案例步骤

案例二：OMO 混合学习项目

OMO 混合学习项目也是“营运培训中心”数字化学习的重要工具。2020 年，面对新冠肺炎疫情，为了更好地开展线上学习，呷哺呷哺总部营运训练部决定开始推进 OMO 混合学习项目，将其覆盖线上、线下全场景，贯穿教学全周期。

呷哺呷哺总部营运训练部作为 OMO 混合学习项目的创建者，开发和制作了符合营运需求的学习项目，并根据市场营运训练部反馈的信息持续优化学习项目；市场营运训练部作为 OMO 学习项目的负责人和导师，负责发布和追踪学习进度、批阅课后作业、辅导学习和录入线下成绩等工作，并在项目结束后整理课程报告，同时将报告反馈给营运端和总部营运训练部；各级营运管理人员作为 OMO 混合学习项目的导师，负责追踪学员的学习进度，参与审批作业和辅导学习；营运各级员工作为 OMO 学习项目的组长或学员，在指定的学习周期内学习课程、参与考试和完成课后行动计划。通过多角色参与，形成了良好的学习氛围，并且当任何一个环节出现问题时，学习平台后台都可以及时发现，并予以督促和纠正。

以“十天读懂食品安全”这个 OMO 混合学习项目为例，作为呷哺呷哺总部营运训练部发布的第一个 OMO 培训项目，通过内测与调试阶段后，逐步在各区上线，从内测到全面覆盖共花费 51 天的时间。“十天读懂食品安全”OMO 项目排期如图 7 所示。

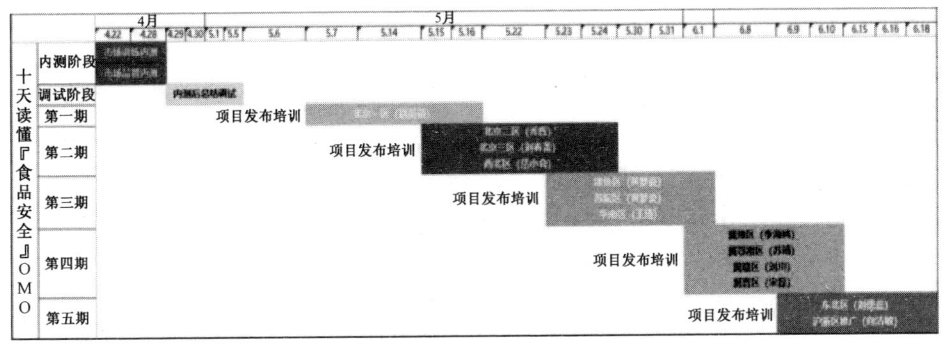

图 7　“十天读懂食品安全”OMO 项目排期

项目共分为 6 大主题，内容全部为呷哺呷哺自有知识，包括食品安全课程、食安基础知识、食品安全常识、虫鼠害控制、食品安全简报和学习成果展现。该学习项目总任务数达 41 个，其中包括 31 门线上课、6 份调研问卷、2 项作业、1 场考试和 1 份心得等多种学习单元，能有效帮助学员从了解到学会、从实践到熟练地掌握知识，并将所学知识运用到工作场景中。充分考虑学员工作繁忙等因素，项目周期为 10 天，每天平均学习 15 分钟，有利于培养学员的碎片化学习习惯。

“十天读懂食品安全”OMO 项目内容如图 8 所示。

① 食品安全课程

任务1	【线上课】	序言
任务2	【线上课】	1.食品安全的挑战
任务3	【调查】	食品安全1
任务4	【线上课】	2.食品污染的分类
任务5	【调查】	食品安全2
任务6	【线上课】	3.我们应该如何做
任务7	【调查】	食品安全3

② 食安基础知识

任务1	【线上课】	洗手消毒指引
任务2	【线上课】	您会洗手吗?
任务3	【调查】	你餐厅的洗手消毒状况如何?
任务4	【线上课】	餐具安全知多少
任务5	【线上课】	消毒液配置
任务6	【线上课】	餐饮服务从业人员必备知识参考题库

③ 食品安全常识

任务1	【线上课】	[illegible]
任务2	【线上课】	[illegible]
任务3	【线上课】	大虾头为什么发黑
任务4	【线上课】	[illegible]
任务5	【线上课】	[illegible]
任务6	【线上课】	[illegible]（上）
任务7	【线上课】	[illegible]（下）
任务8	【调查】	[illegible]
任务9	【线上课】	[illegible]（上）
任务10	【线上课】	[illegible]（下）
任务11	【调查】	[illegible]

④ 虫鼠害控制

任务1	【线上课】	虫害小常识之老鼠
任务2	【线上课】	虫害小知识之飞虫
任务3	【线上课】	虫害小知识之蟑螂
任务4	【线上课】	餐厅灭蝇灯安装及使用规定
任务5	【调查】	你餐厅的虫鼠害控制情况如何?

⑤ 食品安全简报

任务1	【线上课】	食品安全简报 第一期
任务2	【线上课】	食品安全简报 第二期
任务3	【线上课】	食品安全简报 第三期
任务4	【线上课】	食品安全简报 第四期
任务5	【线上课】	食品安全简报 第五期

⑥ 学习成果展现

任务1	【考试】	结业考试
任务2	【心得】	《食品安全》专项培训后的收获

图 8　“十天读懂食品安全”OMO 项目内容

通过线上学习平台后台，呷哺呷哺可以实时跟踪整体项目进度、个人学习进度及小组学习进度，便于导师有针对性地督促学员按时学习。学员完成学习后可获得相应学分和积分。如果学员考试达到 80 分，还可获得“食品安全达人”证书（见图 9）。《十天读懂“食品安全”》OMO 项目推广涵盖呷哺呷哺 13 个营运区域，涉及将近 1000 位餐厅经理、助理经理，参与率超过 98%。

图 9　食品安全认证书

为了更好地追踪学习效果，“呷哺呷哺营运培训中心”还衍生出了“知识达人”考核体系，通过线上考试突破地域限制。在《十天读懂“食品安全”》OMO 项目结束后，呷哺呷哺举行“知识达人”食品安全专场考试，对比项目毕业考试及“知识达人”考试体系中各区域及学员的考试结果，追踪项目后续学习效果。“知识达人”考试体系充分激发了全国各市场人员的参与学习和考试的热情，各营运区域自行组织考试数量逐月攀升，这对于餐厅经理的理论水平的提升有重要作用。“知识达人”考试体系数据如图 10 所示。

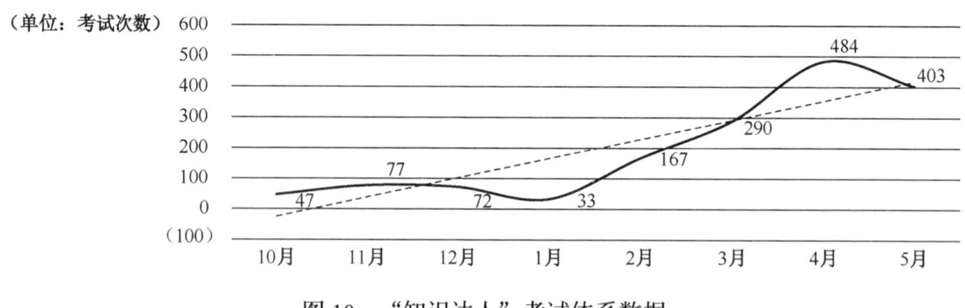

图 10　“知识达人”考试体系数据

案例三："抗击疫情、有你有我"主题征文活动

在 2020 年疫情暴发导致餐厅停业期间，营运一线管理者获得了大量的学习充电时间。呷哺呷哺总部营业训练部紧急反应，在 2020 年 2 月至 4 月期间，加速上线了 50 多门线上课，发布了 144 个线上学习任务，为学员提供了充足的学习内容，2 月份月度学习总时间飙升至 6 万多小时，随后的 3 月至 5 月虽然因为陆续复工，导致学习时间有所减少，但与疫情发生之前相比，员工的学习时间仍然有大幅度提升。

同时，呷哺呷哺趁势发起"抗击疫情、有你有我"主题征文活动，此次征文活动借助学习平台进行内容分发，依托"营运培训中心"架构进行推广和宣传，记录了员工们在疫情期间的点滴生活。一时间，各种形式的征文纷至沓来，信件、文档、语音、视频不一而足，活动共计收到征文 2000 余篇，其中涵盖了员工从处境描述到精神生活的方方面面，不乏很多令人为之动容的情节，让人记忆犹新。通过此次征文活动，在丰富员工课余生活的同时，既增加了员工的凝聚力，也增加了学习平台的使用热度，有很多员工就是在这个时期养成在"营运培训中心"学习的习惯的。通过如图 11 所示的自主学习时长变化中的数据可以看出，学员自主学习时长大大增加。

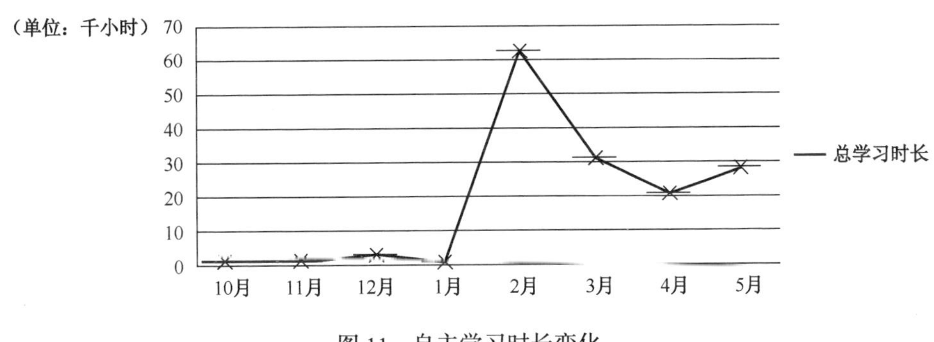

图 11　自主学习时长变化

四、案例效果

目前，"呷哺呷哺营运培训中心"已经收录的线上课程共计 2386 门，全部为集团自研知识，总计浏览 185 万余次，总学习次数 57 万余次，总点赞次数 6 万余次，评论数 2.3 万余条。其中，员工自主学习占比达 70%以上，这主要得益于自研知识与集团业务的高贴合度及趣味性，因此吸引了大量员工利用碎片化时间学习，极大地改善了餐饮行业员工学习意愿度不高的难题。同时，“营运培训中心”中的线上课程也被节选进线下课程中，在已经发生的线下培训中，“营运培训中心”的课程已经被引用超过 150 次，极大地丰富了线下课程的形式与内容。

呷哺呷哺“营运培训中心”深度嵌入学习平台，在几乎人人都有智能手机的时代，学习平台的优势不言而喻。首先是平台的知识目录体系，可以有效展示“营运培训中心”架构，使知识内容一目了然。其次是平台的留言评论功能，给呷哺呷哺提供了收集回馈的渠道。社区、时刻功能给使用者提供了自由度很高的展示空间，可以有效提升访问量。线上考试功能让“知识达人”考试体系运转正常，实现了万人同考，帮助呷哺呷哺收集学员考核数据。OMO 混合学习项目，解决了大型连锁企业培训追踪难的问题，学习平台通过线上提供各种反馈节点和学习进度，帮助呷哺呷哺收集学员学习数据。

值得一提的是，“营运培训中心”通过收录学员个人学习的大数据，包括学习时长、考试成绩、完成项目数、作业质量、回复评论、积分学分等，生成了员工各区域综合学习报告及个人能力雷达图（见图 12），为营运部门甄选和晋升员工提供了长期客观的数据依据。

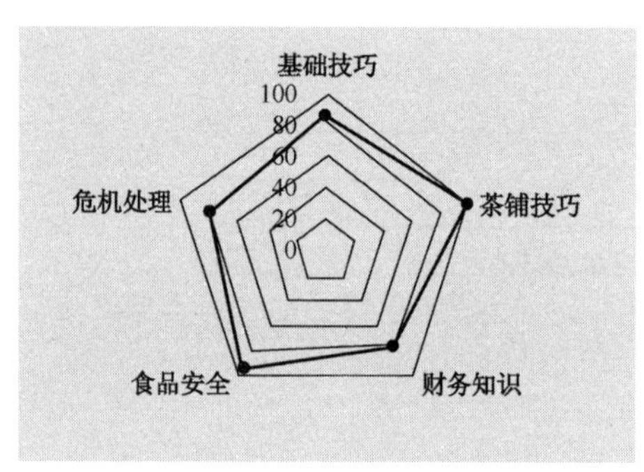

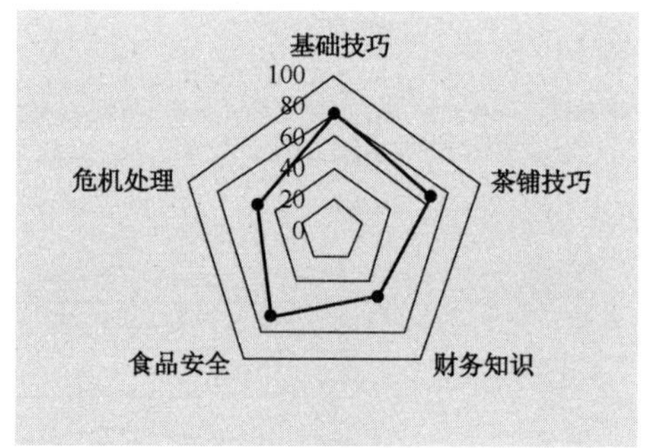

图 12　呷哺呷哺员工各区域综合学习报告及个人能力雷达图

依托学习平台，呷哺呷哺通过搭建“营运培训中心”，以线上学习、OMO 混合学习项目、线上考试等培训方式，帮助员工实现应知应会的学习目标，从而帮助集团构建学习型组织，建立呷哺呷哺的“黄埔军校”，实现了集团的快速增长和数字化转型战略。

五、案例经验总结

在呷哺呷哺这个传统的大企业里推行数字化学习并不是一帆风顺的，任何新生事物都有教育市场的成本。针对“营运培训中心”这个项目，推广成本并不是钱，而是时间，需要花时间向“用户”证明这个项目的价值。

一开始大家都不太清楚“营运培训中心”是干什么的、有什么作用。呷哺呷哺总部营运训练部采取自上而下与自下而上相结合、“两手抓，两手都要硬”的方式进行推广；通过各职能部门领导站台，自上而下地快速让员工知道“营运培训中心”；通过精心打磨课程内容，设计交互学习场景，以及制定奖励机制等方法，持续提升“用户”感受，增加“用户”黏性，自下而上的口碑宣传，让更多的员工从心底里认识到学习平台是一个能提升自身价值的工具，从而主动使用。

同时，要感谢集团各部门的配合与协作，各职能中心副总、总监为“营运培训中心”录制视频，将自己的经验心得与大家分享；各区域营运部门负责人带头参与项目，带动整体营运部门自上而下深入体验，并提供有建设性的意见；资讯部门协助设置各级管理员权限，并按业务需求调整层级架构，为项目顺利实施保驾护航；人力资源部门提供专属会议室作为课程录制场地。以上这些都是“营运培训中心”这个项目得以顺利推进的重要基础。

截至目前，不论从影响力、学员规模、使用频率，还是从学员体验方面，该项目均达成了现阶段的目标设定。呷哺呷哺认为以下因素对目标的达成很重要。

（1）集团管理层的重视。

（2）项目与用户需求的贴合度高。

（3）项目奖励机制设置合理。

（4）对于学员的及时回馈。

放眼未来，“呷哺呷哺营运培训中心”还会从以下几个方面做得更好。

（1）目前 100%的自产内容使得项目发展速度受限。因此，可以精选一些通用性知识进行填充，以丰富学习内容。

（2）不少功能还不够“人性化”，使用体验还有可优化的空间。

（3）依托岗位能力模型等工具，将员工的职业发展路径衔接到“营运培训中心”的架构中，以提升场景应用。

应时而变，寻求战略突围
——数字化学习驱动企业高效率人才培养

时代光华研究院　闫吉伦　赵婉婉

一、数字经济时代——全民数字技能重构的目标

近两年，中央政治局常委会会议提出了加快 5G 网络、数据中心等新型基础设施建设（以下简称“新基建”）的任务。自 2020 年 4 月以来，各地政府纷纷发布了新基建项目投资计划，推动疫后经济恢复、传统产业数字化转型和数字经济发展。2020 年 5 月 13 日，国家发改委和中央网信办等部门联合启动“数字化转型伙伴行动（2020）”，鼓励政府和社会各界携手推动中小微企业数字化转型，深化普惠性“上云用数赋智”服务，激发企业数字化转型内生动力。

专家指出：抗疫期间，“数据”作为新基建的核心地位得到充分显现，新冠肺炎疫情成为数字经济的催化剂。“云”服务几乎无处不在，远程办公、在线教育和互联网医疗等新业务也从原来企业发展过程中的可选项变成当下的必选项。大数据、人工智能、云计算等数字科技也在抗疫过程中大显身手，从流动人员健康监测，到疫情态势分析，再到机器人配送和红外人体温度快速筛检仪等，这些技术的发展都快速刷新了人们对数字经济的认识。目前，数字经济被寄予了更多的期待，正成为中国经济高质量、可持续发展的重要支撑。

随着数字经济蓬勃发展、数字技术快速迭代，数字产品在生活、工作中扮演了越来越重要的角色，对劳动者所需掌握的数字技能也提出了新的更高要求。2021 年 4 月，人力资源和社会保障部相关司局研究制定了《提升全民数字技能工作方案》，聚焦加强全民数字技能教育和培训，普及提升公民数字素养，从“提升数字技能人才培养基础能力建设”“推进数字技能类人才评价工作”等 6 个方面提出了具体举措。

人才向来是一项关乎企业发展成败的关键因素，对数字经济的发展中亦是如

此。对于企业培训管理者来说，新冠肺炎疫情使线下的培训课堂变成了“弥足珍贵”的“奢侈品”，数字经济加速企业全面数字化转型，培训工作若要在支撑组织转型战略发展、数字化业务发展和数字化人才发展等方面发挥更大价值，就要注重数字化学习平台、资源建设和运营的发展趋势。由此可知，数字化学习的时代真正到来了。

二、数字化学习的理论依据和技术支撑

数字化学习是指运用人工智能、大数据分析等新一代信息技术，基于“开放、共享、连接、协作”建设理念，构建跨越时空的学习生态。在线上学习方面，通过智能手机、计算机、PAD、阅读机等不同渠道，以及文本、音频、视频、Flash 等不同形式，基本能够覆盖人们所有的学习场景。在线下学习方面，智慧教室的教学系统和智能设备可以打造智慧课堂，通过智能黑板、声光电的教学系统，来加强课堂的教学效果，教学过程中的信息和数据被收集分析，以用于改进教师的授课方式。无论身处何地，人们均可通过互联网登录远程教学系统，开展案例教学、集体研讨等复杂的教学课程。

数字化学习是一种新型的学习理念及学习运营模式，在数字化学习过程中，涉及建构主义、泛在学习、翻转课堂等众多成熟的理论和理念。在理论和理念的指导下，数字化学习越来越被企业所认知和认可。

1. 建构主义理论

建构主义认为，学习是学习者在原有知识经验的基础上，在一定的社会文化环境中，主动对新信息进行加工处理，建构起学习的目标和意义、知识体系的过程。

由此可知，学习是学习者主动建构内部心理表征的过程。学习者不是被动地接受外来信息，而是主动地进行选择加工；学习者不是从同一背景出发，而是从不同背景、不同角度出发；学习者不是由教师统一引导，完成同样的加工活动，而是在教师和他人的协助下，通过独特的信息加工活动，建构对现实世界的认知。

在建构主义理论的指导下，e-Learning 1.0 强调系统的基础知识的传授和技能训练的强化、信息技术环境建设和教学结构教学模式的改革。

2. 泛在学习理论

泛在学习（U-Learning），又叫无缝学习、普适学习、无处不在的学习等，是

一种任何人可以在任何地方、任何时刻获取所需的任何信息的方式。

泛在学习创造智能化的环境，以让学生充分获取学习信息，目标就是创造让学生随时随地、利用任何终端进行学习的教育环境，实现更有效的学习中心教育。在泛在学习环境中，学生根据各自的需要，在多样的空间中，以多样的方式进行学习，即所有的实际空间都可转变成为学习的空间。知识的获得、储存、编辑、表现、传授、创造等的最优化的智能化环境将提高人们的创造性和问题解决能力。

基于泛在学习理论的 e-Learning 1.0 强调学习随时与人为伴，学习渗入人们的工作中和生活中；学习设备不再局限于计算机网络终端，平板电脑、智能手机等重量轻、体积小的移动设备都可以用于学习；学习不再有时间上的限制，人们可以把零碎时间用于学习；学习不再受地点的制约，人们可以在任何场合（甚至在移动中）进行学习。

3. 墙洞理论

由斯蒂芬 • 唐纳提出的墙洞理论认为，传统的数字化学习如同“有围墙的花园”，而 e-Learning 2.0 则是在这些“有围墙的花园”的墙上打通了很多可以“自由进出的洞”，即形成了“开放的花园”。在 e-Learning 2.0 环境中，学习者拥有了更多的自主权，在很多教育环境中占据主导地位的知识传递模式将转变为共同构建知识和注重发展能力的模式，以有利于使学习者适应具有不确定性的未来，将他们发展成“反思型的参与者”，并且支持学习者营造各自的学习的环境，即构建个性化学习环境和创建电子档案袋。教师作为讲授者和教育者的身份已经被分解为学习软件的开发者、在线课程的提供者、学习过程的引导者、学习资源的管理者和协调者、理论提炼者等多重身份。

斯蒂芬 • 唐纳的墙洞理论为进一步审视数字化学习中网络、学习者、教师的关系提供了参考，也为教师和学习者在学习过程的管理和学习结果的评价中的角色定位提供了有力的依据。

4. 联通主义理论

乔治 • 西蒙斯所提出的联通主义理论认为，学习不再是内化的个人活动，当新的学习工具被使用时，人们的学习方式与学习目的也发生了变化，即管道比管道中的内容物更重要。网络、情景和其他外部实体间的相互影响使学习的理念和方法都发生了变化。在 e-Learning 2.0 环境中，利用基于 Web 2.0 的社会网络和个人网络所组成的双重网络，学习者可以了解学习活动中的“人物”和“环境”比“任务”和“目的”显得更为重要。在数字化学习时代，源源不断地获取新信息、区分重要信息与非重要信息的能力，以及拥有行之有效的学习策略至关重要。同时，个体不可能占有所有的知识，因此获得所需知识的途径比学习者当前掌握的知识更重要。

在联通主义理论的“从关系中学”和分布式认知理念的支撑下，e-Learning 2.0 环境中的虚拟社区、协作网络课程、分布式多媒体、虚拟协作、浸润式环境和泛在计算等新技术得到了广泛的应用。

5.“翻转课堂”理念

“翻转课堂”译自“Flipped Classroom”，也可译为“颠倒课堂”，是指重新调整课堂内外的时间，将学习的决定权从教师转移给学生。在这种教学模式下，学生在课堂上的宝贵时间内，能够更专注于主动地基于项目进行学习，研究并解决本地化或全球化的挑战，以及其他现实世界面临的问题，从而对知识获得更深层次的理解。教师不再占用课堂上的时间来讲授信息，这些信息需要学生在课前完成自主学习，他们可以看视频讲座、听播客、阅读功能增强的电子书，还能在网络上与其他的同学讨论，能在任何时间查阅需要的材料。教师也能有更多的时间与每位学生交流。在课后，学生自主规划学习内容、学习节奏、学习风格和呈现知识的方式，教师则采用讲授法和协作法来满足学生的需要和促成他们的个性化学习，其目标是让学生通过实践获得更真实的学习。“翻转课堂”教学模式与混合式学习、探究性学习、其他教学方法和工具在含义上有所重叠，都是为了让学习更加灵活、主动，让学生的参与度更强。在互联网时代，学生可以通过互联网学习丰富的在线课程，不一定要到学校接受教师讲授。互联网尤其是移动互联网催生了“翻转课堂”教学模式。“翻转课堂”教学模式是对基于印刷术的传统课堂教学结构与教学流程的彻底颠覆，由此也将引发教师角色、课程模式、管理模式等一系列变革。

三、案例：“翻转课堂”理念和实践

前些年，在美国各地兴起了一种新型的教学模式——“翻转课堂”。在“翻转课堂”教学模式下，学生在家中完成知识的学习，而课堂则变成了教师与学生之间和学生与学生之间的互动场所，包括答疑解惑、知识的运用等，从而达到更好的教学效果。

曾几何时，课堂就是学员获取知识的传统渠道，也曾是培训经理组织企业培训

的主战场，被赋予了太多的使命和内容，也发挥了巨大的作用。但是课堂也有诸多的不足之处，且问题越来越凸显：工学矛盾突出，组织课堂培训难度大；培训内容太多、学习时间被无限拉长，动辄一个项目就让学员脱产学习很长时间；企业培训成本高，企业 ROI 偏低；学员需求不均衡，“同槽喂马”众口难调；课堂上学习的理论过多，学员课堂体验较差，培训效果无法保证……

传统课堂的价值与无奈之处如图 1 所示。

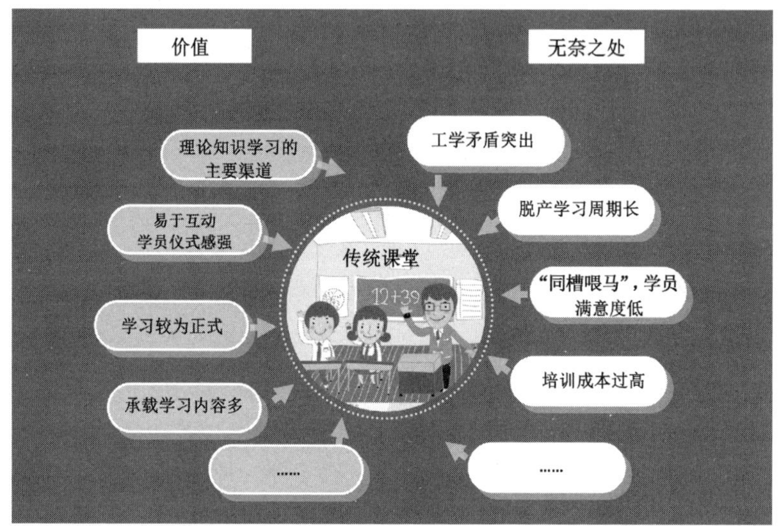

图 1　传统课堂的价值与无奈之处

培训经理面对传统课堂越来越无奈，如何突破传统课堂，赋予课堂新内涵、新使命呢？我们可以借鉴“翻转课堂”教学模式。

随着在领导力发展项目和新员工培训项目中都引入“翻转课堂”教学模式，这种新的教学模式对于培训项目的实施发挥了重要的效果，可谓“课堂一转天地宽”。对培训经理来讲，“翻转课堂”教学模式是一种培训项目设计理念和方法，是帮助培训经理解决上述诸多培训“老大难”问题的好方法。

“翻转课堂”教学模式将基础理论层面的知识和技能移出课堂，放到学员参加正式课堂培训之前，学员通过 e-Learning 学习平台、书籍、理论知识手册等教学手段提前完成自我学习，使课堂时间得以极大释放。这种新的教学模式使教师在课堂上更加关注学员的学习体验，可以更多地通过组织课堂演练、案例讨论、角色扮演、游戏活动等生动的教学方式启发学员，学员参与性非常强，以学员为中心的体验式教学效果惊人。

线上学习与线下学习比较如图 2 所示。

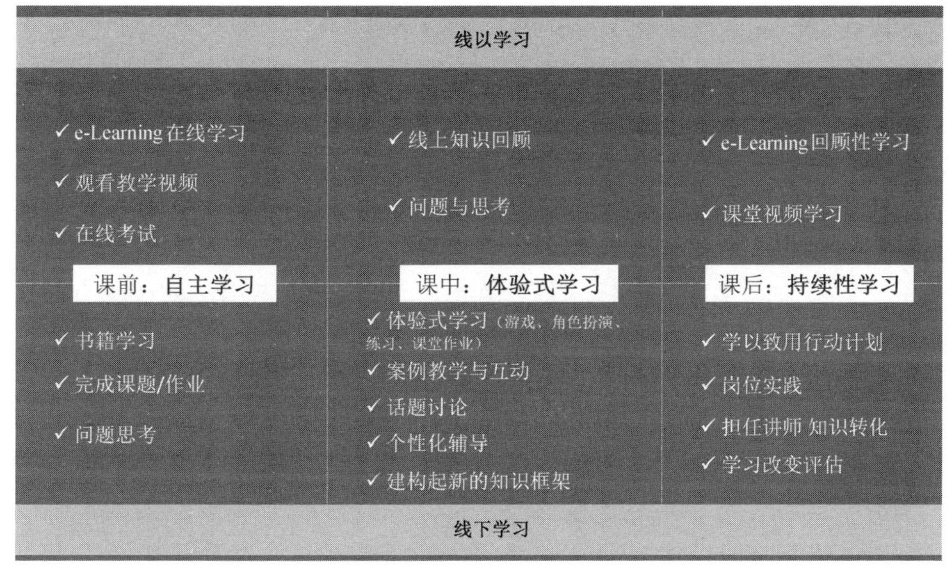

图 2　线上学习与线下学习比较

“翻转课堂”教学模式符合能力提升的“70—20—10”法则，让学习回归平常的在岗实践，实现了边工作边学习的目的，这样有助于学员在日常工作中将理论知识与工作实践放到一起进行反思、体会，而课堂培训的效果也得到了最大的挖掘。

“翻转课堂”教学模式强调的是以学员为中心，这是一个强调体验的教学模式：课堂之外，解决了学员差异化的学习需求和参差不齐的知识水平等问题；课堂之内，升华了团队学习的氛围。这是一种高效率的以学员为中心的教学模式，建立在学员对知识的渴求及高度的自我学习管理基础之上，企业通过“翻转课堂”教学模式能够提高学员的学习效果，变“推动培训”为“拉动学习”。

“翻转课堂”教学模式对培训经理的能力要求和对企业资源的需求都比较高。那么，“翻转课堂”在企业应用的时候该怎样做呢?

首先，“翻转课堂”教学模式要求培训项目有严密的教学逻辑设计。课堂之外的学习内容与课堂之内的体验式教学内容要紧密相关，理论知识自学是体验课堂的基础，体验课堂是理论知识自学的升华。体验课堂要求讲师或教练结合理论知识点组织反思、训练和讨论，前后内容一定不能割裂开来。企业培训经理不仅需要设计好这些教学内容，还要选择好体验课的讲师，讲师必须十分熟悉学员的自学内容，并要掌握课堂促动技术。

例如，福田汽车在领导力培养项目、讲师培养项目上广泛采用了“翻转课堂”教学模式，提升了学员的学习主动性，释放了课堂时间，将基础理论知识的学习和部分课题的思考前置，学员在教师和班主任的指导下自主完成学习；课堂学习则注重体验式教学，组织学员在课堂中进行大量的联系与互动，提升学员的学习兴趣，学习体验性较好。

其次，“翻转课堂”教学模式需要企业拥有一定的教学资源和教学手段。若要帮助学员完成课堂之前的学习，就要借助企业的 e-Learning 学习平台、视频课程录制系统等先进的教学资源。讲师要综合运用视频教学、案例教学、角色扮演、促动技术、游戏教学等多种教学手段。为确保“翻转课堂”教学模式的有效开展，企业需要提前搭建这些资源。

最后，企业需要管理“翻转课堂”教学模式的过程。“翻转课堂”教学模式将学习项目更多地交给了学员自己掌握，学习周期也变长了，影响培训效果的不确定因素增多了，因此企业需要做好学习过程的管理，一方面应督促学员按时完成学习任务、反馈学习作业，确保学习进度；另一方面应及时纠正讲师和学员在学习过程中出现的问题，确保教学能按照设定的目标进行。

总之，企业在设计“翻转课堂”教学模式的时候要做好学习项目的设计、学习资源的搭建和学习过程的管理，最终形成“线上与线下互动，课堂与课外互动，学员与讲师、培训经理互动”的良好局面。

无论课堂怎样“翻转”，“翻转课堂”教学模式还是要落实到课堂，只不过不依赖于单一的课堂，并且能将课堂变得更凝练、更生动、更互动。正所谓“一阴一阳谓之道”，课内课外也需相辅相成，需要共同发挥作用。

四、数字化企业大学的评价体系

在建设数字化企业大学的过程中，时代光华研究院致力于研究数字化学习的最新趋势和技术发展，制定了数字化企业大学的评价体系（见图 3）。该评价体系主要包括以下四个方面。

1. 企业数字化学习环境基础建设

企业数字化学习环境基础建设是指数字化学习平台、培训管理系统、绩效支持系统、智能教学设施，以及企业即将广泛应用的 AI、AR、VR 等虚拟现实仿真技术的建设。

2. 企业数字化学习能力建设

企业数字化学习能力建设是指数字化的内容体系［规划并开发满足企业知识传承和人才培养需要的电子化课程资源（含教学案例库、试题库等）］、基于企业全部岗位任职资格体系的数字化学习地图、企业数字化学习团队及企业数字化学习技术能力的建设。

3. 企业数字化学习 OMO 项目运营

企业在人才培养活动中，数字化学习 OMO 项目的策划和运营将成为数字化学习领域主流的理念和方法，整体的学习要建立在对学员和学习场景的大数据分析的基础上，通过数字化学习项目的策划、运营，致力于打造数字化学习的完美体验，让学习者在 OMO 项目中自主获取知识、自主萃取产出知识，在整个学习项目运营过程中，提前做好整个学习过程的数据定义、数据建模、数据采集、数据挖掘和数据使用，让学习大数据应用反向支持学习项目的优化，更好地服务业务价值的评价，建立员工发展的关联机制。

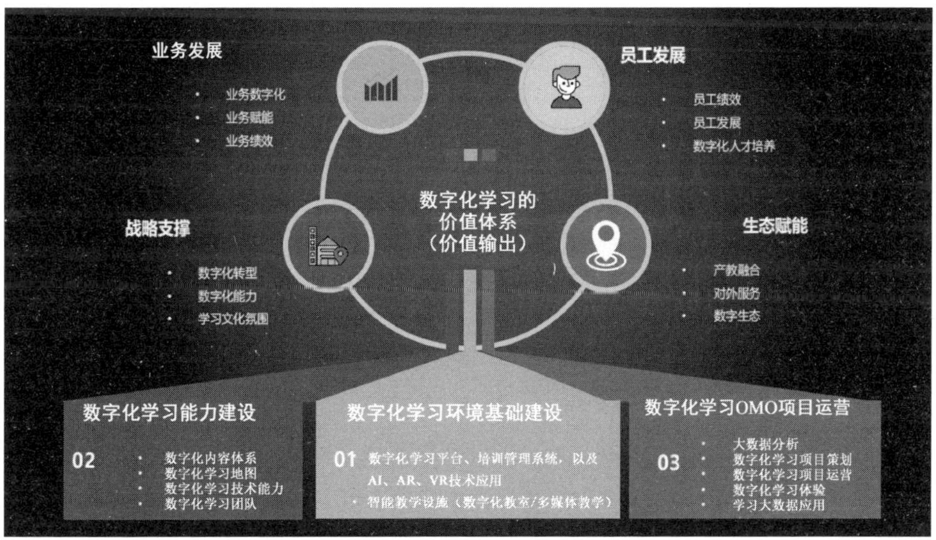

图 3　数字化企业大学的评价体系

4. 企业数字化学习的价值体系

企业数字化学习的价值体系是指从战略支撑、业务发展、员工发展和生态赋能四个维度全面评价数字化企业大学的最终价值，核心要点包括企业培训是否支撑了组织数字化能力培育、是否支持了业务数字化转型、是否直接培养和输出各类型数字化人才，以及企业数字生态的建设情况等。

“数字化企业大学评价体系”需要通过数字化学习平台和体系的搭建，实现培训业务的数字化和体系化发展，需要对标成熟的企业大学，以在企业的人才队伍建设中发挥重要作用，上接战略、下接绩效，从而促进企业健康发展。

五、数字化的角色职责

（一）铸数字化企业大学之魂

数字化转型背景下，企业面临的问题如下。

- 企业数字化转型缺乏系统的方法论：数字化转型愿景模糊、路径不清，数字化转型成功案例复制难度高，海量知识碎片化学习难成体系，行业对标无法实现。
- 企业自身数字化成熟程度低：企业缺乏数字化思维和数字化人才。
- 企业数字化转型成本高、风险大：数字化转型需要投入大量人、财、物等资源，是一个长期工程。
- 企业数字化转型过程中组织变革的冲突：组织边界外延、组织关系发生裂变、数字人才紧缺。

在这一背景下，企业大学应成为企业数字化转型的引领者和赋能者，扛起数字化转型及数字化人才培养的大旗，铸数字化企业大学之魂。

（二）具数字化企业大学之形

企业要具数字化企业大学之形，即拥有智慧化学习的功能。

依据“数字化企业大学评价体系”，从“企业数字化学习环境基础建设”“企业数字化学习能力建设”“企业数字化学习 OMO 项目运营”和“企业数字化学习的价值体系”四个维度展开企业大学的建设与评估工作。

（三）行数字化企业大学之事

企业要行数字化企业大学之事，即培育数字化人才、提升数字化能力。为此，企业要完成以下工作。

1. 数字化学习平台建设

企业在构建和优化面向全体员工的知识共享平台的同时，应综合统筹培训计划、需求调研、面授签到、评估管理，不断提升培训效率；持续完善课程框架，丰富课程中心，形成具有查询、下载、使用、积分等功能的共享知识库，为全时远程线上培训提供支撑；从前台学员体验、中台能力建设、后台技术创新三个维度不断打造数字化学习平台。

在前台学员体验方面：打造“学员喜爱，愿意投入时间学习；系统完善，随时随地高效学习；海量资源，快捷选课和智慧推送；路径清晰，支持员工能力进阶”的高效的学习体验平台。

在中台能力建设方面：推动数字化学习平台建设，以期能够支持培训管理全流程的高效运营；支持讲师快捷、高效的课程开发、在线交付；支持管理者随时查阅员工学习数据、参与学习过程；支持组织智慧沉淀，方便各部门留存、调用资源。

在后台功能建设和技术创新方面：要保证数字化系统功能强大，支撑海量用户；完善云端数据管理，支撑海量资源；完善系统架构，支持多场景应用。

2. 数字化企业大学规划建设

结合以往企业实践和理论研究，在企业大学规划建设时应遵循“三维九步”方法论，如图 4 所示。

“三维”即三个维度，分别是组织建设维度、业务开发维度和文化塑造维度。

“九步”即九个步骤，分别是：

（1）战略规划：企业大学使命愿景重塑及自我定位规划。

（2）组织建设：企业数字化学习组织的架构及组织效能建设。

（3）基地建设：培训基地、数字化学习平台及智能教学硬件资源运营。

（4）业务架构：企业核心职责、主营业务体系划分。

（5）运营模式：有企业特色、满足企业发展的运营模式。

（6）培养项目：基于战略发展、业务发展和人才发展的培训项目。

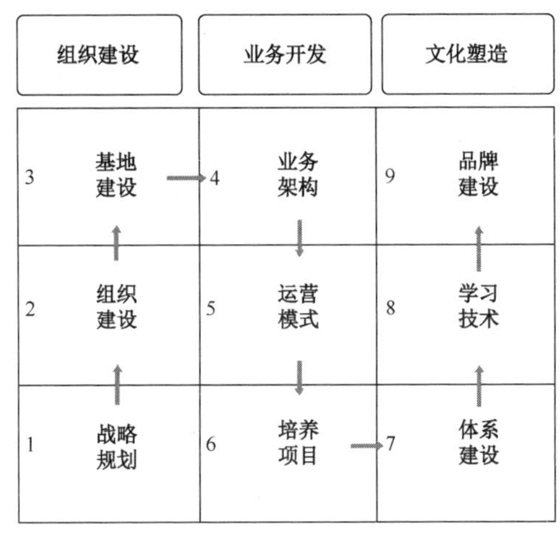

图 4 “三维九步”方法论

（7）体系建设：流程制度、资源建设及人才培养的全培训体系。

（8）学习技术：有行业特色和前瞻性的核心学习技术的研发和应用。

（9）品牌建设：名副其实、行业影响力强的品牌效应建设。

3. 数字化 OMO 学习解决方案

企业应搭建企业通用课程、专业课程等内容体系，运营企业“PGC+UGC”模式知识管理社区，借助学习管理系统、人才测评系统、评估考核系统等平台功能，通过线上/线下 OMO 混合学习方式，依据科学运营方法论，逐步搭建企业培训组织与流程体系。企业培训组织与流程体系如图 5 所示。

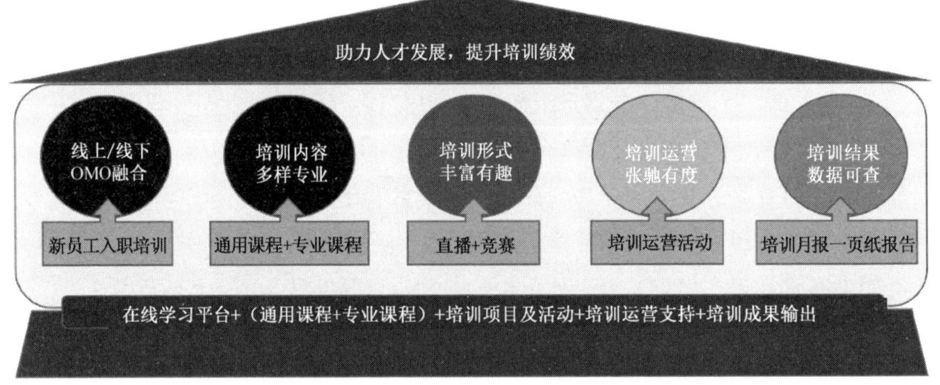

图 5 企业培训组织与流程体系

4. 数字化转型学习解决方案

企业应根据数字化转型发展人才需求，从“员工数字化技能”“数字化组织运营能力”“数字化价值实现能力”“数字化转型领导力”四个维度构建企业全员数字化技能发展体系。

2021 年 7 月 28 日，在北京举办的 ISC2021“网络安全人才与创新发展峰会”上，时代光华研究院院长闫吉伦发表了主题演讲《数字安全，人才先行——构筑数字时代安全人才培养系统》。他表示，数字化学习是高效率培养网络安全人才的必然方式，企业应构建全员知识网络。时代光华可以为企业搭建面向数字安全垂直领域的在线学习平台，汇聚最丰富的数字安全课程资源、最清晰的学习逻辑管理、最高效的数字安全学习项目运营等，承接核心人才培训及全员数字安全素质提升的触达和培养。数字化学习已经渗透到人才培养的各个方面，已经成为高效培养数字化人才的主流模式。

数字经济大背景下，企业所有的组织能力都需要重构和升级，组织能力重构、全员技能重构、数字化人才培养等成为企业发展道路上躲不掉、绕不开的课题。企业应积极搭乘数字化学习发展的“快车”，驱动企业高效率培养人才，应时而变，寻求战略突围。

“致天下之治者在人才，成天下之才者在教化”，数字化学习时代已经到来，我们任重而道远！

第二篇　运用工具支撑之路

小米集团人才培养与数字化学习探索

小米集团 张少亮

一、企业介绍

小米集团成立于2010年4月，2018年7月9日在香港交易所主板挂牌上市，是一家以智能手机、智能硬件和IoT平台为核心的消费电子及智能制造公司。

2020年，小米集团加入联合国全球契约，致力于将人权、劳工、环境及反腐败等十项原则纳入企业运营策略，促进企业可持续发展。在抗击疫情的过程中，小米集团、员工及北京小米公益基金会捐款捐物累计价值超过8000万元，向40多个国家和地区捐赠防护物资超300万件。小米集团投身创造商业效率新典范、用科技改善人类生活的壮丽事业，始终坚持许商业以敦厚、许科技以温暖、许大众以幸福，永远相信美好的事情即将发生。

小米手机目前是全球领先的智能手机品牌之一，2021年第二季度全球市场占有率达到全球第二位。

同时，小米集团已经建立起全球领先的消费级IoT平台，截至2021年3月31日，AIoT平台已连接的IoT设备（不包括智能手机及笔记本电脑）约3.51亿台。集团业务已进入全球逾100个国家和地区。

2021年8月，小米集团连续第三年进入《财富》“世界500强排行榜”（Fortune Global 500），位列338名，较2020年大幅提升84位。

二、背景介绍

目前，小米集团约有员工4万名，每年有大量的工程师、应届生等人才加入小米集团。正处于不断扩张状态的小米集团，需要建设更加高效、专业的人才培养体系。当前正值集团发展进入下一个十年，因此需要快速沉淀集团知识资产，这对于小米集团进一步持续发展、实现“手机xAIoT”战略有着重要意义。

在小米集团的培训运营过程中，很多问题日益凸显：员工规模加大，通识类课程无法全面覆盖；面授课程具有很强的空间和时间限制，可参与人数有限，只能满足很小一部分人的学习需求，跨区域人员无法参加；员工基础能力提升困难，缺乏自主学习渠道和平台；集团智慧和经验缺乏沉淀推广平台，人才培养体系缺少加速度。

2019 年 8 月，小米集团成立了人才培养部门，以作为集团组织战略的重要组成部分，为集团战略发展、组织能力提高、业务提升和人才发展提供全面支撑。小米集团致力于建设一个高效的学习型组织，以激发集团内生潜力、赋能人才多元化发展，为集团下一个十年的飞速发展助力。

2020 年 1 月，为了让所有员工都享受到学习的乐趣，帮助员工更灵活、更个性化、多领域地持续性学习，人才培养部门开始规划搭建数字化平台。

数字化平台建设项目旨在解决刻不容缓的现存问题，扩大学习覆盖范围，提升员工学习效率，加强远程支持力度，迅速提升员工学习能力，沉淀组织智慧，为集团的高速发展贡献力量。人才培养部门打造基于集团战略和业务需求的学习项目，支持构建多元化、可持续的人才梯队，推动解决业务问题，加速组织经验的沉淀，让员工能够随时随地通过多终端的学习和互动，及时解决工作中的问题，在提升工作业绩的同时加速个人能力的发展。

数字化平台建设项目规模大、业态复杂、对象分布地域广泛，用户具有数量多、结构层级复杂、专业性强、对平台性能要求高等特点。由于其系统性和长期性，数字化平台的建设需要得到组织上、技术上、服务上的全方位配合与保障。为此，人才培养部门规划了软件、硬件、网络、服务无缝融合的一体化解决方案，以兼顾平台设计建设的系统性、运行的稳定性和技术服务的协调性。

三、数字化平台

在数字化平台的设计初期，我们采用理念先行的原则，首先完成平台核心理念的构建，将数字化平台定位为支撑企业大学、紧贴业务、构建学习生态、以数据为依托的智慧化学习系统。

在企业战略上，数字化平台帮助员工树立学习目标，以战略牵引绩效，让每一个“小米人”了解小米的使命、愿景和价值观，上下同欲、共同发展，将企业文化融入课程中，员工步调一致，绩效自然提升；在组织生态中，构建学习生态，激发员工自发学习，讲师主动走上讲台，赋能成立专业学院，建设学习型生态组织；在用户业务上，分析学习场景，使学习紧贴业务，将学习融入工作流程，做到“在工作中学习，在学习中成长”。

（一）“一边开飞机，一边修飞机”

集团培训迫在眉睫，我们在领导的指导下采取首先开放平台最基础的功能，边测试、边修改、边上线的策略，也就是“一边开飞机，一边修飞机”，而不是像传统企业那样，先全部上线，再更新迭代，逐渐开放功能。

2020 年 4 月，数字化平台开始搭建，5 月 12 日内测版上线，5 月 28 日公测版上线。两个月的时间内，我们首先开放了平台最基础的功能，让学员逐渐认识平台，接受平台，再根据学员在使用中的反馈不断优化、更新迭代，在夯实基础功能的同时定位学员核心需求。

（二）用户为先

用户是一切产品的源头，在建设数字化平台之前，首先要清楚我们的用户是谁。数字化平台的用户主要可以分为三类：一是广大的全体员工——真正使用数字化平台学习的人；二是培训组织管理者——发起学习活动，管理学习项目的人；三是各级管理者——获取下属学习成长数据的人。

用户定义清楚之后，就要了解用户的需求，而要了解用户需求，就要考虑用户使用数字化平台的场景。当用户打开数字化平台界面时，会从视觉感官的层面来看数字化平台是否美观，这就决定了用户是否有继续浏览的欲望，这对于增加用户黏性十分重要。

在界面 UI 设计上，我们采用了响应式布局、区块分类清晰及可拓展的 FEED 流（持续更新内容并呈现给用户的信息流）等技术来实现完美的多端呈现。

在内容层面，是否有吸引用户的内容尤为重要，想要吸引用户，就要满足用户需求，用户是需求的集合，需求是用户对解决现存问题的需要。

（三）数字化运营

经过不断优化和更新迭代，数字化平台在数据化、智慧学习、全链路管理、知识管理、数据分析、平台运营等几个方面实现了全流程的数字化运营。

数据化：通过完善的基础统计报表体系、数据分析体系进行明确计量、科学分析、精准定性，以数据报表的形式进行记录、查询、汇报、公示及存储，形成标准化的数据管理。

智慧学习：多端同源，支持多种访问方式，如 PC、H5、公众号和飞书等，让学习触手可及；多种学习模式，促进学员随时随地学习，学员通过观看视频获取知识，课中、课后参与测试讨论，且在完成课程并考试通关后可获得电子证书和学习勋章，完成学习闭环。同时，让系统自动感知学员的需求，通过资源订阅和智能推送的方式使学员第一时间获取最新的学习资源。学员可以按需获取学习资源，灵活自如地开展学习活动，快速构建知识网络和人际网络。学员可以不断寻求新的知识，发展新的能力，实现随时随地学习。通过助力绩优员工和业务专家挖掘个人经验、知识，完善和分享内容，使其成为优质内容的输出者。

全链路管理：打通数字化平台与 HR 系统间的信息交互通道，提供全流程的学习项目管理解决方案，实现培训管理者全链路数据化项目管理闭环。

知识管理：针对显性知识，采用编码化策略。将显性知识整理成文档，在组织内重复使用。针对隐性知识采用个性化策略，将隐性知识吸收消化为自己的知识，培养出大量的专家，激励员工共享自己的知识。联合业务部门构建知识体系，通过自主开发和外购内化，丰富课程内容，提升知识生产力。

数据分析：通过真实准确地收集数据、记录数据，根据管理需要规划展示数据，为管理者提供数据报表，为其提供翔实的数据直观展现、适当的分析，以明确学习基本状况、发现不足之处，为管理者提供准确的决策依据。

平台运营：制定运营规范，激发学员学习动力，创建学习圈子，引入专家，答疑解惑，增加学习交流，提升平台的服务，建设和促进知识流通、传播和利用的共享平台，发展更多的用户，并实现更大的收益。

（四）繁星计划，游戏化交互

应届生培训项目“繁星计划”是面向新加入集团的应届生开展的培训项目，该项目的核心目标是帮助应届生完成从校园人到职场人的转化，使其快速融入职场生活，掌握必要的职场和岗位技能。2021 年，小米集团应届生培训规模为 4000 人，实行分批分班集训，集团为该项目提供专门的培训教室、食宿和安全等保障。

小米集团应届生培训课程包括三级体系：集团课程、部门课程和岗位课程。其中，集团课程帮助应届生了解和融入企业文化，掌握职场基本技能和塑造良好职场形象；部门课程帮助应届生了解本部门情况、理解业务、掌握本部门制度规范，以便更好地适应工作环境；岗位课程帮助应届生掌握所在岗位的基础技能，从而可以尽快上岗和开展工作。

根据“繁星计划”中学员年轻化、个性化的特点，数字化平台打造了智能、高效、有趣的数字化学习系统，通过游戏化的设计来提升学员的学习趣味性、学习黏性和学习效率，以通过交互式学习体验打造活泼有趣的学习生态。

“繁星计划”项目的设计主要遵循三大方向：游戏化，结合关键页面和玩法，将游戏化交互体验融入整个学习项目中；丰富性，灵活运用丰富的视觉元素和年轻化的设计语言；统一性，强调设计语言的统一性，保持各终端体验一致，提升学员学习体验。

这个项目有三个特点，第一个特点是课程共创。我们在短短的五个月时间内制作出 200 多门自研课程。这些课程不是外采的，而是小米集团自研的岗位课程、通识类课程和内部课程。这些课程只靠人才培养部门是肯定没有办法完成的。让整个集团的资源加入进来，进行课程的共创，是这个项目非常重要的一个特点。

第二个特点是数据驱动。我们在整个项目中，无论是线下的数据还是线上的数据都可以在数字平台上留存。通过对这些数据进行分析、对比和处理，为我们改进第二期到第六期培训提供了重要的数据参考。

第三个特点是参与感。在整个项目过程中设置了让大量学员参与进来的节点，并为不同的节点设计了不同的参与方式，对其中一些优秀的事件进行扩散。例如，在整个三周的培训里设计了“产品创意体验官”的活动，这是小米集团非常擅长的一种活动形式，小米集团的很多产品都是通过与用户互动、收集创意的方式来获取的。学员对这种活动形式非常认可，业务部门也对这种形式非常感兴趣。全年下来，我们收集到 300 多份创意报告，这些报告能为小米下一代产品的研发提供创意。

（五）传火计划，赋能予人

在数字化平台运营过程中，我们坚持知识共享、知识共创，各业务部门培训热情高涨。据统计，截至 2021 年 7 月，数字化平台 70%的课程内容来自各业务部门，仅技术研发类的课程就占了 61.6%，各业务部门对开展直播、录制课程的需求量较大，目前已开展大型全员直播 30 场。

为了激发集团员工的学习潜力、助力部门培训业务、提升部门数字化培训能力，我们从 2020 年 9 月开始实施“传火计划”。传火计划是面向培训管理员的赋能计划，用于帮助他们沉淀知识和传播知识，目前已迭代到“传火计划 2.0 版本”——数字化培训师培养方案。

传火计划 1.0 版本和 2.0 版本的主要用户是各部门培训负责人和人才培养部门

内部培训管理员，通过线上课程和线上/线下赋能训练营的方式，为集团培养数字化内容贡献者和数字化培训师，以实现全集团课程和培训项目数字化。

传火计划赋能训练营主要采取微课的形式，根据平台管理员所处不同阶段和前期需求调研，我们为传火计划赋能训练营开发了多样化的精品微课。例如，帮助培训者了解数字化运营的全流程、认同培训项目数字化运营，让业务降本增效的培训项目——数字化运营训练营；通过典型数字化培训项目运营场景和相关的功能介绍，让学员掌握平台的基础功能操作和培训应用的学习项目——操作赋能训练营；帮助培训者了解直播运营全流程、掌握直播互动技巧的学习项目——线上直播赋能训练营；帮助培训人员学习数字化培训相关内容，并使其真正转换为数字化培训师的学习项目——数字化培训师训练营。

各地学员通过线上或线下的形式参加了我们的传火计划赋能训练营，传火计划赋能训练营的综合评分达到 9.5 分以上，课程上传数量和质量均有大幅度提高，部门培训也越来越规范化和体系化。

除精品课程外，我们还通过阶段性共创会的形式来交流经验，并通过平台身份认证、平台特殊纪念品等完整的激励机制，赋予平台管理员及数字化培训师参与感和荣誉感，打造了一批数字化内容贡献者和数字化培训师。

四、总结

小米集团数字化平台通过线上/线下双渠道的模式，有效地解决了因用户分布地域广泛、数量多、结构层级复杂、专业性强、对平台性能要求高等特点所导致的培训难度大等问题，通过组织上、技术上、服务上的全方位配合与保障，利用软件、硬件、网络、服务无缝融合的一体化解决方案，兼顾了平台设计建设的系统性、运行的稳定性和技术服务的协调性。

数字化平台的多端同源，让学习随时随地、触手可及；数字化平台的共创共享，提供了大量有价值的内容，同时不只是单方面的课程灌输，更是全员参与知识的共创共享，快乐学习、快乐分享；数字化平台帮助用户实现智慧学习，通过智慧引擎，为学员精准推送和匹配课程、制订学习计划、绘制学习地图，同时建设多种学习场景，如社群化学习、混合式学习和游戏化学习等；实现了全链路管理，提供了全流程的学习项目管理解决方案，包括课程、师资、资讯、调研、考试、直播、社群、培训班、学分体系和大数据等。

打造"九局网院"移动学习平台，助力企业高质量发展

中铁九局集团有限公司 杨凯云 李志欣

一、企业简介

中铁九局集团有限公司（以下简称"中铁九局"）系国务院国资委监管的中央企业，隶属世界500强企业中国中铁股份有限公司，是集设计、施工、科研、房地产开发为一体的多功能、大型企业集团，年施工能力500亿元以上。中铁九局总部设在沈阳，下设6家全资子公司、3家分公司、2家控股子公司。此外，中铁九局还在沙特阿拉伯、马来西亚、厄瓜多尔、白俄罗斯等国家和地区设有19家子分公司。中铁九局现有员工11000余人，拥有专业技术职务人员5900余人。中铁九局企业总资产185亿元；拥有机械设备7000余台套，总装备价值近24亿元。中铁九局拥有铁路工程、公路工程、建筑工程、市政公用工程施工总承包特级资质等三十余项资质，工程项目遍布全国31个省、自治区、直辖市，以及亚洲、非洲、南美洲和欧洲等海外市场。中铁九局先后荣获国家鲁班奖9项、詹天佑奖3项、国家优质工程5项、省部级优质工程110余项；主编国家行业标准2项、参编5项；取得省部及国家认可的社会力量科技进步奖50余项，有效发明及实用新型专利100余项。中铁九局连续多年被辽宁省和沈阳市评为守合同重信用单位；多次被评为全国工程建设质量管理优秀企业、中国建筑业竞争力百强企业、辽宁省十强企业及辽宁省用户满意企业。

二、项目背景

人才是企业发展的根本，也是企业核心竞争力的来源。当前，随着世界经济增速放缓、国内经济下行压力加大，以及中美贸易摩擦不断升级，中国经济已进入中高速增长的新时代。传统建筑企业为了更好地适应和引领新时代，并在瞬息万变的

市场中谋求企业更好的发展，势必离不开一支信念坚定、素质过硬、业务精湛、作风优良的人才队伍。

随着中国经济进入转型升级期，中铁九局的战略布局、发展模式也将随之改变。未来几年，中铁九局将牢牢聚焦企业振兴的发展目标，坚持稳中快进的工作主基调，努力实现中铁九局发展规模、经济效益和民生福祉的高质量发展，致力成为备受尊重和信赖的行业品牌企业。

为深入落实中铁九局全面振兴发展和高质量发展的战略目标、坚持践行人才兴企战略、不断提高人才培养质量、促进人才素质的全面提升、实现员工与企业共同发展，中铁九局培训中心在实体培训的基础上，构建了集移动学习、培训管理、大数据分析等于一体的移动学习平台。

按照中铁九局相关要求，中铁九局培训中心从 2019 年 7 月开始着手移动学习平台的建设工作，与上海时代光华教育发展有限公司（以下简称“时代光华”）合作，共同建设中铁九局移动学习平台。中铁九局培训中心充分利用时代光华已有的教育培训资源和模块，增设符合中铁九局实际工作场景的应知应会、创新提升、业务交流、考核评估等个性化定制功能，持续完善功能模块，历经 4 个月的艰苦奋战，建成“九局网院”移动学习平台，并于 2019 年 11 月 20 日投入试运行，2020 年 1 月 1 日正式发布上线。

三、项目实施过程

“九局网院”移动学习平台覆盖培训调研、培训实施、培训管理和培训考核等场景，实现线上/线下、国内/国外培训一体化管理，促进线上/线下培训互动融合。中铁九局培训中心为推进学习平台建设，利用八项措施打造学习平台，充分发挥在线培训的功能和作用，有效整合企业教育及课程资源，使学习平台成为面授培训辅助工具、培训课程开发中心、讲师队伍管理中心、培训信息传播平台。“九局网院”移动学习平台自上线以来，累计上传课程 5308 门，上传制度、办法和工法 1921 个；安排学习计划 119 个，学习地图 960 个，参与学员 10.5 万人次；开展直播培训 408 场，参训学员 6.7 万人次；学员学习总学时长为 142.7 万小时，平均学习学时为 189.2 学时/人。“九局网院”移动学习平台在全员能力提升方面发挥了积极的促进作用。

（一）加强管理体系建设，发挥管理组织合力

“九局网院”移动学习平台采取“局—子分公司（局属项目部、区域指挥

部）—项目部”三级管理体系，实行“分级管控、上下联动”的运维机制，坚持“统筹协调、分工负责、分级管理”的原则。

局及各子分公司成立培训中心并配备工作人员，共配备专（兼）职人员 104 人，初步建立了分级组织、分类管理、各有侧重、相互衔接的培训管理体系，确保培训覆盖全员，促进全员素质提升。

中铁九局培训中心具体负责网络学习平台运维管理，组织协调各单位进行网上学习需求调查；组织建立学习资源库及内容更新；与时俱进地研发新项目；负责网络学习平台的管理、监督、考评等各项工作。各子分公司及项目部按照职能分工，对口负责本单位内部课程管理、学习地图设置、人员信息管理、系统运营维护等工作。

（二）完善制度管理体系，确保平台高效运行

为规范“九局网院”移动学习平台的管理工作，充分发挥网络学习平台在线培训功能和作用，推动“九局培训”模式的创新，全面提升培训质量，中铁九局培训中心发布了《中铁九局网络学习平台管理办法（试行）》《中铁九局内部课程管理实施细则（试行）》《中铁九局网络直播课堂管理办法（试行）》等相关制度和办法，明确管理要求、细化管理流程、严格考核奖励，确保平台高效运行，夯实管理基础。

相关制度和办法如图 1 所示。

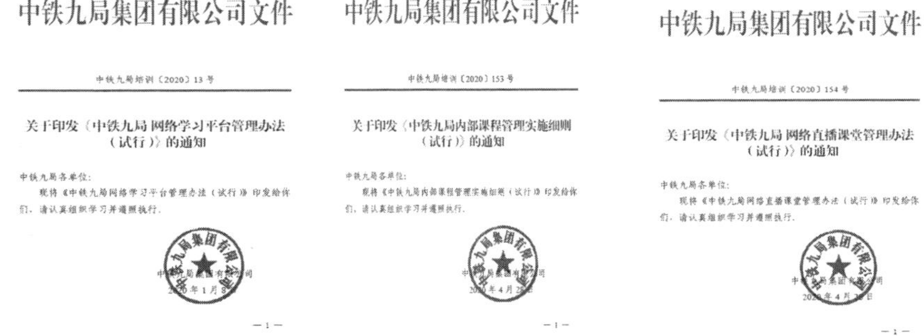

中铁九局集团有限公司文件

中铁九局培训〔2020〕13 号

关于印发《中铁九局网络学习平台管理办法（试行）》的通知

中铁九局各单位：

现将《中铁九局网络学习平台管理办法（试行）》印发给你们，请认真组织学习并遵照执行。

中铁九局集团有限公司

2020 年 1 月 8 日

— 1 —

中铁九局集团有限公司文件

中铁九局培训〔2020〕153 号

关于印发《中铁九局内部课程管理实施细则（试行）》的通知

中铁九局各单位：

现将《中铁九局内部课程管理实施细则（试行）》印发给你们，请认真组织学习并遵照执行。

中铁九局集团有限公司

2020 年 4 月 2[illegible]日

— 1 —

中铁九局集团有限公司文件

中铁九局培训〔2020〕154 号

关于印发《中铁九局网络直播课堂管理办法（试行）》的通知

中铁九局各单位：

现将《中铁九局网络直播课堂管理办法（试行）》印发给你们，请认真组织学习并遵照执行。

中铁九局集团有限公司

2020 年 4 月 [illegible] 日

— 1 —

图 1　相关制度和办法

（三）搭建多端互联平台，提升学员用户体验

“九局网院”移动学习平台可实现多端互联，员工可通过手机 App、ELP 微平

台、PC 端等方式登录学习平台，登录方式丰富多样，可以做到随时随地学习和浏览平台内资源，提高了平台的利用率，提升了学员线上学习的参与度，有效解决了员工分散、集中培训困难、培训覆盖率低等培训难题。

多种终端登录方式如图 2 至图 4 所示。

图 2　学习平台（PC 端）

图 3　九局网院（手机 App 端）

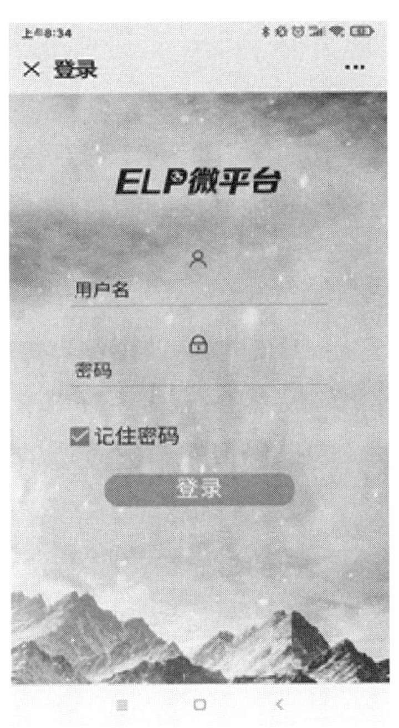

图 4　ELP 微平台（微信端）

（四）创新培训方式和方法，增强培训工作效果

“九局网院”移动学习平台不断创新培训方式和方法，充分利用学习平台的线上培训优势，积极采用多种混合学习模式，组织开展了领导人员培训班、项目经理培训班、项目总工培训班、高校毕业生培训班、内部培训师培训班、一建考前培训班、各系统业务培训等重点班次，提高了培训的覆盖面和针对性。

1. 领导人员培训班

2021 年 1 月举办的领导人员培训班采取“学习地图+线上直播”模式，中铁九局培训中心精心准备先导课程，通过学习地图方式将课程推送给参培学员，要求学员在正式直播前完成学习地图内的课程的学习。培训开始后，讲师在北京、上海、沈阳三地，通过学习平台线上直播课程进行授课，学员通过 PC 端或手机 App 参加学习，培训结束后，学员通过学习平台的“考试中心”模块完成结业考试，在“评估管理”模块完成对培训内容和培训教师的评估。

2. 内部培训师培训班

2021 年 7 月举办的内部培训师培训班采取“直播培训+辅导作业+点评提升”的形式。培训期间，每天上午讲师通过学习平台进行直播培训，每天下午讲师在学习社群中进行作业辅导，每天晚上讲师在学习平台直播间进行作业点评，从多个维度对核心知识进行讲解，参培的 80 名学员全部交付了完整的课程包。

3. 一建考前培训班

2021 年一建考前培训班采取“安排课程+线上直播+线下培训”方式开展培训，安排了 9 个阶段的学习课程，保障了学习质量和辅导效果，提升了学员学习效率。其中，“系统精讲”和“深度精讲”采取集中培训模式，利用 18:00—20:00 和其他休息时间开展网上集中培训；其他阶段采取自学模式。课程视频同步上传到移动学习平台，学员可结合自身备考实际情况，持续完成课程学习。在 2021 年 9 月上旬的考试前阶段，安排了冲刺面授培训，以进一步强化基础，提高学员的应试能力，提高考试通过率。

（五）丰富平台内容资源，提高学员学习兴趣

1. 打造课程中心

按照工程管理、行政管理、人力资源、营销管理、财审法规、党建工作、国际业务、纪检监察等八个专业类别（见图 5），通过直播培训、专题录制、领导人员上讲台、技术专家辅导、导师带徒、微课大赛、精品课程大赛等方式，建立中铁九局内部课程中心专业课程体系。

图 5　中铁九局课程中心专业类别

学员在“九局网院”移动学习平台上，通过自主学习、自主安排课程等方式，学习内部课程资源，掌握应知应会、知识普及、管理创新等内容，提高了知识的利用率和传播率。

“九局网院”移动学习平台课程中心如图 6 所示。

图 6　“九局网院”移动学习平台课程中心

2. 线上直播课堂

中铁九局结合疫情防控实际情况，在“九局网院”移动学习平台搭建线上直播课堂（见图 7）。中铁九局通过全面梳理年度培训计划，对于符合线上直播条件的班次，采取线上直播课堂的方式组织实施，提高了培训班次的执行效率，满足了学员的学习需求。

在直播课堂的实施过程中，主办部门通过“直播管理”模块进行线上授课，并同步做好直播签到（见图 8）。结业考核以及学习时长统计、回放观看统计等学习情况统计工作（见图 9），以确保直播培训发挥实效。同时，积极落实领导人员上讲台制度，聘请中铁九局领导班子成员、部门负责人及技术专家担任授课教师，以确保师资质量。

图 7　直播课堂

七公司工经系统培训班　2020.02.21 07:20～2020.02.21 19:00

考勤通过条件　2　/ 2　生成考勤结果

通过　未通过　人工导入　导出考勤报表　导出考勤报表明细　工号/姓名：请输入工号、姓名　考勤状态：全部

工号	姓名	部门	岗位	签到明细	出勤率	考勤结果
610122198...	刘建英	西安地铁九号线项目部	项目副经理（主持工作）	2/2	100.0%	通过
612423198...	雷贤春	西安地铁九号线项目部	项目副经理	2/2	100.0%	通过
220523198...	高岩新	西安地铁九号线项目部	项目总工程师	2/2	100.0%	通过
620423199...	赵博刚	太原绕城高速项目部（隧道）	工经部副部长	2/2	100.0%	通过
210122199...	李威	长春乙四街道路工程	工经部职员	2/2	100.0%	通过
610122198...	杨国强	兰州枢纽工程项目部	项目经理	2/2	100.0%	通过
612133198...	王保卫	兰州枢纽工程项目部	项目副书记（主持工作）	2/2	100.0%	通过
620403198...	吴文飞	兰州枢纽工程项目部	项目副经理	2/2	100.0%	通过
210504196...	张景楼	兰州枢纽工程项目部	安全总监	2/2	100.0%	通过
152726199...	张来	兰州枢纽工程项目部	工经部副部长	2/2	100.0%	通过

图 8　直播签到

图 9　学习情况统计

"九局网院"移动学习平台通过直播课堂实现了线上虚拟课堂、线下无缝互动，连接企业培训全流程；通过直播培训的回放、同步录制、一键生成课程等功能，实现了企业知识的萃取和沉淀。

3. "九局图书馆"

中铁九局扎实推进学习平台"九局图书馆"模块建设，组织各单位将管理制度、工法、案例、视频等资料上传至学习平台，按照季度进行资料更新，突出学习资料的时效性。同时，中铁九局利用职工夜校、技术研讨、自助查阅等方式，组织学员深入学习，学员通过手机就可以随时查询中铁九局内部资料，推动了学员综合素质的提升。

"九局图书馆"资料上传情况如图 10 所示。"九局图书馆"手机 App 端及 PC 端分别如图 11 和图 12 所示。

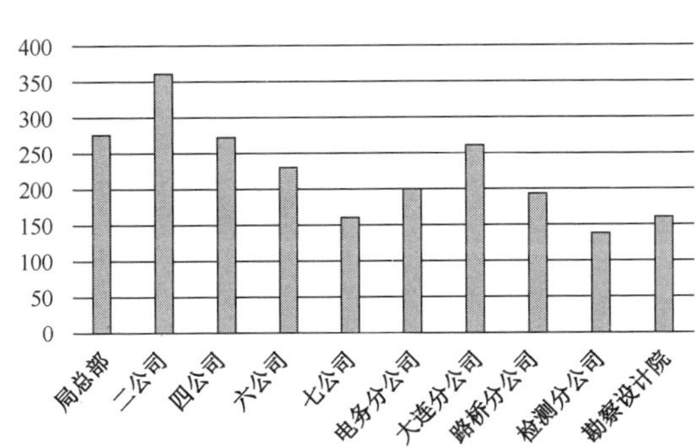

单位	资料上传数量（单位：个）
局总部	279
二公司	352
四公司	261
六公司	231
七公司	160
电务分公司	202
大连分公司	252
路桥分公司	193
检测分公司	136
勘察设计院	153

资料上传数量（单位：个）

78　47　116　1978

□制度办法 ▨工法 ■案例 ⊠视频

类别	资料上传数量（单位：个）
制度办法	1978
工法	78
案例	47
视频	116

图 10　"九局图书馆"资料上传情况

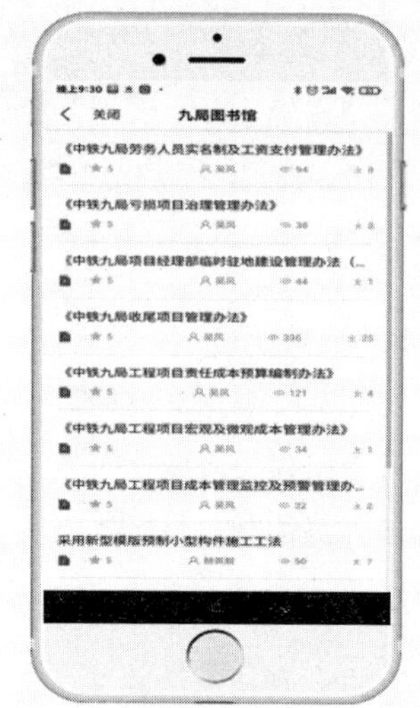

图 11 “九局图书馆”手机 App 端

图 12 “九局图书馆”PC 端

4. 构建岗位胜任能力模型

“九局网院”移动学习平台根据中铁九局实际情况，构建符合中铁九局管理实际的岗位胜任力模型，基于工作实际，分为子分公司领导班子、子分公司业务部门、项目部三个层面，自下而上进行了确立岗位任职资格条件及 KPI 考核指标、岗位工作职责及任务要求梳理、基于 ASK 模型进行岗位胜任力提取、定义岗位绩效标准、建立岗位胜任力三级等级定义库、构建岗位胜任力模型等阶段性工作，初步形成了符合中铁九局实际的岗位胜任力辞典，修订完善了子分公司领导班子、子分公司业务部门、项目部三个层面的岗位胜任力模型（见图 13），并基于岗位胜任力形成了系统的课程体系，为企业员工正确选择职业发展方向和制定能力提升目标提供科学的参考。

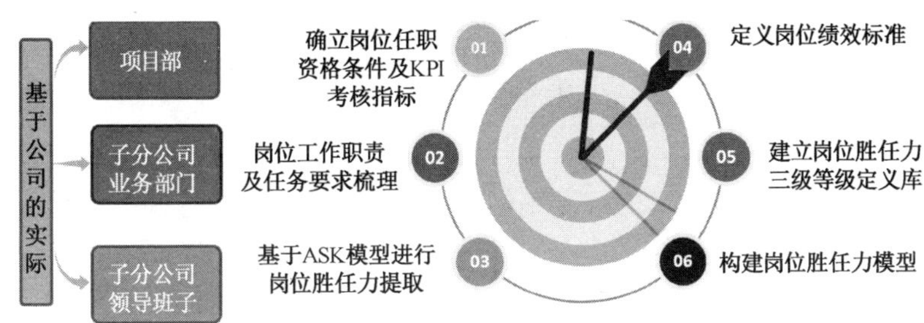

图 13 岗位胜任力模型

5. 推送学习地图

“九局网院”移动学习平台按照员工理论学习、业务学习、专业知识三个维度，将学习内容与全员素质提升培训有机结合，在岗位胜任力模型的基础上完成课程配置，定期为员工推送学习地图，课程覆盖企业各管理层级，内容涵盖业务知识、专业技能、综合素质等内容，以满足员工终身学习和持续成长的学习需求。同时，移动学习平台把学习地图完成情况作为网络学习平台优秀学员评比的重要指标，以提升学员的成就感、荣誉感、获得感。中铁九局学习地图如图 14 所示。

学习地图

统计报表 路径图设置 系统设置

学习项目名称： 学习路径图： 项目类型：全部 创建人： 状态：全部

新增学习项目

学习项目名称	关联学习路径图	项目类型	创建人	创建时间	状态	操作
纪委、法律、审计2020年6月学习地图	纪委、法律、审计2020年6月	非购买类	刘佳伟	2020-06-01	启用	
工经人员2020年6月学习地图	工经2020年6月	非购买类	刘佳伟	2020-06-01	启用	
党务人员2020年6月份学习地图	党务2020年6月	非购买类	刘佳伟	2020-06-01	启用	
安质部200年6月份学习地图	安质部2020年6月	非购买类	刘佳伟	2020-06-01	启用	
试验人员6月份学习地图	试验人员6月份学习地图	非购买类	张可文	2020-05-31	启用	
科技人员6月学习地图	科技人员6月学习地图	非购买类	张可文	2020-05-31	启用	
工管人员6月学习地图	工管人员6月学习地图	非购买类	张可文	2020-05-30	启用	
工经人员6月学习地图	工经人员6月学习地图	非购买类	张可文	2020-05-29	启用	
项目副经理6月学习地图	项目副经理6月学习地图	非购买类	张可文	2020-05-29	启用	
项目经理6月学习地图	项目经理6月学习地图	非购买类	张可文	2020-05-29	启用	

首页 上一页 下一页 末页 每页：10 转到 Go 第2/35页 共344条记录

图 14 中铁九局学习地图

（六）发挥平台功能优势，助力培训组织管理

1. 培训需求调查

有效利用“九局网院”移动学习平台中的“调查管理”模块，开展培训需求调查，了解员工培训需求，为科学制订培训计划提供有效依据。

学习平台调查问卷如图 15 所示。

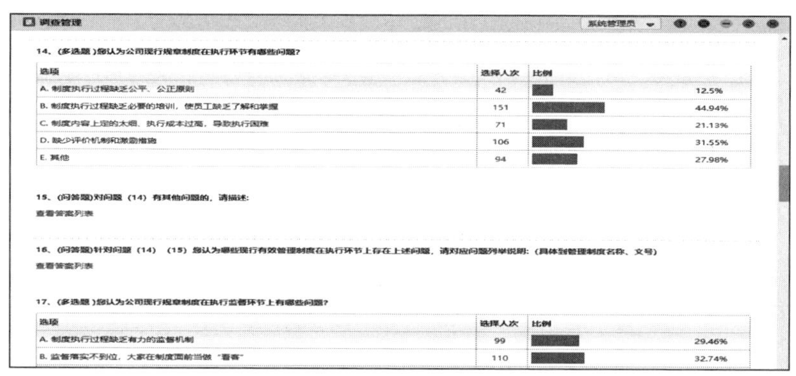

图 15　学习平台调查问卷

2. 考试中心

培训及课程学习结束后，员工通过“九局网院”移动学习平台的在线考试系统进行在线答题，以检验学习效果。在线考试系统可一键下发试卷、自动评分及进行数据统计，提升了组织的考试效率，有效缓解了工学矛盾；同时，学习平台在线考试系统具有防切屏、防截屏、人脸识别等防作弊功能，杜绝学员作弊，保证了考试公平公正。

学习平台在线考试系统如图 16 所示。中铁九局 2020 年在线考试情况如图 17 所示。

3. 培训效果评估

培训结束后，中铁九局通过“九局网院”移动学习平台统计参培人员数据、观看直播时长、考试成绩结果、培训及授课满意度等情况，总结培训整体情况，发布培训情况通报。

图 16　学习平台在线考试系统

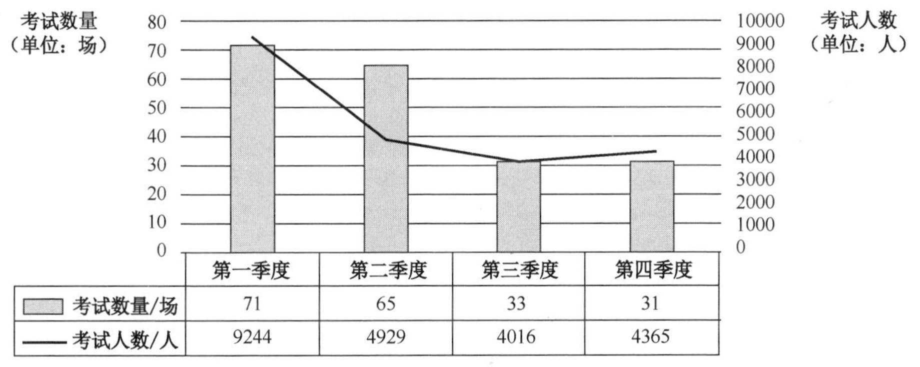

	第一季度	第二季度	第三季度	第四季度
考试数量/场	71	65	33	31
考试人数/人	9244	4929	4016	4365

图 17　中铁九局 2020 年线上考试情况

各种数据统计如图 18 至图 20 所示。

（七）开展优秀学员评选，激发学员学习热情

为了激发学员的学习热情，中铁九局按照学员的学习积分、学习地图完成情况、考试成绩、学习成果分享等内容，综合评选学习平台优秀学员。对本季度全局综合排名前 3 名的优秀学员奖励 1000 元，前 4～10 名的优秀学员奖励 500 元，并颁发优秀学员证书。

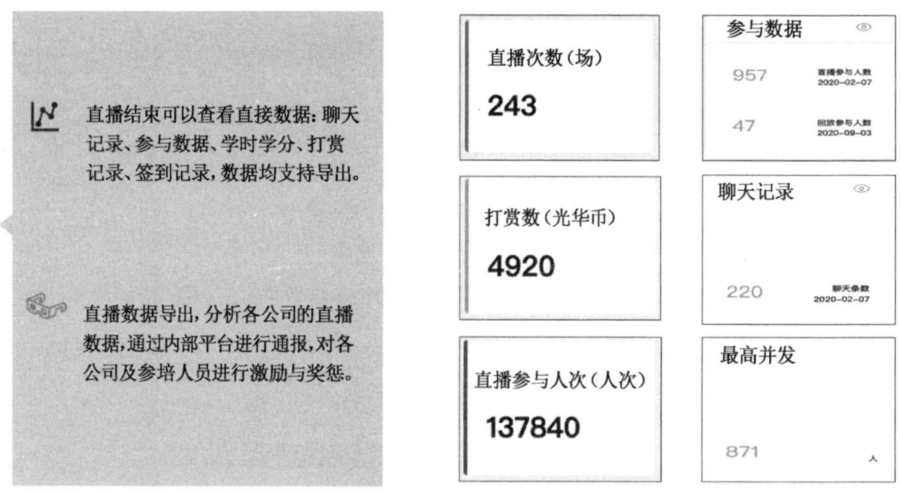

图 18　直播数据统计

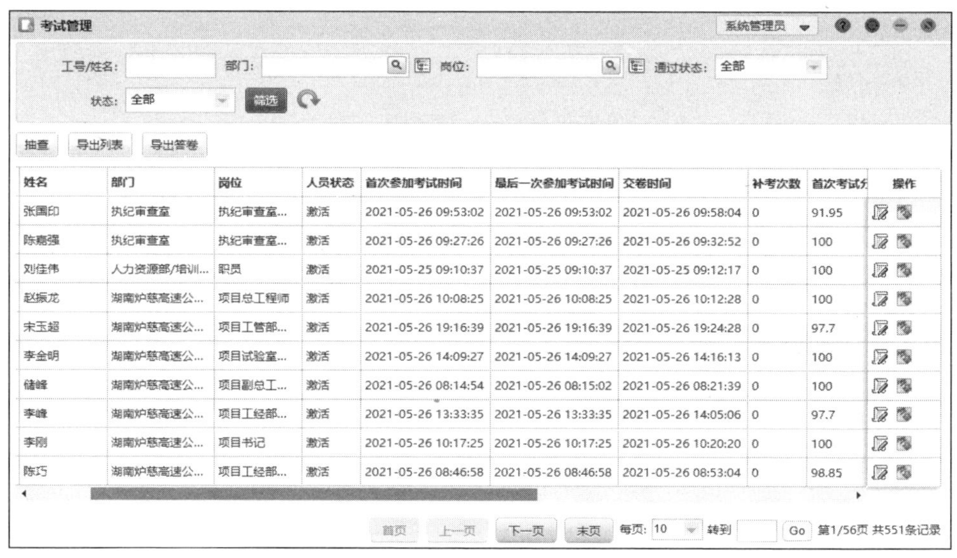

姓名	部门	岗位	人员状态	首次参加考试时间	最后一次参加考试时间	交卷时间	补考次数	首次考试分	操作
张国印	执纪审查室	执纪审查室...	激活	2021-05-26 09:53:02	2021-05-26 09:53:02	2021-05-26 09:58:04	0	91.95	
陈嘉强	执纪审查室	执纪审查室...	激活	2021-05-26 09:27:26	2021-05-26 09:27:26	2021-05-26 09:32:52	0	100	
刘佳伟	人力资源部/培训...	职员	激活	2021-05-25 09:10:37	2021-05-25 09:10:37	2021-05-25 09:12:17	0	100	
赵振龙	湖南炉慈高速公...	项目总工程师	激活	2021-05-26 10:08:25	2021-05-26 10:08:25	2021-05-26 10:12:28	0	100	
宋玉超	湖南炉慈高速公...	项目工管部...	激活	2021-05-26 19:16:39	2021-05-26 19:16:39	2021-05-26 19:24:28	0	97.7	
李金明	湖南炉慈高速公...	项目试验室...	激活	2021-05-26 14:09:27	2021-05-26 14:09:27	2021-05-26 14:16:13	0	100	
储峰	湖南炉慈高速公...	项目副总工...	激活	2021-05-26 08:14:54	2021-05-26 08:15:02	2021-05-26 08:21:39	0	100	
李峰	湖南炉慈高速公...	项目工经部...	激活	2021-05-26 13:33:35	2021-05-26 13:33:35	2021-05-26 14:05:06	0	97.7	
李刚	湖南炉慈高速公...	项目书记	激活	2021-05-26 10:17:25	2021-05-26 10:17:25	2021-05-26 10:20:20	0	100	
陈巧	湖南炉慈高速公...	项目工经部...	激活	2021-05-26 08:46:58	2021-05-26 08:46:58	2021-05-26 08:53:04	0	98.85	

图 19　考试成绩统计

（八）严格成果考核激励，提高学习重视程度

中铁九局注重培训成果的应用，将学习培训成果与劳务工转录、毕业生定职、绩效考核、职称晋升、干部考核等挂钩，并将其作为员工和单位年度绩效考评的依据。中铁九局每年对各单位员工培训情况进行考核，将学员上线率、学习地图完成

率、人均学分等学习平台学习情况与子/分公司领导班子薪酬挂钩。

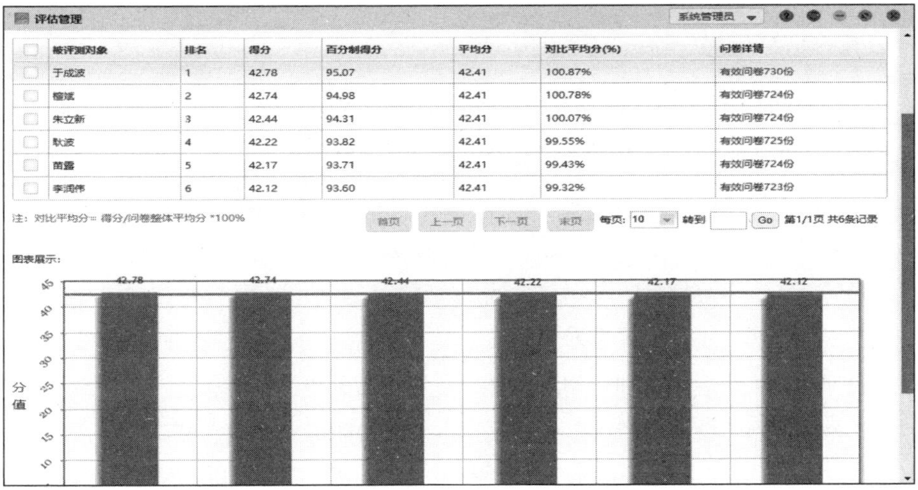

评估管理

被评测对象	排名	得分	百分制得分	平均分	对比平均分(%)	问卷详情
于成波	1	42.78	95.07	42.41	100.87%	有效问卷730份
檀斌	2	42.74	94.98	42.41	100.78%	有效问卷724份
朱立新	3	42.44	94.31	42.41	100.07%	有效问卷724份
耿波	4	42.22	93.82	42.41	99.55%	有效问卷725份
苗露	5	42.17	93.71	42.41	99.43%	有效问卷724份
李润伟	6	42.12	93.60	42.41	99.32%	有效问卷723份

注：对比平均分= 得分/问卷整体平均分 *100%

图表展示：

图 20　评估数据统计

四、项目实施效果

自“九局网院”移动学习平台上线以来，中铁九局不断开发网络学习平台功能，完善网络学习平台内容，丰富网络学习平台课程，充分利用学习地图和直播功能开展培训，积极探索不同模块的组合功能，取得了较好的效果。尤其在疫情防控和复工复产过程中，“九局网院”移动学习平台充分发挥了功能和作用，最大限度地减轻了疫情对企业员工培训的影响，实现了“教育资源共享，员工培训不停”的目标。

“九局网院”移动学习平台实施效果如下。

一是学员满意度高。通过开展线上直播课堂、推送学习地图、PC 端线上管理、手机端线上学习与交流，进一步打造基于新媒体的学习生态圈，使学员对培训模式有了全新的认知，多元化的培训模式让学员感受到了培训的便捷性，提高了学员参加培训的积极性。

二是培训覆盖率高。建筑类施工企业员工分散、人员众多，通过网络培训，能够有效降低培训成本，减少参加培训对工作的影响，提高了培训效能，提升了培训参与度，使知识传播更广、培训覆盖率更高。

三是培训管理更加高效。通过在线上进行调研、签到、学习、考试、评估等方式，减少了相关资料的准备时间，培训组织更加高效，数据统计归档更加便捷，极大地减少了各层级培训工作人员的工作量。

五、总结反思

“九局网院”移动学习平台运行一年多以来，在服务企业战略、提升培训效果方面发挥了重大作用，但我们还需要进一步优化网络学习平台，完善移动学习整体功能。注意力经济时代已经到来，随着信息科技崛起、信息爆发，我们接触的信息平台和界面越来越多，信息量也越来越大，在这种情况下，太多的内容会占用学习者的时间，在线学习最大的竞争对手就是娱乐信息。所以，我们要在学习平台建设过程中紧随趋势，回归成人学习的本质，把内容做得越来越轻量，使内容易于学习者学习并且能被快速记忆和应用。为此，我们应做到以下几点。

一是注重员工使用体验。要充分发挥学习平台的形式新颖、覆盖面广、内容丰富、方便员工时时学处处学的特点，持续优化网络学习平台建设，在“轻量、有趣、个性、社交、应用”方面下功夫，让员工在有趣的体验中，不知不觉地学到知识和技能，在潜移默化中，促进员工学习态度的转变，在社交互动中提升学习质量，并且转化学习成果。

二是注重员工学习数据的分析。要通过对每个季度学习平台中的数据进行分析，完成学习平台模块建设情况分析，研究员工的学习规律，把控学习平台的建设进程。要通过数据分析和对比，对把员工常用的学习内容及时呈现在学习平台的首页，方便员工随时深入学习和掌握。要根据每名员工学习的特点及岗位要求，强调个性化服务，量身打造学习内容，积极推送与工作相关的、有深度的高质量学习课程。

三是注重员工知识沉淀。要注重打造完整的学习生态：从学习，到实践，到经验沉淀，最后到员工自己也能成为知识的分享者。要出机制、搭平台、造氛围，鼓励员工归纳和沉淀工作中的实践经验，鼓励知识的传承；同时，要定标准、出指南、给模板，降低分享门槛，使知识的传承能自然地动态扭转而不仅要依赖培训组织者，还要不断丰富和完善内部学习资源。

资格认证牵引下的学习发展解决方案

绿城大学　汪　正　朱永权　孟晓旭

一、企业简介

绿城中国控股有限公司（以下简称“绿城中国”），是中国领先的优质房地产开发及生活综合服务供应商，以其优质的产品品质和服务品质引领房地产行业发展。

1995 年 1 月，绿城中国在中国杭州成立；2006 年 7 月，绿城中国在香港联交所整体上市；2012 年 6 月，绿城中国引入九龙仓集团作为战略性股东。2014 年 12 月，中国交通建设集团有限公司与绿城中国签订战略合作协议，目前已是绿城中国的第一大股东。

在“品质为先”的发展战略指引下，绿城中国布局房地产上下游业务，形成重资产、轻资产和“绿城+”三大板块。重资产板块聚焦房地产开发业务，轻资产板块强化代建业务，“绿城+”板块为二者提供强力支撑。上游加强产业整合，下游提升服务品质，绿城中国利用集咨询服务、设计研发、工程施工、产业配套为一体的全产业链，建设房屋 4S、城市更新、社区商业、养老健康、智慧园区等未来社区服务产业集群，构建从房地产到生活的完整服务体系。

历经 26 年的发展，绿城中国总资产规模超 3000 亿元，净资产超 650 亿元，年合同销售额超 2000 亿元，“绿城”品牌价值达 521 亿元。绿城中国进驻我国 29 个省份 200 多座城市，拥有员工 15000 余人，连续 16 年荣获“中国房地产百强企业综合实力 TOP10”“中国房地产公司品牌价值 TOP10”，连续 8 年荣获“中国房地产顾客满意度领先品牌”，多年荣获“社会责任感企业”等殊荣。

绿城中国将始终以精诚之道、精深之术、精湛之为，不断满足人们对理想生活的追求，营造美丽建筑，创造美好生活。

二、实施背景

（一）绿城中国的人才理念

绿城中国把人的工作叫作本体建设工作，人力资源部在绿城中国被称为本体建设部。因为绿城中国认为员工不是一种资源，而是企业的第一产品。本体建设工作的目的、意义及全部内容就是促进员工及团队的成长。人是企业之本，是企业的最大财富，是经营管理的主要内容。

“以人为本”的人才理念渗透到人才建设与培养的各阶段。绿城中国的管理理念是把企业还原为学校，通过培养人才，使企业自身获益，但更重要的是使社会能够获益。

早在 1997 年，绿城中国就明确了人才培养的重要性：培养人才和造就优秀员工是企业内部运作的首要目标。自 2000 年开始，绿城中国开始搭建人才梯队，自 2003 年开始启动内部岗位资格认证，2018 年成立绿城大学，人才梯队项目进一步得到完善，文化建设、人才培养也进入了加速升级的阶段。

（二）资格认证的历史变革

为建立规范的人才选拔和晋升管理机制，发掘企业内部人力资源潜能，识别员工的能力，做好内部人才储备，绿城中国自 2003 年开始启动内部岗位资格认证。多年来，内部岗位资格认证是绿城中国核心人才供应链的重要一环，并在实践中不断地得到改进。2019 年，正式将专业等级评定与岗位资格认证进行区分，采用专业等级评定与岗位资格认证相结合的运作模式，并明确评鉴标准应包含基本条件及知识、能力、组织回馈等，员工通过专业等级评定或岗位资格认证，是被聘任为特定职位的必要非充分条件，使内部岗位资格认证更加科学、合理。

（三）当前面临的挑战与痛点

1. 市场飞速发展，员工能力急需提升

2019 年，绿城中国合同销售金额增长 29%，位于行业前列。在企业发展过程中，行业政策迭代、战略目标定位与核心竞争提升、战略规划与落地策略制定、战略转型的挑战与实施路径等信息，均需要一站式传达至每一位员工。拓展的业务领域、扩张的业务规模、不断追求的商业创新，以及做强优势业务、巩固基础业务、增强企业发展后劲、统筹企业整体业务发展是企业变革的要务。员工能力的提升迫在眉睫。

2. 传统面授学习效率较低，无法全员覆盖

组织想要取得成功就必须在提升员工能力方面投入时间和金钱。绿城中国拥有员工 15000 余人，遍布全国 200 多座城市，省时高效、随时随地的在线学习形式的作用明显高于传统面授培训。在线学习可以满足员工正式和非正式的学习需求，快速覆盖更多员工，使员工的学习效率保持高度一致性，从而达到降本增效目的。而当前绿城中国在线学习的应用深度和广度仍需加强，员工学习的主动性急需提升，主动按需学习、掌握技能是培训的根本目标。

3. 员工培养与晋升发展脱钩，学习主动性低

从整个市场环境来看，很多大型房企都已推出人才的分级培养及能力聚焦的培训模式，绿城中国也希望所有员工可以不断提升岗位能力，以为企业和社会培养、输出人才。绿城中国自成立以来一直把培养人才和造就优秀员工作为企业内部运作的首要目标，也为此付出了很多努力，经过多年的探索与积累，一套基于员工职业周期发展规律的培养体系基本成形。如何将员工的培养与晋升发展挂钩、提升员工个人素质和能力、充分调动员工的主动性和积极性，以及在企业内部营造公平、公正、公开的竞争机制，规范晋升、晋级工作流程是企业需要思考的问题。

4. 传统的资格认证方式效率低下，急需代替方案

发掘企业内部人力资源潜能，识别员工的能力，做好资格认证是培养高素质人才的关键，这对于传统的资格认证方式的科学性、严谨性、高效性提出了挑战。传统的资格认证方式采用自上而下的方法，由企业统一组织，每年仅认证 1～2 次，一旦错过认证时间就需要再等 1 年。同时，评判人员缺少知识考核，对专业知识把控不足；纯线下操作存在易出错、效率低下的问题。因此企业急需一套在线认证系统，以提升资格认证效率，解放生产力。

三、项目介绍

资格认证牵引下的学习发展解决方案，首先解决了资格认证从线下到线上的跨越，更加科学、严谨、高效。其次，通过“资格认证—收成计划—知识地图”的路径设计，打通了学习与人才发展的路径，集成了学习项目、资源管理、资格认证、OA 门户及人事系统的在线学习运营平台，促进了员工主动进行线上学习、设立学习目标、发起认证挑战，最终获取晋升资格、实现个人职业理想。该方案通过知识地图协助业务部门梳理关键岗位、关键技能的学习路径，帮助全体员工规划晋升学

习路径，消除员工培养与晋升脱钩问题。

资格认证的标准要求包含基本条件资格审查（绩效、经验门槛等）、专业知识的掌握情况（知识地图完成情况）、关键能力（答辩）和组织回馈情况（授课、资源开发等数据）等。其中，基本条件资格审查关联人事系统，专业知识的掌握情况、组织回馈情况关联绿城在线学习平台和绿城云大学，由系统自动判断是否达标。关键能力通过现场或远程答辩进行评判，评委可以在线评分。

在资格认证的标准要求与通过资格认证之间，用“收成计划”作为跳板。绿城中国制定的“收成计划”可理解为“收成计划=收入计划+成长计划”，收入计划主要通过绩效计划来体现。员工根据个人职业发展目标，以“师徒制”为抓手，将年度绩效计划和年度成长计划整合后形成员工成长计划。当员工制定好个人发展目标后，即确定资格认证的某一个岗位，便可以对照目标岗位人才标准，进行能力准备度分析，找到 1 年内需重点消除的差距。基于差距分析结果及企业培养要求制定 1 年内的成长计划，并在执行过程中及时总结和记录。

无论是知识学习的差距、组织回馈要求的差距，还是个人能力的差距，通过执行“收成计划”都能被减少，从而可以支撑个人的资格认证，使员工学习的积极性得以提高。这样一来就打破了传统的单一的培训模块，集成了培训及人才发展的应用场景。

四、案例实践与创新过程

（一）资格认证的迭代与升级

绿城中国自 2003 年起持续开展中层干部及班子成员的资格认证，形成了一套干部选拔机制。为进一步完善人才评鉴机制，绿城云大学在原有模式的基础上升级了资格认证体系，以区分管理通道的岗位资格认证及专业通道的专业等级评定，精准开展人才评鉴。明确取得资格认证是被企业聘任为特定职位的必要非充分条件：想要晋升上岗，必须持证。

（1）定义人才标准：明确岗位胜任力，落实持证上岗、评聘挂钩。

（2）明晰晋升路径：牵引全员制订“收成计划”，开展自我学习，强化组织贡献。

（3）升级资格认证模式：组建专家委员会，统一评审规则，人才评鉴更公正、更精准。

（4）提升组织效率：采用线上、线下相结合的方式开展资格认证，实现人才数据的有效管理。

绿城中国在资格认证方面做到了横向设置专业通道，纵向划分专业等级，对标知识技能差距，牵引全员学习发展。

为牵引管理者专业能力提升，助力业务团队专业化运作，管理人员在通过岗位管理资格认证前，需首先通过专业等级评定认证。

（二）知识地图的规划与实践

绿城中国基于业务流程、生命周期、工作场景等梳理技能培训方向，基于关键活动和任务梳理技能培训项目，基于业务期望描述各项技能的能力要求，以支撑能力要求达成为目的梳理培训项目知识点。针对人才培养的分级要求，组织内部专家开发了初、中、高级的课程、配齐了相应的知识资源。

由于知识地图对全员开放，所以任何人、任何时间都可以进入知识地图进行学习，既可以学习本岗位课程，也可以提前学习上一层级岗位课程，甚至可以学习跨岗位的课程，为转岗做知识储备。由于知识地图课程来源于业务关键场景及岗位能力诉求，所以可以激发员工开展在线自学。在学习过程中，员工的学习和考试过程都有相应的记录。

（三）“收成计划”的跳板作用

“收成计划”中的发展目标直接与资格认证模块打通，因此员工可选择专业通道或管理通道的某一专业等级或岗位资格作为其三年内的发展目标。按照资格认证的要求，差距分析的能力维度对应知识、能力、组织回馈三个方面，每位员工可结合目标岗位要求和个人实际差距设计本人的年度发展计划，从而可以尽快补齐与目标岗位的差距，促进资格认证的达成。

（四）挑战与收获

绿城中国以岗位专业等级评定标准为基础，开展等级评定，牵引员工自我提升，评聘结合；员工结合“收成计划”、知识地图，按需开展专业技术知识在线学习。资格认证牵引的学习发展体系将学习与发展进行了直接关联，并为员工晋升发展指明了路径。

在方案实施过程中，绿城中国用了半年时间来做知识地图的建设。首先研究了行业相关技术，并与外部进行对标学习。在知识地图开发过程中，绿城中国发现学习地图的技术在行业中并没有形成垄断型方法论，头部学派的方法各异，但整体逻辑基本相似，即“岗位职责—岗位任务—学习内容—学习”的方式。在落地应用上，大多数甲方直接购买学习地图技术，待梳理出岗位任务清单及课程清单后发现，落地应用场景比较单一，一般仅应用于培训，尚未出现公认的行业应用标杆。

为了解决知识地图有用、能用、主动用的问题，经过内部多轮探讨，绿城中国设计出打破传统单一培训模块、集成培训及人才发展等应用场景的知识地图落地应用场景（见图 1），并在企业范围内得到完美实践。

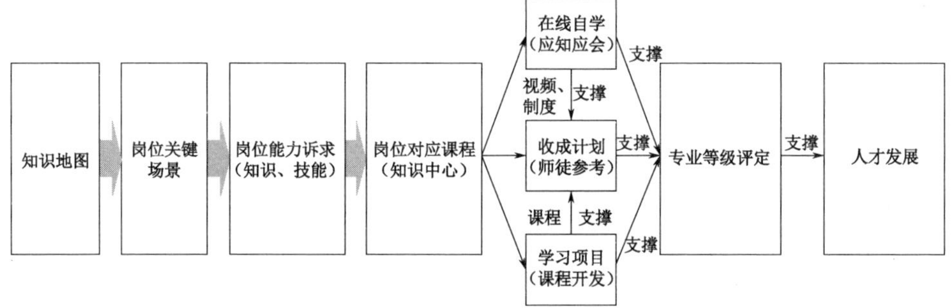

图 1 知识地图落地应用场景

五、项目实施效果

（一）在线学时提升 40 小时，学习平台满意度达到 95%

在线学习平台作为对员工的培训和发展支撑平台，除可满足企业利益之需外，最主要的功能就是提升员工的利益：员工通过平台学习掌握必要技能，提升专业水平、综合素养，开阔眼界，对公司文化更加认可，改变学习态度，提升工作积极性。

知识地图、资格认证上线后，绿城中国人均在线学时提升 40 小时（与 2020 年上半年相比）。绿城云大学学习平台的满意度为 95%，满意度高的项目主要集中在课程丰富、应用场景性强、有岗位针对性、学习便利等方面。通过“资格认证—知识地图”的吸引，学员发现了学习平台上更多的功能，如直播、微课、案例等，学习平台的作用得到了充分发挥，员工登录率达到了 100%。

（二）师课资源体系建设效果显著

鉴于资格认证要求员工进行组织回馈，并有开发课程、讲授课程、开发案例、开发试题等需求，员工为取得资格认证，主动参与绿城云大学组织的课程开发、案例开发、讲师认证等工作。师课资源体系建设效果显著，大学级认证讲师新增 328 人，区域级认证讲师新增 241 人；大学级认证课程新增 129 门，区域级认证课程新增 240 门，业务案例新增 500 个，微课新增 300 个。

（三）资格认证组织效率提升，持证率达 70%

各单位基于等级评定标准，积极组织开展人才评鉴，2020 年累计开展资格认证 85 场，7476 人参加资格认证，持证率达 70%。通过远程评审、在线打分等方式，节省差旅费、会务费 300 万元，同时节省了线下会务组织时间，避免了纸张浪费等。

六、总结

项目实施的成果显著，其成果表现在如下几个方面：员工主动参与在线学习，展现学习平台的价值；员工主动参与课程开发、讲师认证，丰富了内部师课体系；将在线学习与人才发展打通，匹配个人、组织与任务需求制定的专项培养方案，助力员工职业生涯发展。

基于资格认证牵引的学习发展解决方案，以岗位专业等级评定标准为基础开展等级评定，牵引员工自我提升，评聘结合，促使一批适应企业变革与发展需求的优秀人才脱颖而出，人才发展工作初见成效，“企业与员工共同发展”的绿城中国本体建设理想逐渐落实。

企业数字化人才培养解决方案与创新实践

平安知鸟　张　然

一、企业简介

平安知鸟诞生于平安集团内部，起初是为了满足集团 30 多家子公司、百万名员工的培养需求而构建的。通过多年应用，平安集团人才培养体系从顶层设计，到系统和工具应用，再到平台的运营机制都日趋成熟，平安知鸟也在内部应用中反复打磨、验证、迭代。2015 年年底，平安知鸟将其丰富的运营经验和应用场景服务于更多企业。

结合平安集团 33 年高速发展的智慧管理经验，基于其多年来服务企业所沉淀的大规模组织培训的方法论，平安知鸟打造了“平台+内容+运营”一站式服务模式，通过智能化平台、创新内容生态与专业运营服务来满足企业培训的全方位需求。目前，平安知鸟累计服务企业机构超 1700 家，注册用户超 5600 万人，平台应用人次超 16.1 亿人次。平安知鸟企业生产力提升训练整体解决方案如图 1 所示。

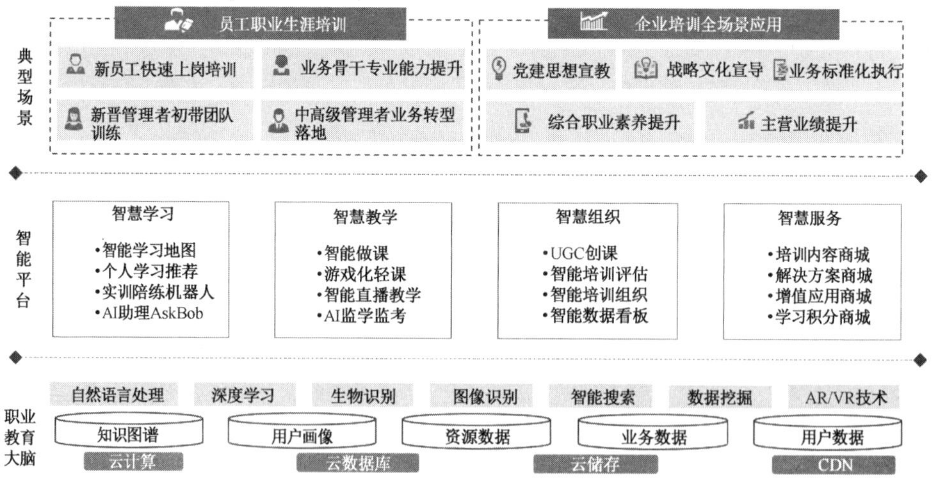

图 1　平安知鸟企业生产力提升训练整体解决方案

二、案例背景

1. 数字化转型成为企业转型新动能

近年来，数字经济与传统产业的深度融合，逐步推动了全社会的数字化进程。中国信息通信研究院发布的《中国数字经济发展白皮书（2021）》显示，2020 年我国数字经济保持9.7%的高位增长，数字经济总规模已稳居世界第二，产业数字化转型成效明显，数字化转型使制造企业成本降低 17.6%、营收增加 22.6%，物流企业成本降低 34.2%、营收增加 33.6%……实践证明，数字化转型为实体经济提供了广阔的增长空间。

2. 数字化人才培养打造竞争优势

数字化给企业带来的不只是技术上的变革，更重要的是思维模式的转变。企业管理者已普遍意识到，人才将是企业持续发展的核心动力。企业提供有针对性、系统性的内部人才培训，尤其是兼具数字化思维和技术能力的培训刻不容缓，这对企业的人才培养模式提出了全新要求和挑战。

3. 企业培训现状与需求矛盾急待解决

IBM 公司面向全球 CEO 的调查显示，65%的 CEO 认为企业当前的培训无效或针对性不强。同样，我国的企业培训也仍有难题未解决：

- 外聘专家费用高昂且无法持续地与员工互动；
- 填鸭式的被动培训，员工缺乏主动性；
- 员工没有实践机会，运用能力薄弱；
- 员工学习成效难掌握，考核评估难执行。

基于上述现象，不少企业培训无法满足战略发展所需。如何才能“革除积弊”，成为培训领域需要探索的课题。

三、案例实践与创新过程

（一）平台智能化升级，加速企业培训数字化转型

平安知鸟依托平安集团人工智能、大数据、云计算等核心技术，深耕 AI+培训创新，覆盖千人千面学习推荐、智能做课、智能直播教学、智能实训陪练、智能学习助理、智能培训管理等培训全流程、多环节的智能化升级，推动企业培训实现智

能、高效的目标。

1. 人才培养个性化

90 后正成为企业人才的主力，他们更青睐多样化、个性化的学习方式，加上不同岗位、不同职级员工的学习需求存在巨大差异，因此，企业需要更新培训方式来满足员工个性化学习需求。

平安知鸟 AI 推荐引擎，基于员工、岗位画像和课程标签体系，利用数据挖掘、深度学习等独特算法，提供更精准、千人千面的内容推荐，让员工随需学习、即学即用。

（1）员工专属学习路径图。

基于人员画像和岗位画像打造员工岗位胜任力模型，设计岗位发展学习路径图，全景呈现岗位不同阶段学习资源和任务，引导员工提升岗位所需、快速成长。

- 人员画像：构建员工职业发展画像，清晰完整地提炼员工特征，大数据入模生成大维度、近千个标签，贯穿员工职业生涯。
- 岗位画像：上承组织战略目标、下接人员画像匹配支持，基于岗位自身信息和对人员的要求，定义标准清晰的岗位画像，统一用人标准。

（2）千人千面学习推荐。

基于个人画像与课程画像，打通人员能力与学习资源匹配链路，为员工提供更合适的学习内容。

- 岗位/绩效配课：基于岗位画像评估能力差距，自动识别培训需求，精准配课，帮助员工快速适岗。
- 主管配课：根据不同员工的工作需求，支持主管为下属智能推荐学习内容，随时随地为员工制定学习提升方案。
- 自选学习：根据员工画像、学习记录及兴趣等，与 600 多个课程标签匹配，智能推荐学习内容，支持精准搜索、关联推荐。

2. 企业培训实战化

企业需要创新型、实用型人才以促进企业的经营发展，实战训练因而成为培训必备内容。平安知鸟结合平安集团百万英才培训与应用打造多款实训创新功能，帮助企业员工通过培训获得实战经验和知识，助力企业员工实现业务技能提升。

以大数据开发工程师为例，平安知鸟为员工提供智能职业生涯规划如图 2 所示。

大数据开发工程师

职业生涯路径

入职测评
研发线
更合适
路径规划
运维线
管理线
基础课程 Java
进阶学习 数据分析
专业测评
数据结构与算法
TensorFLow
caffe
大数据架构师
AI算法工程师
大数据运维
项目经理

发展规划

基础职业评测
绩效贡献 勤奋努力 责任担当 有始有终 结果导向 遵照执行 专业经验 领悟能力
个人能力值
人群能力均值

职业路径规划
研发线
大数据架构师、算法工程师
运维线
大数据运维
管理线
项目经理

能力提升建议
高于均值的课程6个
基础编程　数据分析
数据挖掘　数据算法
数据可视化　数学建模
低于均值的课程2个
数据结构　算法

智能学考推荐

动态学习推荐	专业证书推荐
编程基础能力	数据分析师认证
分析挖掘能力	数据架构认证
Python进阶	算法工程师证书
算法能力	PMP认证
…	…

图 2　为员工提供智能职业生涯规划

（1）AI+直播，打造沉浸式、强互动教学体验。

基于视频互动、大数据、AI 技术，平安知鸟 AI+直播支持一对一、一对多、多对多等多种形式的“面对面”教学，满足百万员工实时在线参训。同时，平安知鸟 AI+直播强调沉浸式、强互动、趣味化，支持签到、随时连麦、主播 PK、随堂测试，以及送礼物、发红包、抽奖、投票、随意切换舞台背景等三十多种直播间玩法。企业可借此快速完成新产品知识培训、案例教学等实战内容输出，助力员工快速适岗，并促进企业业务转化。平安知鸟 AI+直播互动场景如图 3 所示。

直播连麦互动

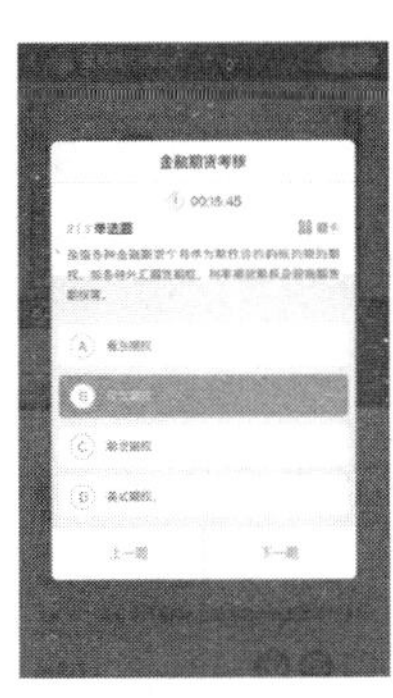

直播随堂测试

直播战队 PK 赛

AI 智能巡检

图 3　平安知鸟 AI+直播互动场景

例如，水果零售标杆企业百果园利用平安知鸟 AI+直播的培训模式，打破时间与场地限制，结合全国 4000 多家门店实际工作场景，邀请企业内部运营优秀员工作为讲授人，为全体员工在线传授门店运营等实战经验知识。员工通过 AI+直播互动可随时随地提出问题，并由讲授人给予及时的答疑解惑，从而高效互动助力员工快速成长、提升业务能力。

此外，基于企业对安全性的要求，平安知鸟 AI+直播运用人脸识别、语音识别、图像识别等核心技术打造智能风控体系，通过语音风控、画面风控和主播行为监管等手段对直播间进行实时智能巡检，为企业直播培训提供全方位、立体化的技术支持，让直播更安全顺畅、培训效率更高。

（2）AI+陪练，以演练促实战，以实战促提升。

平安知鸟基于深度学习、BiLSTM 原理、RNN 算法、意图识别、微表情识别等技术，为销售和客服提供 7 × 24 小时话术训练和智能实训陪练，同时具备边画边讲场景演示、服务素养评估等功能，为员工提供多维度评分和智能改进建议，实现话术训练情景化、实战化，从而有效助力业务员技能巩固提升。

相比传统线下话术培训，智能实训陪练不仅可以帮助业务人员快速掌握产品话术、显著提升业务技能，而且还可以减少大量人力投入并缩短培训周期。智能实训陪练过程如图 4 所示。

模拟真人演练

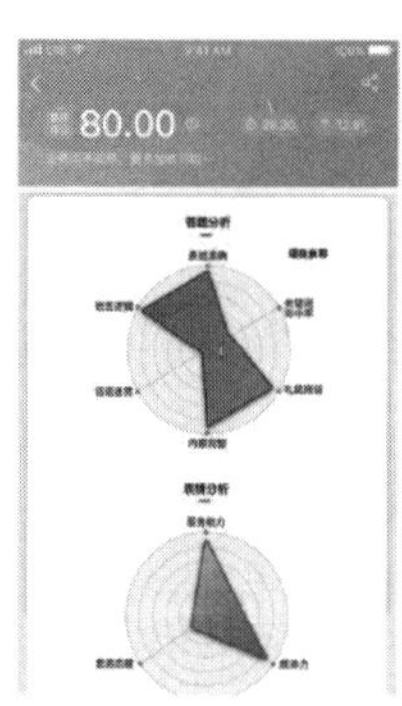

多维度评分

服务素养评估

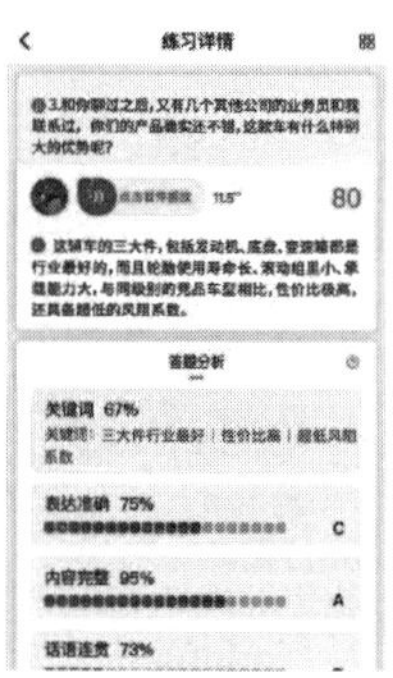

智能改进建议

图 4　智能实训陪练过程

某品牌车的主机厂依托平安知鸟智能实训陪练对集团内 1 万多名销售人员进行培训，话术培训内容从最基本的产品知识、销售流程，到品牌理念、竞品对比要点、沟通交流技巧，再到更高级的营销策略、投诉应对方式等多个场景，帮助销售人员更好地提升与客户沟通的技巧。

（3）AskBob，即时解答员工工作中遇到的问题。

基于专业技能知识图谱，利用 AskBob 支持知识精准搜索及关联推荐，智能辅助员工的工作与学习，如图 5 所示。

- 语音互动、多轮对话：基于 OCR 的文本识别和 ASR 的语音识别构建多媒体文本库。利用语义分析、实体识别的知识构建技术，AskBob 具备了知识库、任务型对话、多轮对话等多种对话能力，可精准理解和分析员工意图，完成即时业务问题解答、智能配课、培训提醒等任务。
- 精准搜索、关联推荐：基于预训练模型进行语义分析、知识图谱和知识匹配，利用大规模向量库的语义检索技术，使知识来源可以覆盖 Word、PPT、PDF、图片、视频、音频等各种媒体形式，使知识标签可细化到直播回放视频中讲师提到的各个知识点。员工通过在 AskBob 搜索关键词就可从海量知识库中精准获取信息，同时还能获取关联资源推荐，从而有效掌握知识点。

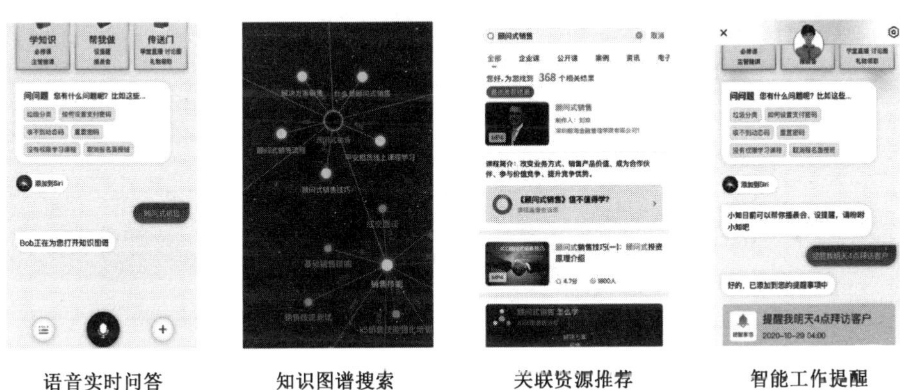

图 5　智能辅助员工工作与学习

3. 培训管理先知、先觉、先行

平安知鸟依托大数据、AI 等技术，支持全景展示企业培训全流程的 100 多种可视化报表、800 多个培训数据指标，通过全方位数据动态监控、多维度数据评估分析以辅助培训决策，最终实现企业培训“先知、先觉、先行”，助力培训目标规划、阶段分析、过程控制和结果预测，提升培训管理效率。实时大屏监测用户学习数据如图 6 所示。

- 先知：精准描绘员工画像，因材施教。基于人员画像、岗位画像、人岗画像，清晰定位员工能力缺口，更好地进行有针对性的资源建设和课程匹配。
- 先觉：学习动态实时监控，培训阶段转化漏斗。通过数据驾驶舱实时监测培训各个阶段的变化，追踪员工参训前训后变化，分析转化应用、课程内容应用匹配度，清晰掌握和分析企业培训状况。
- 先行：培训效果追踪，业绩达成漏斗分析。通过训前摸底、训后即时评估、中长期观察和定期回访，全方位追踪学习需求、学习行为、过程指标变化、业绩产出，漏斗式分析并评价培训效益，确保培训体系的有效性、实用性、针对性。

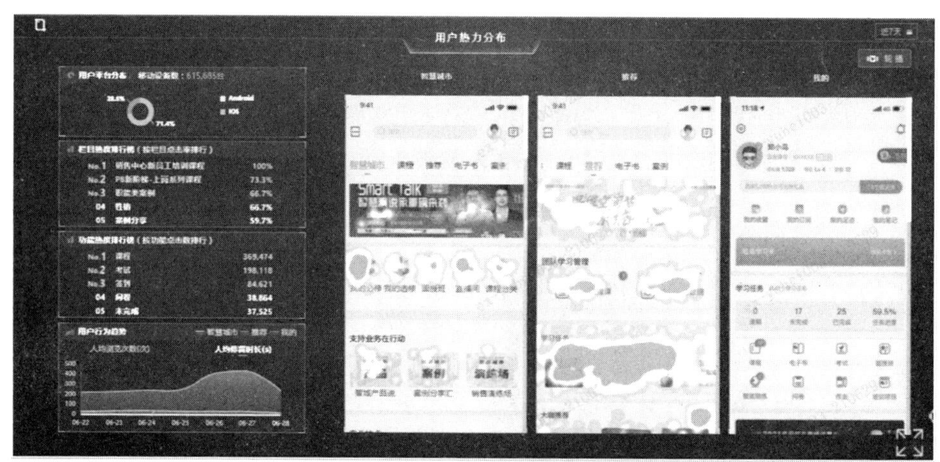

图 6　实时大屏监测用户学习数据

（二）一站式服务，夯实企业人才培训地基

为满足企业培训需求，平安知鸟打造创了新内容生态平台——知鸟优课，聚合国内外优质内容机构和名师资源，提供覆盖 50 多个行业的课程体系、20 万多种专业内容，覆盖企业培训全场景。

同时，知鸟优课以员工学习效果为导向，沉淀课程全部数据，打造课程标签和课程评价体系，基于智能推荐算法模型打通“人”“岗”“课”三大模块，精准识别员工学习需求，确保培训学习的有效性。

知鸟优课课程体系全景图如图 7 所示。

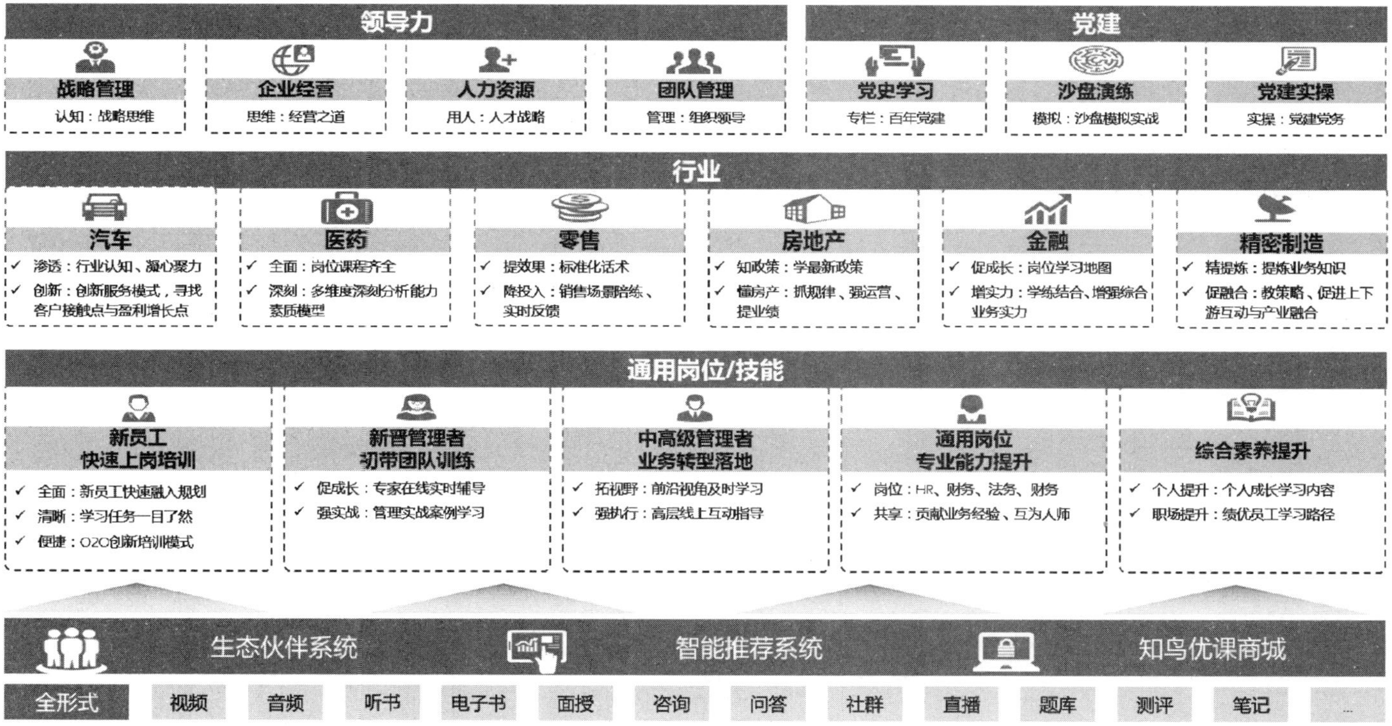

领导力

- **战略管理**　认知：战略思维
- **企业经营**　思维：经营之道
- **人力资源**　用人：人才战略
- **团队管理**　管理：组织领导

党建

- **党史学习**　专栏：百年党建
- **沙盘演练**　模拟：沙盘模拟实战
- **党建实操**　实操：党建党务

行业

汽车
- ✓ 渗透：行业认知、凝心聚力
- ✓ 创新：创新服务模式，寻找客户接触点与盈利增长点

医药
- ✓ 全面：岗位课程齐全
- ✓ 深刻：多维度深刻分析能力素质模型

零售
- ✓ 提效果：标准化话术
- ✓ 降投入：销售场景陪练、实时反馈

房地产
- ✓ 知政策：学最新政策
- ✓ 懂房产：抓规律、强运营、提业绩

金融
- ✓ 促成长：岗位学习地图
- ✓ 增实力：学练结合、增强综合业务实力

精密制造
- ✓ 精提炼：提炼业务知识
- ✓ 促融合：教策略、促进上下游互动与产业融合

通用岗位/技能

新员工 快速上岗培训
- ✓ 全面：新员工快速融入规划
- ✓ 清晰：学习任务一目了然
- ✓ 便捷：O2O创新培训模式

新晋管理者 初带团队训练
- ✓ 促成长：专家在线实时辅导
- ✓ 强实战：管理实战案例学习

中高级管理者 业务转型落地
- ✓ 拓视野：前沿视角及时学习
- ✓ 强执行：高层线上互动指导

通用岗位 专业能力提升
- ✓ 岗位：HR、财务、法务、财务
- ✓ 共享：贡献业务经验、互为人师

综合素养提升
- ✓ 个人提升：个人成长学习内容
- ✓ 职场提升：绩优员工学习路径

生态伙伴系统　　智能推荐系统　　知鸟优课商城

全形式 | 视频 | 音频 | 听书 | 电子书 | 面授 | 咨询 | 问答 | 社群 | 直播 | 题库 | 测评 | 笔记 | ...

图 7　知鸟优课课程体系全景图

1. 课程数据标签化

面对平台上海量的内容数据，知鸟优课从课程内容、提升方向、适用性和属性，以及交互信息等多个维度构建统一的标签体系，以用于课程精细化管理，从而提升内容的智能匹配效率。

- 统一标签：建立课程属性、课程信息、课程分类、学习行为、兴趣爱好、提升方向等六级标签体系，共建立各级课程标签 600 多个。
- 分级管理：实现选题、教学设计、内容、呈现四级管理。

2. 课程评价体系化

基于课程内容、学员所属行业、学员水平、讲师水平、讲课效果、学员口碑等多个维度打造课程评价体系，支持系统配课和主管配课，对学习过程顺畅性和完成度进行评分，以辅助分析课程推送和实施的有效性，从而管控课程质量。

- 技术标准：制作时间、动画、真人实拍、PPT 配音讲解、音频、H5、制作质量。
- 内容标准：课程内容、学员所属行业、学员水平、讲师水平、讲课效果、浏览量。

（三）专业运营与咨询服务，赋能企业人才发展

围绕企业培训初期、成长期、成熟期等阶段的不同需求及目标，平安知鸟以辅助客户成功为导向，围绕企业培训战略落地的总目标，为培训平台运营、学习项目设计提供咨询运营服务，赋能企业培训数字化转型与人才发展。

- 咨询：提供企业培训体系搭建、顶层设计规划等企业人才发展与培训咨询一站式服务，涵盖培训诊断、学习平台搭建、培训制度建设、课程开发赋能等多个维度，覆盖企业培训建设与实施的全流程，助力企业提高人才培养效率、提升组织能力。
- 运营：提供平台搭建、平台运营、学习项目设计、内容生产等全方位专业运营服务，覆盖直播活动运营、企业赛事服务、企业 PUGC 解决方案、企业定制化陪练、人才盘点评估等诸多场景，如为企业微课大赛提供从活动方案策划、筹备到决赛、颁奖等全流程托管运营服务，为企业数字化培训保驾护航。企业微课大赛运营服务流程如图 8 所示。

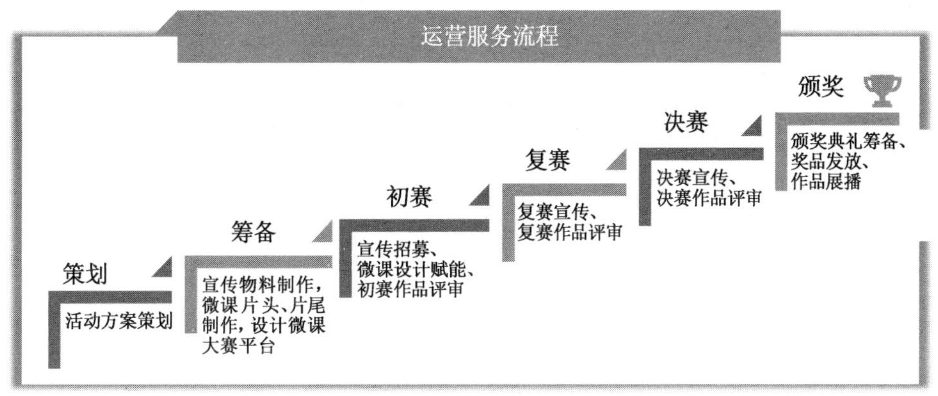

图 8　企业微课大赛运营服务流程

四、典型案例

近年来，平安知鸟在服务金融、零售、房地产、汽车等行业积累了丰富的应用场景和运营经验，可提供的解决方案覆盖员工职业生涯培训及企业培训全场景应用，从而有效助力企业培训降本增效、加速生产力提升。

下述三个不同行业的典型案例，展示了平安知鸟赋能企业培训数字化转型的具体实践。

（一）方太集团智慧共同体数字化变革项目

1. 案例背景

在数字化时代，以企业培训为切入点实现企业运营数字化，使全员适应数字化，是方太集团（以下简称“方太”）亟待解决的问题。一方面，方太曾拥有考试库、知识库等多个数据库系统，已经形成了一个非常庞杂的培训集合体；另一方面，方太也面临着全国各地员工数量多、培训地点分散难集中、培训内容不足等瓶颈。

因此，方太急需一个智能企业培训一体化平台来解决企业培训全方位的需求。经过慎重考察，最终方太于 2018 年选择了平安知鸟培训平台。

2. 方案及实施

方太利用平安知鸟培训平台的优质内容及特色课程，让枯燥的学习转变成好玩的“知识游戏”，以吸引员工主动学习，并通过打造明星产品、解决用户需求、保证内容输出三种方法搭建了方太的共享平台。同时，依托平安知鸟培训平台的多样化教学手段及功能，方太在培训运营方面也做出了更多实践。

（1）做课功能沉淀组织经验。

在搭建培训平台之初，为加快内容沉淀，方太借助平安知鸟培训平台实现做课功能，在每场直播结束后，对直播内容进行简单剪辑，并包装发布到培训平台中，供学员回放学习。此外，方太采取录制的方式，沉淀学习项目中的优质课程，使其变成线上平台的优质资源，不仅完成了知识管理，还丰富了线上内容。

同时，方太致力打造“人人为师”的学习氛围，让员工自主开发与分享业务经验，一方面将一线销售人员的优质经验萃取出来，制作成案例课程；另一方面把相关经验与方法嵌套进生产与组织流程中，以有效降低研发周期与成本，促进业务增长。此外，方太在线上培训平台中搭建了一个虚拟组织“知识管理员”，每一位员工都能成为“知识管理员”，促使员工积极分享经验与方法，从而不断丰富方太培训内容库。

（2）在线直播提高培训覆盖率。

方太线下培训的人员规模长期处于每场 100 人以下，应用平安知鸟 AI+直播功能后，单场培训可覆盖千人以上。在时间、教师、场地等资源有限的情况下，直播成为降本增效的有效手段。另外，方太的直播培训内容也有侧重，如业务政策和流程模块获得了最高优先级别，以实时帮助学员答疑解惑，从而更有利于提高学员的学习意愿。

（3）学习地图打通人才职业发展路径。

方太将学员档案统一归入平安知鸟培训平台进行管理，借助学习地图为学员打造个人专属成长路径，并实时了解学员学习动态、检测学习成果，更大限度地帮助学员在同一跳板起跳，进而助力方太完成培训的数字化转型。

3. 案例效果

数字化赋能是“学+习+考+研讨互动+实战作业+复盘总结”的过程，方太利用平安知鸟培训平台，实现了优质教育资源共享和培训社交化、互动化，并在企业人才培训进程中形成了两个带有方太符号的经验沉淀。

- 标杆学习：通过不断萃取优秀案例并制作成课程进行推广，形成了标杆效应，组织员工进行学习，进而引发滚雪球效应，使优秀案例越积越多。
- 复盘改进：在复盘过程当中，沉淀企业文化和经验智慧，形成课程和案例，并嵌套到学习项目中。

以方太一系列复盘项目为例，方太利用线上培训平台对知识进行沉淀和传播，使研发的机械制图更改率降低了 85%，净水器的电磁阀渗水不良率降低了 100%，工艺改善成本降低了 200%。

方太内部专业内容库如图 9 所示。

图 9　方太内部专业内容库

（二）都市丽人数字化销售强军建设项目

1. 案例背景

都市丽人作为国内贴身衣物行业标杆企业，在全国有近 8000 家零售门店。员工基数庞大、人员分散等原因，导致都市丽人面临线下培训时间长和培训效率低下等问题。

新消费场景下，为了降本增效、完成日常培训、培养销售队伍，都市丽人需要一个支持知识沉淀和管理的线上培训平台，为其提供海量学习资源、提高知识传播效率。

2. 方案及实施

为了让培训有效覆盖大量终端销售员工，都市丽人依托平安知鸟培训平台，采用线上和线下培训相结合的模式，打造沉浸式体验，帮助员工实现理论与实践相结合，从而提升培训效果。

（1）特色功能打造轻松学习氛围。

都市丽人从员工角度出发，结合平安知鸟培训平台特色功能，设置了岗位课程、教学活动、学习交付设计、训战结合设计、考核等内容，以提升员工学习效果。例如，都市丽人借助平安知鸟培训平台搭建的学习路径（见图 10），用“通关打怪”的游戏化形式吸引员工学习；同时根据可定制化主题，将关卡设置成员工喜爱的主题，把学习课题与趣味化场景相连接，让员工在娱乐的氛围中不断学习专业技能，从而协助员工进行有效的学习转化。

图 10　都市丽人学习路径

此外，都市丽人支持员工在平安知鸟培训平台的积分商城用学习积分兑换心仪的奖品，以提升员工学习兴趣。

（2）多元化课程助力员工技能提升。

都市丽人依托平安知鸟培训平台搭建体系课程和精品赋能课程，培养门店员工的服务能力。体系课程涵盖员工从导购、助理到店长必学的基础课程，以及终端员工非常关注的当季新品、陈列标准、营销活动方案等内容，这些课程以月度为单位更新迭代，从而不断丰富员工知识体系。此外，结合人才战略规划，都市丽人还定期输出精品赋能课程，覆盖员工基础知识储备、动态学习和进阶技能等内容。

（3）线上/线下融合兼具效率与体验。

都市丽人通过沉淀多年行业经验，总结特色零售标准，利用平安知鸟培训平台的 AI+直播实现线上/线下双渠道传导，并开辟出一套以线上为主、线下为辅的考核模式，从而实现企业的人才培训降本增效，最终形成全新的销售人员培训模式，并使之成为都市丽人决胜零售时代的有力帮手。

此外，直播也是企业文化建设的重要手段。2020 年新冠肺炎疫情暴发后，都市丽人打造了董事直播间，公司董事亲自参与直播授课，带动企业员工交流学习，助力员工调整心态、通过线上提升业务技能。

3. 案例效果

以直播为例，都市丽人在 2020 年共开展了 107 场直播，覆盖 186518 人次，平均学习率为 68%。

都市丽人通过平台知识竞赛、线上直播等功能打造趣味培训，并通过因人、因岗设置课程，动态课程安排等一系列举措，有效减少员工及培训管理者的培训成本，实现任何时间、任何地点、任何人学习任何课程的个性化培训。

（三）山东港口数字化人才矩阵项目

1. 案例背景

作为省属国有骨干企业，山东港口集团（以下简称“山东港口”）致力于打造一流的人才队伍，因此需要一款功能强大的线上培训平台来保证培训工作的顺利进行。山东港口借助平安知鸟培训平台灵活、简便、易行等特点，有效解决了山东港口人才培训面临的问题。山东港口的集团领导亲自部署，将引进平安知鸟培训平台作为重点“线上工程”。

2. 方案及实施

平安知鸟培训平台结合山东港口的培训情况，以及山东港口的自主培养为主、外部引进为辅的需求，助力山东港口搭建了一套多层次、有重点、分类别、重实效的线上培训平台，建立起人才培训全流程。

（1）人员画像为企业战略部署提供支持。

山东港口利用平安知鸟的大数据功能，构建员工知识结构、岗位角色、学习状态的精准画像，形成员工自动化学习决策模型，为企业战略部署提供方向指引和决策支持，目前已成功打造出专属在线培训体系。例如，按照培训组织的实施主体不同，分为集团公司、专业部室、直属单位、基层单位、站队培训和员工自我学习等专属在线培训；按照培训实施阶段、功能作用、组织实施主体、培训内容等的不同，推出种类丰富的培训方式，以增强培训的多样性和个性化。

（2）线上直播提升员工培训效率。

山东港口通过平安知鸟培训平台考试、课程、直播等功能展开线上培训，涵盖党建学习、安全生产、廉洁纪律宣贯等内容。

山东港口业务覆盖山东 3345 千米海岸线，拥有 17 个港区、6 万多名员工，分散的工作地点、复杂的工种，给培训工作带来了巨大挑战。借助平安知鸟培训平台的直播功能，山东港口在线上进行培训，有效解决了线下培训成本高等难题。例如，2021 年山东港口通过平安知鸟培训平台进行党史宣讲同步直播，实现两万多人同时在线收看；联合集团团委，利用平安知鸟培训平台在集团范围内举办党史知识竞赛，共计约 5 万人次参加。

（3）内容体系搭建引发成长效应。

山东港口联合平安知鸟培训平台打造内外部员工的知识共享和协作机制——鼓励员工生成课程内容，由员工分享工作中的知识经验，并将其制作成为精品微课上传至培训平台，再在集团内部传播。这样既找到了企业发展和员工工作过程中的问题和难点，引导员工实现解决方案的创新和实践，又极大地提高了员工的学习积极性，使培训更加智能、高效。

3. 案例效果

经过长时间的应用，平安知鸟培训平台现已覆盖山东港口近 5 万名员工，成为山东港口员工学习交流的必备工具。数据显示，员工总在线时长 128 万小时，学习时长 77.6 万小时；集团员工自制课件 13445 个，学习次数 145 万次。

山东港口依托平安知鸟培训平台建立专业讲师团队，完善特殊工种职业技术鉴定体系，打造以提升员工管理能力、专业技术能力、技能操作能力为核心的培训体系，搭建员工成长通道，为企业的发展壮大积蓄力量。

山东港口内容体系搭建项目如图 11 所示。

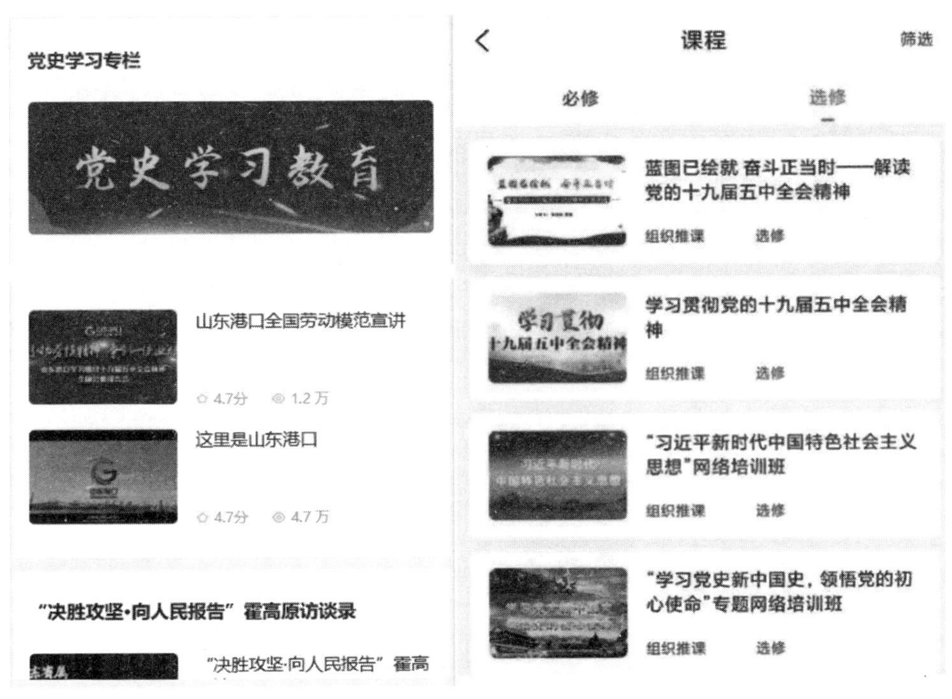

图 11　山东港口内容体系搭建项目

五、案例总结

数字经济时代，技术驱动场景变革和人才发展，将成为企业可持续发展的关键。这一切都离不开企业对人才的培训。

平安知鸟多年来服务企业，深入研究企业培训的痛点并提出针对性的解决方案。应用实践表明，当企业更专注于培训手段的智能化、培训内容的实战化和员工学习的个性化时，培训各个环节参与者的体验就会更好、培训效率就会更高。

- 培训组织者通过全流程线上培训管理，使培训组织工作高效、智能，省时又省心。
- 讲师借助智能做课、直播互动教学、AI 监学监考等丰富的教学手段，使教研、教学更便捷。
- 员工利用游戏化学习方式、实战化智能实训陪练工具，以及 AskBob 智能工作助手，使学习积极性更高、技能提升更快。
- 企业管理者可以通过数据驾驶舱实时了解企业员工各项学习数据，随时了解全员学习轨迹，培训效果看得见。

企业通过培训获得的成效更加显著——在提高企业培训满意度及员工对企业认可度的同时，还能实现降本增效、长效发展。

企业未来的竞争，归根结底是人才的竞争。为此，平安知鸟将进一步加强技术创新与生态协同，夯实“平台+运营+内容”一站式服务，帮助企业完善培训数字化转型，帮助员工更好、更快地学习新知识、新技能，并将所学应用到实际工作中，最终实现企业和员工的双赢。

构建以交互式直播为中心的学习网络，助力西部扶智事业

中经网数据有限公司　曹蓁蓁

一、企业简介

中经网数据有限公司（简称“中经网”）成立于 1996 年 6 月，是国家发展改革委直属事业单位国家信息中心下属的国有企业。中经网基于国家信息中心宏观经济研究和预测成果，自主开发各类信息产品和服务平台，为政府部门、金融机构、高等院校、企业集团、研究机构及海外投资者的经济决策提供信息支持。

自 2003 年起，中经网承担了国家发展改革委有关司局主管的中国西部开发远程学习网（以下简称“西部网”）项目的建设与运营工作。该项目依托中经网的信息技术基础设施及专家队伍，通过引入世界银行全球发展学习网络的理念与最佳实践，构建了以交互式直播为中心的学习网络，为广大西部地区求脱贫、奔小康输送智力资源。

二、西部网项目背景

实施西部大开发战略是实现全面建设小康社会宏伟目标的重要任务，事关国家长治久安，事关中华民族伟大复兴。“西部大开发，人才是关键”，人才开发既是西部大开发的重要内容，同时也是西部大开发的基本保障。2002 年年初，中共中央办公厅、国务院办公厅印发了《西部地区人才开发十年规划》，要求中央和国家机关各有关部门要切实抓好西部地区的干部培训工作，要注意引进国内外先进的培训内容、培训方式、培训技术和培训理念，推进干部培训的现代化，提高西部地区对全国优质教育培训资源的共享能力。

世界银行全球发展学习网络（以下简称“GDLN”）的建立和形成对西部网项目的启动起着引导和促进作用。世界银行前行长詹姆斯·沃尔芬森（任职 1995—

2005 年）曾经提出过这样一种观点："审视贫穷所带来的挑战时，我们会发现，不能单枪匹马地做事。我们需要能够相互交流经验、相互学习借鉴的同事。远程学习是实现这一目的并使我们所有人受益的工具。"2000 年 6 月，世界银行及其合作伙伴共同启动了 GDLN 项目，利用多种先进的远程教育手段与方法，与全球范围内包括政府机关、国有企业、非政府组织、学术性单位、社会团体和私营机构在内的多种群体合作，通过建设分布在全球各地的远程学习中心，开展灵活多样的远程教育，促进资源共享及开展扶贫活动，构建全球性学习发展社区。

2002 年下半年，国务院西部地区开发领导小组运用 GDLN 的发展理念和技术，联合国家发展改革委、财政部等单位，发起西部网项目的建设：利用世行贷款和国际赠款，结合西部地区部分省区市和地级市党校、行政学院及大学现有条件，建设专门为西部地区人才培训提供服务的远程学习中心；在中经网设立了"中国西部开发远程学习网培训管理中心"（以下简称"管理中心"），作为西部网项目建设和运营的管理机构。

作为西部地区管理人才创新培训工程的主要载体，西部网从建成之日起，充分利用现代信息技术，始终紧扣国家西部大开发的形势和重点任务，逐步成为为西部发展培养急需高端人才的培训基地、优质学习资源的供应中心，以及沟通分享国内外发展经验的桥梁和窗口。

三、西部网基本情况

（一）网络覆盖

历经 7 年两期的项目建设，以及 2005 年开通以来的 15 年运营扩容，西部网形成了拥有 1 个管理中心、77 个学习中心和实地培训合作伙伴的立体式学习网络，连接北京、上海、深圳、河北、重庆、四川、陕西、贵州、云南、西藏、甘肃、青海、宁夏、新疆、内蒙古、广西、湖北、湖南、吉林 19 个省区市和新疆生产建设兵团，并可触达 GDLN 的 140 多个国际远程学习中心。

（二）组织架构

由于涉及的单位分布广泛、数量众多，为了更好地协调组织培训资源，开展高效的网络学习活动，建立了由国家发改委经济司局指导、管理中心—中经网负责教学管理维护、各省区市远程学习中心和地州市远程学习点实施组织工作的三级运营体系。

西部网运营组织架构如图 1 所示。

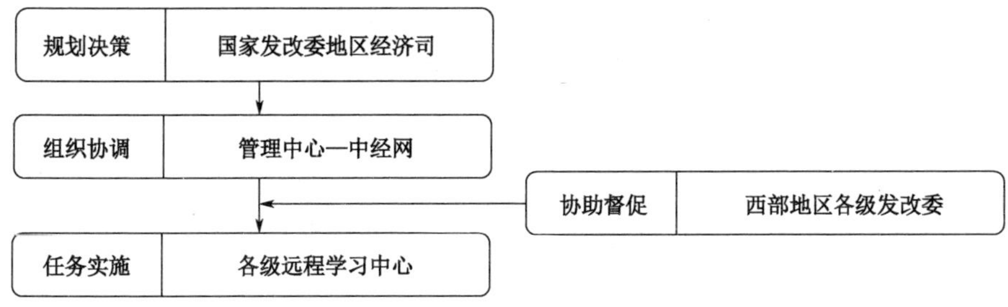

图 1　西部网运营组织架构

（三）服务体系建设与运营

经过项目一期、二期的建设，以及在“边建设、边使用”的指导思想下的不断探索与完善，西部网形成了以交互式直播学习为中心，集自主在线学习、线下辅导、定制课程等多种教学手段为一体的学习服务体系，打造了覆盖管理中心—中经网和各地学习中心的教学运营队伍，持续迭代地面向西部地区高层次经济管理人才建设专家智库。

四、西部网学习服务体系——“一个中心、两个补充”

根据西部网项目的建设要求，基于项目自身的优势和特点，结合运营过程中的持续优化，西部网逐步形成“一个中心、两个补充”的学习服务体系。

（一）一个中心：交互式直播学习

自 2005 年西部网开通以来，管理中心—中经网即启动了面向全网的交互式直播学习活动。

1. 交互式直播学习的特点

交互式直播学习方式由 GDLN 导入西部网项目，在架设于机构间的知识传递网络中，交互式直播学习是最接近面对面交流的在线学习方式。

类似多方视频会议，交互式直播学习允许知识的单个/多个发送方与多个接收方进行双向交流：发送方可以在知识传递过程中，通过安排具体问题的问答、讨论和集中汇报，随时获取接收方对知识的接收程度、当下的关注点和相关实践情况，从而调整知识传递的内容形式安排；接收方可以就学习过程中的问题或不够详尽的地方，借助问答、讨论与汇报等环节，请求发送方给予深入解答或说明，并反馈自身遇到的相似实际问题，咨询发送方的意见，或者与发送方分享解决经验。

交互式直播学习的双方构成了学习过程及相关知识的贡献者的关系，并在此过程中共同获益，在机构间以问题为导向的传播理念与知识的体系中，这种学习模式的实效显著优于被动接收知识的普通在线学习方式。

2. 交互式直播学习的工作流程

交互式直播学习的特点，导致其对知识传递过程的管理有较高的要求，因此对各地远程学习中心需要提供持续的教学与技术支持，以提高各地组织交互式学习的能力。为此，除每年针对各地远程学习中心的直播教学能力进行建设外，在教学流程方面，管理中心—中经网作为主要的输出节点，借鉴 GDLN 的经验，形成了规范的 PDCA 工作循环模式，以持续监控和提高活动质量。

西部网交互式直播学习 PDCA 工作循环模式如图 2 所示。

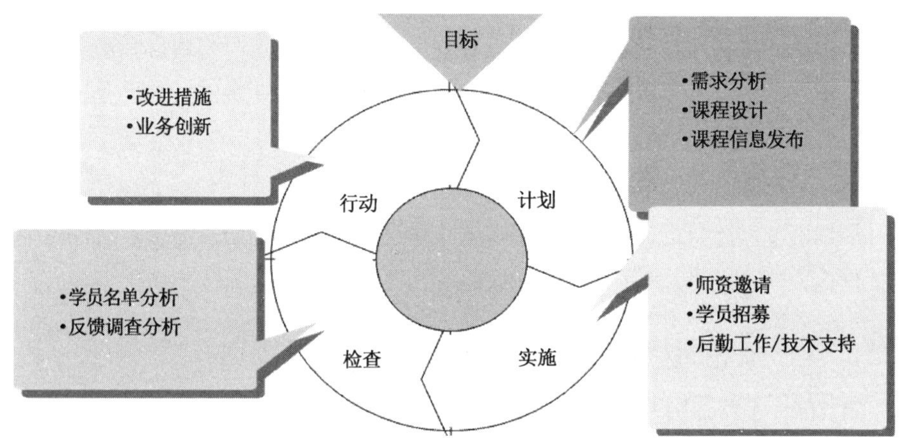

图 2　西部网交互式直播学习 PDCA 工作循环模式

在设定全年的直播教学目标后，管理中心—中经网对西部地区经济管理人才学习需求进行初步分析，组织来自国内外的专家资源，设计学习专题与内容，制订并发布全网课程计划，包括每期学习活动的主题、教学目的、目标群体、主要内容、主讲专家、预期收益等。

在每期活动中，管理中心—中经网起草并发布活动通知和详细计划，收集各地远程学习中心报名信息；安排专门的协调人员，负责当期活动的开场活动、师资介绍、提问与回答、作业布置、汇报讨论等环节；安排专门的技术人员，协调解决各类直播的技术问题。

每期活动结束后，通过收集与分析各地远程学习中心负责人和学员的需求和满意度，管理中心—中经网明确教学活动设计、内容设置、师资组织、技术系统等各环节的问题和改进方向，持续优化活动组织流程，针对新的需求探索业务创新。交互式直播学习活动现场如图 3 所示。

图 3　交互式直播学习活动现场

3. 交互式直播学习的专家智库建设

西部网自成立以来，一直为大部分省部级以上政府机关、绝大部分银行总行和排名前 10 的基金证券公司、全国 70%以上的高校、数百家大型企业、权威研究机构、新闻媒体等，提供宏观及中观层面的咨询研究、信息内容和技术服务、实地及网络培训等多种服务，积累了丰富的经济管理专题信息服务、咨询研究和培训的经验和内外部专家资源。

管理中心—中经网先后邀请来自中国科学院、中国社会科学院、国务院发展研究中心、国家发改委宏观经济研究院、中国财政科学研究院、商务部国际贸易经济合作研究院、中央党校（国家行政学院）、中国人事科学研究院、中国城市规划设计研究院等国家级智库的权威专家，以及来自清华、北大、人大等一流高校的资深教授，还有来自国家发改委、商务部、财政部、组织部、海关总署、农业农村部、国家市场监管总局、国家民委、工商联相关司局等单位的领导，共同组建师资智库，为各地学习中心提供高水平、高质量的学习专题。

此外，管理中心—中经网积极与中国小额信贷联盟等国内教育机构合作，向西部地区传播利用金融服务摆脱贫困的方法；与澳大利亚国立大学、泰国朱拉隆功大学、世界银行学院、世界银行东京远程学习中心（TDLC）、亚洲开发银行学院等国外教育机构合作，将水资源管理、微型金融服务、交通网络建设等领域的国际先进知识和经验引入西部地区，并将“一带一路”倡议、扶贫等领域的中国经验和智慧向国外输出。

4. 交互式直播学习的成效

自西部网开通以来，管理中心—中经网所组织的全网交互式直播学习活动量逐年递增，从每年十几小时达到近几年每年 140 小时，专题内容以西部地区经济管理领域的热点、难点问题为导向，以贴近工作实际为原则，基于充分的全网需求调研设计教学内容，学习专题涉及重大会议精神及政策解读、区域发展、“一带一路”建设、生态环境建设、数字经济发展、领导干部通用技能培训等内容。

通过持续实施 PDCA 工作循环模式，以及面向各地远程学习中心的能力建设，西部网交互式直播学习专题设计精准度和学习服务水平得以不断提升，2019 年超过千人参与的专题学习占总学习活动次数的 85%，全网专题学习活动单次参与人数最多为 2939 人，充分体现了优势。

自 2005 年西部网开通以来，西部网累计培训西部地区党政干部、专业技术人才、企事业单位人员 28 万人次。根据各期活动的反馈统计，学员普遍认为课程有助于理解国家重大政策，对实际工作有指导作用，2019 年学员对课程的满意度评分为 4.84 分（5 分制）。同时，各地远程学习中心与学员也反映，在各类面向党政干部和专业技术人才的国家级在线教育服务项目中，西部网的交互式直播学习内容最具时效性和互动性，已成为当地不可替代的教学资源。交互式直播学习参训人次统计如图 4 所示。

（二）两个补充：自主在线学习与线下辅导

1. 自主在线学习突破时间约束

考虑直播对学习时间的要求，管理中心—中经网于 2017 年自主开发并上线新版西部网在线学习平台及配套移动端，以支持各地远程学习中心组织当地学员自主进行在线学习，弥补了学员因时间等原因无法参加感兴趣的交互式直播活动的遗憾。

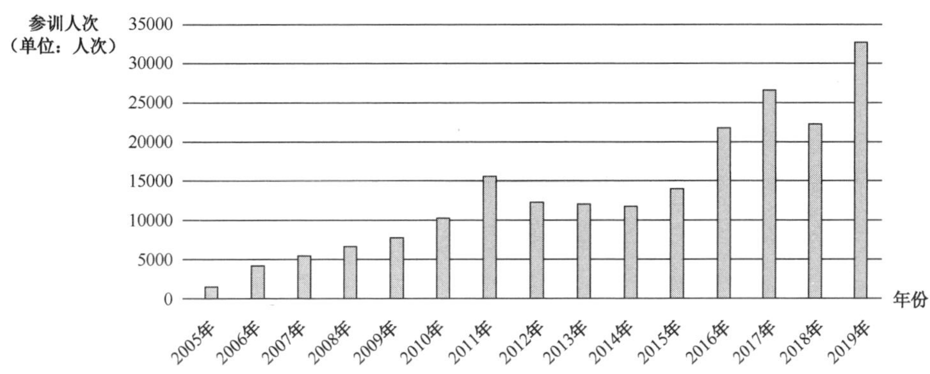

图 4 交互式直播学习参训人次统计

自主在线学习资源围绕交互式直播学习专题展开，根据各地学习中心的培训需求，并结合当前时政热点问题筛选配套在线课程，涵盖政治理论、政策法规、宏观经济、区域发展、行业发展、资源环境、公共管理、领导能力、技能素养和科普中国等十大领域的内容。云南、四川宜宾、贵州遵义、重庆万州、甘肃张掖、河北灵寿等多家远程学习中心已组织数万名学员采用西部网在线学习平台开展自主在线学习。

西部网在线学习平台首页如图 5 所示。

图 5 西部网在线学习平台首页

2. 线下辅导提供实务交流平台

为满足各地远程学习中心及学员对工作实务能力建设的需求，结合交互式直播学习的热点，西部网于近几年开展了线下辅导活动。线下辅导活动作为交互式直播学习的有益补充，侧重针对性和实践性强的热点问题，主要涉及 PPP 项目操作实务、政务外网建设与管理、支农惠农政策解读、社会信用体系建设、地方人大政策及实践、行政规范性文件制定及行政处罚、信用修复等专题，学员与业内专家面对面交流探讨实际问题和解决经验，学有实效，获得了各地学员的积极响应。

线下辅导现场如图 6 所示。

图 6　线下辅导现场

五、西部网教学队伍建设

作为服务西部人才队伍建设的学习网络，西部网自身的建设和运营也为各地远程学习中心工作人员提供了最新的管理理念、方法和技术。

（一）通过管理机制，构建统一、规范的运行模式

西部网各地远程学习中心分别隶属于不同的行政单位，有党校、行政学院、大学等机构，但各地远程学习中心与机构没有行政隶属关系，也没有直接的经济利益，仅靠松散的业务联系维系整个网络的运行，这种状态为西部网的运行管理带来了巨

大的挑战。

为了应对这些问题，管理中心—中经网会同有关主管部门，构建了统一、规范的运行模式，制定了一系列相关的规章制度，规范了各成员单位的责、权、利，实现了管理上的自律，使全网能够在完善的制度体系下有效运行。

（二）通过年会，定期开展业务交流和培训

西部网自建成以来，设立了定期业务交流的年会制度。在年会上，各地远程学习中心总结一年来的培训心得，共享发展经验，有效地促进了西部网培训质量的提高。管理中心—中经网在年会期间，坚持实行对各地远程学习中心负责人和技术人员的面授培训，培训主题包括“互联网+”、大数据、云计算、融媒体等，多采用“现场研讨+实地调研”的方式。通过在年会上对交流和培训的有机结合，极大地提高了各地远程学习中心教学队伍的素质。

年会总结交流及培训现场如图 7 所示。

（三）通过激励机制，提高各地远程学习中心的积极性和主动性

各地远程学习中心除承担西部网的相关工作外，还承担了本单位的其他工作。在同时承担多种工作的情况下，如何能够充分发挥各地远程学习中心工作人员的积极性和主动性，成为西部网建设的重要任务。西部网在激励机制方面做出了以下探索。

1. 设立评选机制

管理中心—中经网会同有关主管部门，自 2006 年开始设立“优秀学习中心”评选机制。“优秀学习中心”每年评选一次，并在年会期间对其进行表彰，获评的“优秀学习中心”在年会期间进行典型发言，分享工作经验和实践体会。评选机制起到了表彰先进、鼓励创新的作用，有效地调动了各地远程学习中心的积极性。

2. 鼓励各地学习中心参与交互式直播学习内容开发和在线学习课件制作

为了丰富交互式直播学习和在线学习平台的课程内容，开发更多的适用于西部地区实际需要的课程，管理中心—中经网鼓励各地学习中心根据各地特色，积极参与交互式直播学习内容开发和在线学习课件制作。其中，青海、西藏、贵州遵义、广西桂林、甘肃平凉等远程学习中心在“西部地区现代旅游业发展研究与分析”交互式直播学习专题中，贡献了当地案例与研究成果；陕西、四川、重庆、西藏等远

程学习中心在管理中心—中经网的指导下，圆满地完成了课件制作任务。

图 7　年会总结交流及培训现场

通过开发直播学习内容和制作课件，西部网不仅积累了符合西部地区人才队伍建设需求的教学资源，而且有效地培养和锻炼了各地远程学习中心的资源建设能力，为后续全网的资源开发与共享奠定了人才和技术基础。

3. 参与世界银行的学习项目

作为 GDLN 的成员，西部网也为各地远程学习中心提供了多种与世界交流和合作的机会，其中为各地远程学习中心提供项目合作是较为有效的途径之一。例如，重庆学习中心在 2008 年 6 月承担了世界银行亚太地区的区域合作项目，研讨交通拥堵收费的问题；广西学习中心通过与 GDLN 联系，向大湄公河区域输出自主开发的课程。这些项目有力地拓展了各地远程学习中心的视野，提高了各地远程学习中心与国际交流的能力。

六、西部网的成效与荣誉

西部网自建成以来，充分发挥社会各界力量，大规模培训了西部地区急需的高素质人才，累积培训各类人才 28 万人次，取得了良好的社会效益。2010 年，西部网荣获了“国家西部大开发突出贡献集体”荣誉称号（见图 8）。西部网建设与运营所取得的成效归纳如下。

图 8 “国家西部大开发突出贡献集体”奖状

（一）缩小东西部地区的“数字鸿沟”，加快西部地区获取信息和知识的速度

西部地区幅员广阔，大部分区域地处内陆，信息相对闭塞。西部网的建设和运

营，为西部地区广大省市建立了一条高速信息通道，有利于西部地区及时获得国内外最新资讯，极大地拓展了西部地区的视野，更新了西部地区的思维模式，提高了西部地区的整体专业素养和创新能力，为西部大开发和西部地区脱贫攻坚提供了有力的智力铺垫。

（二）改善西部地区间人才资源布局不合理现象

西部网的广泛覆盖，有利于改善西部地区人才资源分布不合理的现象，特别是西部网向地州市的延伸，进一步扩大了西部人才远程培养的覆盖面。西部网的网络扩展加快了传统人才培养方式力所不及的“老、少、边、穷”地区的人才培养的进程和力度，进一步稳定和发展了当地人才队伍，避免了人才流失和浪费。

（三）推动西部地区党政干部、企事业管理者、专业技术人才等高层次人才队伍建设

西部大开发过程中，人才队伍建设面临的一个重要问题就是，人才队伍总量不足，特别是高层次优秀人才紧缺；高层次人才队伍的专业素养、思维模式、开拓创新能力等，还不足以适应深化改革的要求。西部网的建设和运营，进一步推动了西部高层次人才队伍的培养，弥补了传统人才培养方式的不足，保证了高层次人才队伍的继续教育和终身教育。

（四）促进西部地区人才资源开发与全面建成小康目标的实现

经济要发展，人才要先行。经济社会的发展需要人才资源的智力支持。西部网的建设和运营，有效地推进了西部人才资源向人才资本的转变，变静态潜在的人才资源为动态增值的现实生产力，以人才资源大开发促进西部地区全面建成小康社会目标的实现。

回顾与西部网共同成长的十多年，管理中心—中经网在面向机构的决策支持服务基础上，针对西部地区人才队伍建设的实际困难和需求，逐步构建了以交互式直播学习为中心的学习服务体系，有机融合了线上/线下学习手段，高效整合了国内外专家资源，充分激励了教学运营队伍，在西部扶智事业中践行了以人为本的服务理念。

第三篇　共创资源开发之径

以赛促建，推动企业在线学习资源开发

中原油田 祖钦先

一、项目背景

在 2017 年在线岗位练兵试点工作的带动下，中原油田各单位在线培训的积极性大涨，可是问题也随之而来，员工培训的需求无限，可是在线学习平台上有针对性的课程确实太有限了，各单位纷纷向中原油田提出开发在线培训课程的需求。为满足各单位需求，人力资源部培训开发室提出了一个大规模开发在线课件的计划，可是该计划被领导拒绝了。原来在 2017 年，中原油田为了做好集团公司远程培训系统改造三期工程试点工作，组织开发了 65 个 5～10 分钟的课件，累计投入 60 多万元。面对中原油田近 200 个工种，要完成这样庞大的课件体系建设，对于仍处于扭亏脱困状态的中原油田来说，这个投入相当大。经过思索与探讨，中原油田决定摆脱传统的依靠专业机构开发课件的模式，创新学习资源建设思路，采取“以赛促建”的工作方式，将课件开发工作的重心下移，充分发挥基层员工积极性，调动群众力量参与在线学习资源的开发，用互联网语言讲就是 UGC，即用户产生内容。

二、项目完成方式

1. 发动全员参与，大打“人民战争”

通过思索与探讨，中原油田清晰地认识到，按照传统做法开发在线学习资源的路子走不通，也不符合中原油田当前生产经营实际。如何走出一条既花钱少又多出产品的路子呢？普光分公司在中原油田人力资源工作会议上的一次发言让大家眼前一亮：普光分公司为鼓励广大员工参与课件开发的积极性，在 2017 年组织开展了一场课件制作竞赛活动，发动员工参与在线学习资源制作，并成功收集课件 300 多个。于是中原油田受到启发，经过认真讨论和研究，决定走“以赛促建”的道路。以赛促建的好处一是让学习资源开发者能够有一个工作的抓手；二是能够发动全体员工参与，调动群众参与学习资源制作，从而可以实现学习资源从员工中来，服务于员工学习的初衷；三是转变学习资源开发方式，让企业从巨大的投资困境中解脱出来，从而推动学习资源的可持续化开发。新的方案得到了领导认可，2018 年 3 月 30 日，中原油田下发《关于组织开展 2018 年微课件制作大赛活动的通知》，同年 4 月，组织召开微课件大赛启动会，微课件制作大赛就此拉开帷幕。

2. 强化技术指导，解决制作难题

大赛启动后，很多员工踊跃报名参加，可刚进入初步的设计阶段，就出现了大家纷纷退赛的情况，这让比赛的组织者感到了巨大的压力。经过深入基层单位调研后发现，尽管大家在业务方面是高水平的专家、能手，但是对于微课件制作却完全没接触过。课件内容做得好，却不知道如何用新媒体、新技术把课件转化成视频形式，缺少技术的支撑，让他们丧失了参赛的勇气。中原油田意识到：课件制作是一门技术，要让大家把课件制作出来，仅靠热情和积极性是解决不了问题的，当前最主要的任务是把课件制作技术送到员工手上。于是中原油田立即与中国石化网络学院联系，请求技术支持。中原油田为了保证大赛顺利进行，实施了如下举措：连续举办微课件制作技术培训班，选取几个简便好用的制作软件，为开发人员多次培训讲解，使其通过实操演练掌握开发技术；培训中心、信息化管理中心分别选派了几位技术专家，对问题集中的单位送教上门，安排人员专门向该单位的课件制作人员开展有针对性的辅导；设立课件制作答疑机制，要求培训中心公布课件制作指导人员联系方式，建立 24 小时随时答疑制度，对课件制作人员的问题进行一对一的个性化辅导。通过多方努力，中原油田基本解决了各单位课件制作人员技术欠缺的问题。

3. 建立激励机制，激发工作动力

在微课件制作大赛组织的初期，中原油田就想到如何建立激励机制的问题，提出了鼓励各单位组织员工积极参与大赛活动的激励政策：中原油田对参赛课件及参赛单位进行评比，设立一、二、三等奖及优秀奖，对获得一、二、三等奖及优秀奖的课件的制作者分别按不同标准进行奖励；从课件质量、数量两方面对参赛单位进行综合评分，评选出优胜单位，为其颁发优秀组织奖；对获奖员工，中原油田为其颁发获奖证书，在参加技师考评、主任技师、技能大师竞聘及各类评选中予以加分。激励机制的建立，有效地激发了广大员工参与课件制作的积极性，甚至促进了中原

油田医疗卫生服务中心和物业服务中心等非主业单位的员工的积极参加，丰富了课件制作的内容。

4. 引导制作方向，打造培训实力

2018 年，中原油田通过微课件大赛征集到课件 700 多个，中原油田按规定对获奖课件进行了奖励。2019 年年初，中原油田发现很多课件在本专业领域为“孤本”，很多通用知识领域的课件内容重复制作。学习资源应以课程为载体发挥作用，如果不能将学习资源制作成完整的课程，就无法在培训中发挥作用。如何引导各单位开发出实用的培训课程，成为在线学习资源建设方面的难题。中原油田为解决这一难题，实施了如下举措：引导各单位以岗位学习地图为指导，结合学习地图中的培训内容组织员工实施课件开发，要求课件相对集中，努力形成序列和体系。为此，中原油田专门修订微课件大赛优胜单位评选细则：各项评价指标共 100 分，如果能够在大赛中组织并引导参赛员工按岗位集中开发微课件，形成某一岗位培训内容序列体系，则在评分中直接增加 20 分，以此形成鼓励各单位集中力量开发微课件的引导机制。

三、项目实施效果

连续三年来，中原油田坚持每年组织微课件制作大赛，立足基层，发动员工参与，使员工对中原油田远程学习资源建设的认知程度进一步提高，课件制作水平及积极性也进一步提高。

1. 实现资源数量和质量双提升

中原油田课件制作由传统的统一组织制作调整为全员参与，极大地扩充了参与课件制作的力量，在线学习课件数量由 2017 年年底的不到 1000 个，到 2019 年年底已经增加到了 4746 个。中原油田在组织微课件大赛的过程中，注重加强技术支持，通过集中培训、上门服务、个性化辅导等多种方式将制作技术送到基层，传授给员工，使课件制作质量得到明显提高。2019 年，中原油田组织员工参加集团公司组织的好课程评选，中原油田报送的 9 门课程中有 7 门获奖，获奖率为参赛单位中最高，其中，一等奖占获奖总数的 40%，二等奖占获奖总数的 30%。中原油田荣获集团公司 2019 年好课程评选优秀制作单位和优秀组织奖两项殊荣。

2. 上下联动形成良性循环

良性循环表现在如下几个方面。一是课件制作由传统的培训精英的高端开发转变为全体员工参与的大众开发和制作。将课件开发扎根在广大员工群众中间，群众智慧、群众力量在课件开发中担当重任、发挥突出作用，推动了课件制作工作的开展。二是中原油田课件制作“以赛促建”。重点突出“赛”字，让课件制作在形式上充满新颖感，广大员工也愿意积极参加开发活动。三是在大赛活动中，也曾出现大家各自为战，制作的课件点多、面散，无法形成培训合力的情况。中原油田及时引导各单位集中力量，组织员工瞄准重点建设目标，集中力量搞开发、建体系，上下联动，形成了学习资源开发的良性循环。

3. 直接服务一线的资源生命力更强

中原油田“以赛促建”组织课件开发，参赛课件都是员工结合岗位工作内容制作的，这让课件更接地气，许多员工把自己鲜活的工作经验、操作方法，甚至是绝技高招带到在线课程中，形成 UGC 的开发模式，使学习者可以从课件中学到实在的技能和解决问题的方法。因此这类课件更受职工欢迎，课件生命力更强、发挥作用更大。在 2020 年新冠肺炎疫情防控期间，各单位积极开展在线培训，很多课件在培训中发挥了作用。例如，2020 年中原油田班组长在线培训班所采用的很多课件就是在参加集团公司好课程评选活动时开发出来的。

四、经验启示

1. 自下而上是解决在线学习资源开发的最好途径

中原油田立足基层，发动全体员工参与课件开发，形成了自下而上开发在线课件的工作模式，保证了在线学习资源出自基层，同时又服务于基层员工学习的目标，为强化员工素质能力提供了高质量服务。实践证明，自下而上是解决在线学习资源开发的最好途径。中原油田转换开发方式，为在线学习资源建设带来了全新的结果，这是工作中的创新，创新永远是推动发展的第一动力。

2.“内容专家+技术专家”是确保在线学习资源开发质量的保证

没有内容，课件就没有价值；没有制作技术，课件就没有生命力。中原油田在组织开发课件的工作中，不仅注重内容专家的选择，充分发挥他们在内容方面的优势，还注重对员工的技术支持，在组织多期课件制作技术培训班的基础上，中原油田还采用安排技术专家送教上门、深入基层开展个性化辅导等多种方式，促成了内容专家与技术专家的深度合作，这样开发出的在线学习课件，内容质量有保证、制作质量过得硬。“内容专家+技术专家”的课件开发模式为提升中原油田在线学习资源开发的质量，提供了坚实的保证。

3. 体系化的在线学习资源开发是快速形成培训能力的关键

在微课件大赛活动中，中原油田引导各单位及员工围绕一个岗位、一个工作模块或一个内容单元，集中力量开展课件的体系化开发。体系化开发的特点是有目标、有结构、有分工，以及集中优势兵力打“歼灭战”，对于快速打造在线学习能力发挥了关键性作用。为进一步将在线学习推向体系化，中原油田还将采油气工程服务中心作为试点单位，探索建设“学、练、考”一体化在线学习平台，为在线课程配套练兵题库，开展在线岗位练兵，使员工的学、练、考活动高度融合、相辅相成，推动在线学习资源整体优势的发挥。实践证明，这些措施深受各单位欢迎。2020年年初，有多个单位向集团反映：今年继续组织微课件制作大赛吧，我们的员工都争着要参加呢。

双效并举，“ 知识管理+组织赋能” 的混合式行动学习实践

东北证券股份有限公司　周永军　官炳新

一、企业简介

东北证券股份有限公司（以下简称“东北证券”）是一家设立较早、发展迅速、业务全面的上市证券公司。2007 年 8 月 27 日，东北证券在深圳证券交易所挂牌上市，注册资本为 23.40 亿元。截至目前，东北证券已经全面开展证券及与证券相关的业务，包括证券经纪、证券承销与保荐、证券自营、证券研究咨询、IB、私募基金、融资融券、约定购回式证券交易、股票质押式回购交易、代销金融产品等业务，形成了较为完整的业务体系。同时，东北证券坚持多元化发展，积极开展对外投资业务，已设立东证融通私募基金子公司、东证融达另类投资子公司、东证融汇证券资产管理子公司，控股渤海期货、东方基金，参股银华基金，建立了集证券、基金、期货为一体的综合证券服务体系。

在三十余年的风雨兼程中，东北证券始终秉承“融通资源，创造财富”的企业使命，以“融合、创新、专注、至简”为精神力量，朝着“致力于客户成长，成为有规模、有特色、有核心竞争力的一流现代金融服务商”的宏伟愿景不断进取、规范经营，无论经营规模还是综合实力都取得了翻天覆地的变化。目前，东北证券已在全国 28 个省、自治区、直辖市的 68 个大中城市设立了 36 家经纪业务区域分公司、103 家证券营业部和 3 家分公司，全国战略布局趋于合理，并形成了一定的规模优势和品牌优势。

二、案例背景

证券行业作为知识密集型行业，人员的高频流动导致企业知识资产流失的现象

日益明显。知识管理作为知识经济时代催生的新兴管理思想、技术和工具，是构建学习型组织、推动组织和员工成长的重要抓手。因此，如何从知识管理的角度出发，做好绩优岗位经验的传递、传播和传承，将成为打造企业核心竞争力的关键一环。基于此，东北证券“知识管理+组织赋能”双效并举的混合式行动学习模式便应运而生了。

三、案例实践

（一）赋能业务的知识管理行动

1. 项目介绍

“待客之道”营业网点客户服务标准萃取行动学习项目（以下简称“待客之道”）以东北证券“建立现代一流金融服务商”的战略愿景为原点，将提高客户服务专业技能作为目标，通过行动学习的设计与运营，萃取营业网点客户服务的标准化行为和规范，传递优秀部门客服经验，进一步推动东北证券客户服务的标准化进程，输出标准化成果，从而打造东北证券专属的“待客之道”。

2. 项目实施

“待客之道”围绕“全业务场景客服标准输出”的目标，按业务办理的流程和时间特性划分为短线业务、长线业务两大业务服务场景和一套通用的基础服务规范。整个行动学习按“梳理—研答—评审—整合—优化”的顺序，循序渐进，逐步完成客户服务标准的萃取和沉淀。项目实施具体过程如下。

（1）理论加持，工具先行：工欲善其事，必先利其器。项目以“服务质量差距5GAP模型”作为理论基础（见图1），以缩短客户期望的服务与感知的服务之间的差距（差距5）为核心，开发设计了包含学习成果填写脚本、学习运营报告模板、学习说明、学习指引等在内的行动学习工具包，为各营业网点的客服“掘金”行动配套一把可用、实用的“铲子”。

此行动学习工具包（客服标准化流程萃取工具包，见图2）以每个岗位的业务场景为研究基础，以客户体验愉悦为主要考虑方向，要求分析与细化每一项短线业务的服务路径、服务行为和语言，梳理与总结每一项长线业务的服务流程，通过行动学习，最终形成一套标准化的服务规范，使得每一项业务的办理既能高效、快捷，又能让客户对结果感到满意、对过程体验感到愉悦。

（2）项目启动，任务下达：项目启动阶段，在正式公文通知的基础上，进一步通过线上邮件、电话联络、即时通信等非正式沟通方式，与代表性营业网点展开积极沟通，诠释项目内涵、目标、精髓，明确项目任务与要求，收集部门疑惑及回馈，并在项目初期首发发动优秀营业网点，以树立行动标杆，以此带动其他部门快速融入项目。

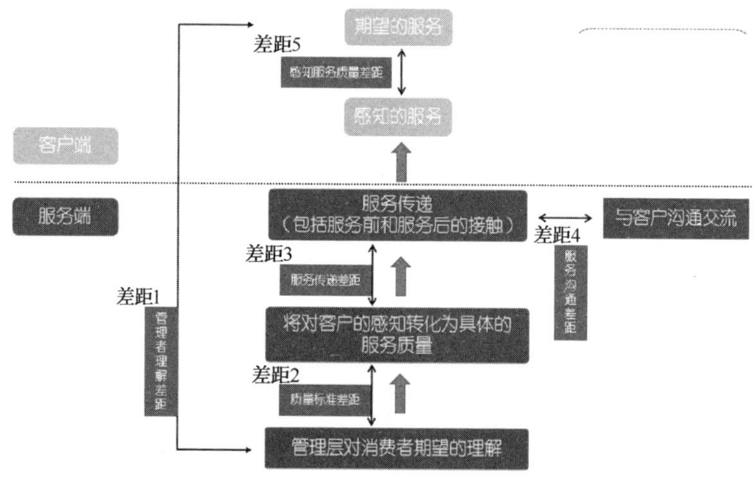

图 1　服务质量差距 5GAP 模型

（3）学习设计，自我梳理：在行动任务下达后，各营业网点需根据项目要求自主设计学习形式、规划行动路径。“待客之道”是以萃取营业网点全业务场景标准化工作流程为目标的行动学习项目。它涉及的业务种类繁多，牵扯的岗位人员广泛，因此需要各部门对自身业务进行全面梳理，互通有无，查缺补漏，为下一阶段的成果输出做准备。

（4）集体作战，分组研答：在前期梳理与再学习的基础上，各营业网点根据项目组提供的学习成果填写在脚本中预先设定的结构性框架，按步骤完成客服流程的经验萃取，形成完整的标准化内容。这个过程需要各部门员工相互配合，积极研讨，取长补短，通过集体作战，有分工、有协作，共同完成成果交付。

（5）群组辅导，以一带十：项目对象为全国 138 家营业网点，具有分布范围广、区域跨度大的特点，项目组难以实现对所有营业网点进行现场辅导，而且大部分工作需要各部门通过自主研讨的方式完成。为保证成果交付及过程管控的质量，项目组第一时间组建了线上群组，安排专家驻群，并进行实时答疑；同时要求各参与部门指派线上专员入群，及时提问。面对营业网点提出的共性问题，则采取“以一带十”的方式，在群组内共享标杆作品或成熟思路，通过群组集赞、发英雄帖等方式向其他部门快速传导，以此保证成果交付质量。

学习步骤	关键动作提炼	隐形工作说明
步说明骤	全流程从业务办理前到后期回访，按照时间先后顺序将关键有效的动作写出来，（提炼关键词，根据每种业务的难易程度不同，关键作为梳理的个数可以不同）	关键行为是一个抽象的动作或行为，针对每一步的关键动作进行补充说明，包含实际的内容和有效的具体行为和方法
关键行为1		
关键行为2		
关键行为3		
关键行为4		
关键行为5		
…		
…		
打分维度	打分	
服务流程规范性		
业务办理效能		
服务合规性		
自我检查深度		
客户体验愉悦度		
总分		
注明：营业部门不用填写		

学习步骤	画出可执行流程图	具体操作步骤描述	
步骤说明	从单个金融产品和服务出发，梳理产品的特性，匹配对应有需求客户，画出可执行流程图	对流程图的每一步都需要详细说明，每一都要包含实际的内容和有效的具体行为或方法	
流程图		步骤1	
		步骤2	
		步骤3	
		步骤4	
		步骤5	
		…	
		…	
打分维度	打分		
服务流程规范性			
业务办理效能			
服务合规性			
自我检查深度			
客户体验愉悦度			
总分			
注明：营业部门不用填写			

图 2　客服标准化流程萃取工具包

（6）成果提交，公司初选：经过一轮紧张热烈的行动学习，全国 138 家营业网点逐一完成成果的交付工作。在交付的 138 份学习运营报告、2346 份业务脚本中，内容包含了长线业务、短线业务和服务规范三大类别，基本覆盖营业网点的主要业务种类，为客户服务内容的标准化奠定了内容基础。

在初步提交的这些成果作品中，质量参差不齐，急需对其进行进一步筛选。为此，项目组首先组织总部相关业务专家，对成果进行初选，以部门为单位，仔细筛选出质量较好的一批作品。此次筛选活动共挑选出 34 家优秀营业网点的全业务场景客服标准化成果，这些成果来自全国多个区域，各有特色。

（7）部门互评，优中取优：在初选基础上，进一步组织营业网点最终评审。由长春总部及吉林省内各具代表性营业网点的 62 位业务专家组成评委。通过集中盲审、现场即时打分的方式开展部门互评。评审以公平公正为原则，从服务流程规范性、业务办理效能、服务合规性、自我检查深度、客户体验愉悦度五个维度出发，对脚本内容进行综合打分。经过 10 小时的连续高强度评审，诞生了 15 组客户服务流程与规范的“最优解”，成为东北证券客户服务标准化手册的主要内容来源。

（8）标准萃取，博采众长：经过上一轮的评选，已挑选出 15 组“最优解”。最终的成果输出则需要从中进一步挖掘共性内容，萃取出适应全公司的标准化服务规范。为保证内容的实用性，项目组首先联合一线服务部门的实战专家对成果内容进行提炼整合，博采众长，初步形成标准化文本；同时，为贴合公司战略的前瞻性和保证内容上的合规性，项目组在全公司发起全业务条线的内容复核流程，组织各业务管理部门对内容展开进一步斟酌比对。经过近半年的反复梳理、提炼、编辑、校准、修订，一本图文并茂的《待客之道——客户服务标准化学习手册》（见图 3）终于成型。

3. 项目成果

“待客之道”历时 15 个月，最终成功萃取《待客之道——客户服务标准化学习手册》。该手册覆盖了营业网点中 66 项业务的服务流程与标准、6 项服务礼仪规范，包括每项业务的关键动作提炼、隐形工作说明、合规技术点遵守、反向行为自检、关键行为话术引导等方面，总计 15 万字。

在下发手册的同时，东北证券移动学习平台同步配置“待客之道”专属知识库栏目，并按照业务类别设置多级导航，对 72 项具体业务场景实施标签化管理，以方便员工精准查阅，同时通过邮件和软文等形式进行宣传推广，以推动全员学习。

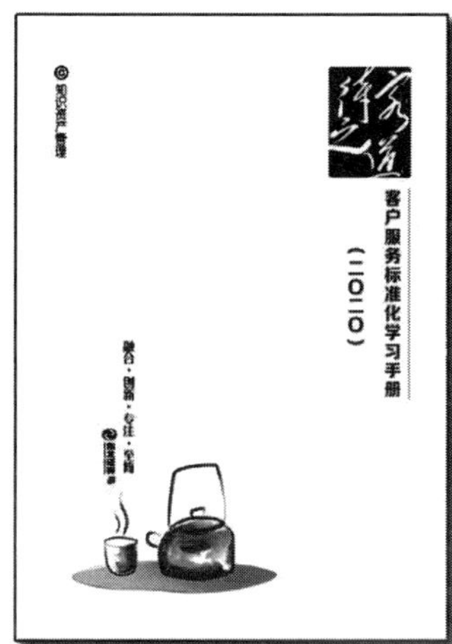

图 3　《待客之道——客户服务标准化学习手册》

截至目前，平台内手册浏览总数达 7130 人次，日均浏览 158 人次，共 1125 人添加收藏，其中在添加收藏的人中客服岗位人员占 76.44%。可以说，该手册已成为各营业网点及一线客服人员办理各项业务，增加客户满意度、忠诚度及黏性的重要工具，同时也成为公司统一“客服语言”的最优途径，对业务开展、员工学习与提高服务能力等方面具有广泛的指导意义。

（二）赋能人才的知识管理行动

1. 项目介绍

“蒲公英”知识资产管理行动项目（以下简称“蒲公英行动”）是以东北证券“精英计划”人员为对象，以帮助各部门解决业务与管理需求为导向，以提高“精英计划”人员业务管理能力为目标，以公司知识资产建设与管理为载体（微课课程开发）设计的公司级培训项目。

2. 项目实施

“蒲公英行动”的实施过程可以分为调研设计、选题开发、视频课程开发三大阶段。

（1）调研设计阶段。

该阶段围绕项目目标进行调研和准备，通过线上问卷调研和现场结构化访谈，掌握项目参训员工的现状和期望，深入了解各部门的业务需求及参训员工对业务的认知水平。

通过前期调研，较为清晰地分析了东北证券知识资产管理的现状及员工对知识资产管理的评价与期望，为后期选择更科学的行动路径与过程管理方式提供了有价值的数据与信息。通过调研分析也预见了选题过程中可能出现的问题与障碍，对于选题工作坊的设计，以及最终知识图谱结构的形成起到了关键作用。

基于前期调研，明确选题方向与行动任务，进一步规划整个项目的实施路径和时间节点（见图 4），并根据项目的不同内容配置不同的组织形式，使整个项目焕发活力与效力。

（2）选题开发阶段。

该阶段以个人作业完成作为标志，主要以小组带动个人的方式明确知识萃取的选题，并进行分析、构思逻辑和搜集素材等工作。

第一步，线上学习。启动微课开发技术线上体系化课程班，以线上通关的方式，使学员可以较为系统地学习微课开发技术与工具，初步了解和掌握相关技术、方法，为后续的开发工作奠定基础。

第二步，选题梳理。选题梳理是“蒲公英行动”的关键。为了确保选题有业务价值，同时参加项目的员工能够积极参与并做出成果，该项目做了两方面准备。一方面，由人力资源部门牵头，积极与各业务条线负责人主动沟通，先后搜集并整理了两稿、共 99 个选题，作为参与“蒲公英行动”学员的预选题目，让学员带着任务来参加学习。另一方面，借助命题开发工作坊，由课程教练进一步引导学员深挖选题，贴近业务。

第三步，小组协同。该项目参与学员共计 133 人，其中管理精英 13 人，侧重管理能力提升；专业精英 120 人，侧重专业能力提升。为更好地满足这两类人才的培养需求，项目采取分组协同的方式，以管理精英作为小组核心，结合业务条线的关联关系形成不同的小组。

多元化小组的协同学习方式对提升学习的参与率和有效性起到了较好作用。

（a）在小组的群体鼓励和监督下，几乎所有学员都全程参与并完成了作业，甚至有个别请假的学员也在小组其他成员的带领下完成了整个行动。

（b）个人在课程的准备过程中，不再是自己闭门造车，而是从一开始都就有听众帮助其出谋划策，弥补思路上的盲区，同时可以借鉴别人好的想法和观点。

（c）多元化的小组成员来自不同地区或不同的业务部门，扩展了大家的视野和公司内的人脉，帮助大家更好地相互学习、提升凝聚力。

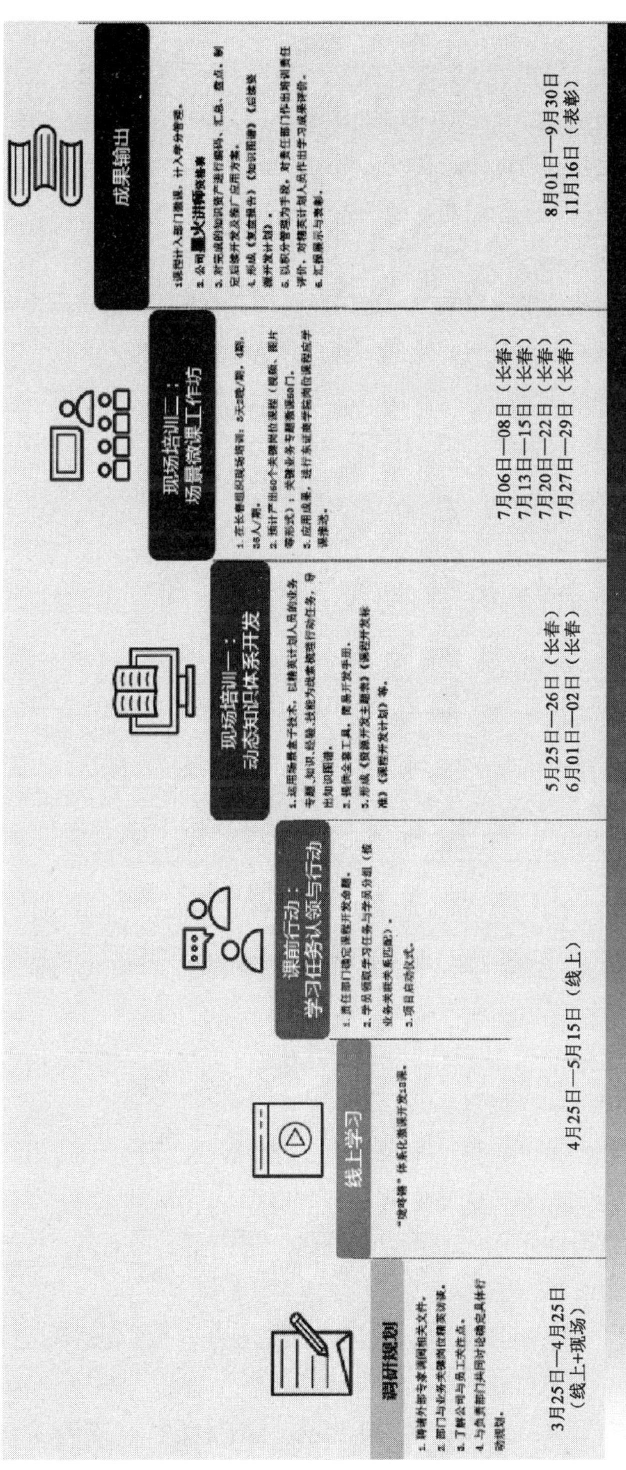

图 4　“蒲公英行动”实施路径和时间节点

（d）管理精英充分发挥组长职能，在多元化小组里锻炼并应用了领导力和管理技能。

第四步，选题聚焦。通过命题开发工作坊的形式，由课程教练带领学员，运用多种工具分析、明确预选选题对业务的价值，进一步聚焦选题的方向，关键工具应用如下。

（a）运用业务挑战的形式影响学习地图，对现实业务的挑战进行多角度分析。

（b）运用流程图梳理业务过程中的断点、盲点和痛点。

（c）运用 DACUM 分析方法（见图 5）对关键任务进行层层分析，找到关键步骤和任务动作。

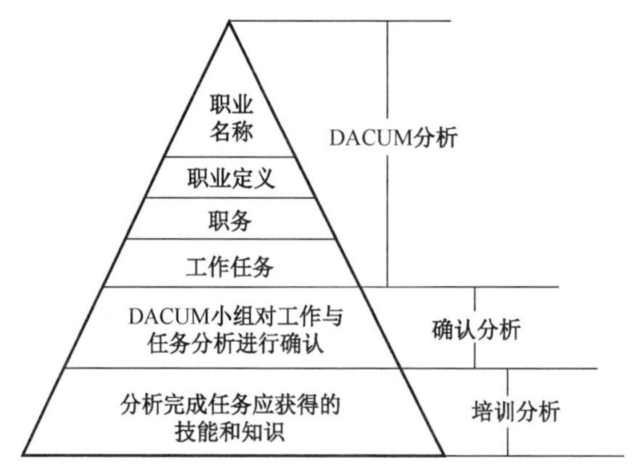

图 5　DACUM 分析方法

通过应用上述关键工具，学员在原有预选选题的基础上，挖掘出聚焦自身岗位特质的选题内容。

第五步，选题剖析。运用 A3 课程内容分析表（见图 6）对选题内容进行剖析和分解，为后续课程的开发做准备。

A3 课程内容分析表列出了一系列结构化的问题，有助于学员运用结构化思维进行知识萃取和准备，其相关优势如下。

（a）按 A3 课程内容分析表结构，用四周时间进行选题的准备，分摊工作量，避免最后“临时抱佛脚”，加深大家对选题的思考。

（b）每周思考一个系列问题，从而明确选题的业务价值，明确学习目标，推敲选题结构，并搜集内容素材。

（c）把选题分析和素材搜集的工作细化到具体的行动中，并明确责任人，确保在参加开发工作坊时学员都已经做好了充分的准备。

<table>
<tr><td rowspan="3">课题名称</td><td rowspan="3">证券公司保荐业务勤勉尽责标准研究</td><td>课题负责人</td><td colspan="2">张晨*</td></tr>
<tr><td>指导者:</td><td colspan="2">赵晓*</td></tr>
<tr><td>时间:</td><td colspan="2">2019 年 6 月</td></tr>
<tr><td>1 状况分析</td><td>说明选题的重要性</td><td>4 计划预案</td><td>选题素材搜集和整理的具体计划</td><td></td></tr>
<tr><td colspan="2" rowspan="7">回答下列提问有助于进行状况分析：
为什么这个选题对我和公司很重要？
该选题如果形成相关的知识会有什么影响？
比如：该选题会推动哪一项核心业务工作？该选题会推动哪一个重要业务目标？提升哪一个重要业务能力？开发哪一类重要的客户或市场？拓展哪一个有价值的产品？
等等
背景：证券公司开展投资银行业务，一方面，《证券法》、《证券公司投资银行类业务内部控制指引》等法律法规规定证券公司及其从业人员应当勤勉尽责，另一方面，我国《证券法》及司法实践对证券公司作为保荐机构的归责适用推定过错责任，证券公司如果能有证据证明自己及从业人员已履行勤勉尽责，则可以免责。
该选题会推动公司保荐业务的规范开展，通过案例研究提炼勤勉尽责的标准，提出完善公司保荐业务管理的建议，推动公司保荐业务的规范发展，避免公司因未勤勉尽责被监管处罚和承担连带赔偿责任的风险。</td><td colspan="2">计划</td><td>行动人 / 时间</td></tr>
<tr><td colspan="2"></td><td></td></tr>
<tr><td colspan="2"></td><td></td></tr>
<tr><td colspan="2"></td><td></td></tr>
<tr><td colspan="2"></td><td></td></tr>
<tr><td colspan="2"></td><td></td></tr>
<tr><td colspan="2"></td><td></td></tr>
<tr><td>2 评估决策</td><td>分析选题相关知识价值点</td><td colspan="2"></td><td></td></tr>
</table>

图 6　A3 课程内容分析表

第六步，线上点评。在参加从选题开发工作坊到视频课程开发工作坊中的四周时间内，行动学习专家对学员提交的作业进行线上点评，发掘并推广学习小组的优秀实践，针对一些低效的学习方式提出意见和建议。

在本阶段的选题开发工作坊中，由行动学习专家带领学员通过建立学习小组、分配角色、组织小组会议、开发课题等环节，最终确定个人课题任务。来自公司前中后台 9 个业务条线的 63 个部门、12 个行动小组、133 名精英人员共选择公司课题 123 个，自主开发课题 10 个，这些课题紧紧围绕“客户服务”“产品”“金融科技”三大主线，开发内容基于工作场景，深入解决业务关键需求，得到公司的首肯；同时学员也对个人知识管理方法进行了深入有效的学习。

（3）视频课程开发阶段。

该阶段以个人视频课程作业完成为标志，主要内容是现场完成并后期修改微课作品，最后进行初步评比，筛选优秀课程。

本阶段主要遵循以下三个原则。

第一，还原课程本质。所有开发的课程均以教会别人为宗旨，将课题聚焦到真实的工作场景，落实到具体的工作任务，体现课题的业务价值，让价值最大化。

第二，统一开发工具。坚持运用标准化模板，在经验萃取、课程脚本设计、课程 PPT 制作等环节均保持方法统一。这样做一方面可以提高课程的开发效率，另一方面也保证了课程的规范化、可复制、可快速迭代更新的特点。

第三，聚焦内容价值。要求学员聚集内容的价值，深度挖掘自己在工作中的经验、诀窍，细化讲解可落地、可操作的方法与技巧，确保开发的课程有用、有料。

3. 项目成果

“蒲公英行动”以东北证券“精英计划”人员为对象，遵循基于现实问题的能力发展路径，采取混合式行动学习的方式，历时 8 个月，共 66 个部门、133 名学员参与；生成课题报告 128 个，40 万字，编辑并印刷成《蒲公英知识成果集》；生成视频微课 128 个，并以赛带训，推动全员学习。在 30 天赛程中，共 5.5 万人次参与学习。

“蒲公英行动”帮助东北证券形成了一套从公司到部门再到个人的知识管理、业务管理的内化工作方法、技术及工具；标准化地萃取和沉淀了优秀部门及员工的智慧与岗位经验，深入解决了业务关键需求，体现了业务价值。

四、案例总结

知识管理行动学习的底层逻辑是为员工赋能。对于参与知识生产的员工来说，以“萃取、设计、制作”作为内化梳理和开发的过程，就是学习和掌握知识管理方法与策略、提高业务整合能力和组织实施能力的过程，更是“自我知识体系建构”和“问题解决能力形成”的深化应用过程。所以，“知识管理+组织赋能”双效并举的混合式行动学习模式的核心就是顺应知识新经济时代需求，是对知识进行“创造、分享、整合、记录、存取、更新、创新”的高级速成与培养，是一个快速赋能的过程，也是一个“学中干、干中学、学中教”的知识资本再利用的良性闭环。该模式在推动企业动态知识资产体系建设的同时，也通过经验萃取的过程帮助员工梳理业务逻辑和流程，提升其专业能力和底层思维能力。可以说，“目标多重、成果多维”是知识管理与组织赋能有效结合的尝试和创新。

银河之星——中国银河证券“金讲台”内训师培训项目

中国银河证券股份有限公司　杜书明　张新法　徐　硕

一、企业简介

中国银河证券股份有限公司（以下简称“银河证券”），2013 年 5 月 22 日在香港联合交易所 H 股上市，2017 年 1 月 23 日在上海证券交易所 A 股上市，是在中国证券行业中领先的综合性金融服务提供商。

银河证券以打造航母券商、建设现代投行为战略目标，秉承创新、合规、服务、协同的企业价值观，始终聚焦国家战略的实施，支持实体经济发展，服务居民财富管理，践行企业社会责任，坚持实现公司价值、股东回报、员工利益与社会责任的有机结合，以提供一流服务、作最佳投行作为企业愿景。

银河证券获得的荣誉如下（2020、2019 年度）。

- 获人民日报社《国际金融报》评选的“2020 国际先锋金融机构”称号。
- 获第十届“中国金鼎奖”的“最具财富管理综合券商”“扶贫成果奖”“优秀企业文化建设案例奖”三大奖项。
- 获“全国金融系统职工代表大会制度建设示范单位”称号。
- 获《证券时报》评选的“2020 中国区全能证券经纪商君鼎奖”等 7 个奖项。
- 获东方财富风云榜“2019 年度最佳券商”“2019 年度最具影响力研究机构”“2019 年度最具科技创新力券商”“2019 年度最佳财富管理券商”“2019 年度最具潜力券商资管”5 项大奖。
- 获界面 · 财联社中国资本市场峰会 2019 年“十佳中国上市好公司”奖项。
- 获第四届智能金融国际论坛暨 2019 金融界“领航中国”年度盛典“中国证券公司杰出社会责任奖”奖项。

二、案例背景

2019 年是银河证券战略转型发展的关键之年。企业转型，培训先行。培训工作承载了人才培养、战略推动、业务促进、文化传承及知识管理等重要职能，是银河证券提升企业竞争力的重要基础。

在以往银河证券举办的诸多培训中，常常面临这样的问题：聘请的外部培训讲师在培训技巧、授课水平、课堂掌控等方面经验丰富、技巧足够，但由于其对银河证券企业文化、经营业务不熟悉，对银河证券参训员工的具体需求拿捏不准，耗时耗力举办的培训，往往达不到预期效果。银河证券需要由熟悉该业务条线的领导或业务骨干亲自向银河证券员工提供业务培训。银河证券的内部讲师大多授课经验不足、语言表达技巧没有经过专业训练，他们往往业务能力精通，却因不会讲课，不能将自己的宝贵业务经验和专业特长有效传达给听众，所以不能达到很好的培训效果。

以上问题导致银河证券产生了搭建企业内部讲课师资队伍的实际需求，即培训企业内训师。

基于上述实际情况和需求，银河证券萌发了开设“银河之星 —— 中国银河证券‘金讲台’内训师培训”项目的想法，旨在重视培训、吸引人才；培养人才、留住人才；一岗多能、同步成长。

“银河之星 —— 中国银河证券‘金讲台’内训师培训”项目，是银河证券面向内部员工举办的企业内训师培训。本项目旨在系统提升员工的授课能力，建立正规化、科学化的企业内训师培训体系，培养能开发课件并讲课传授的员工，建立一支具有专业化素养的银河证券内训师队伍，促进银河证券内生动力的孵化。

举办此次培训的目的是达到“三个一”：萃取一批中层管理人员或业务骨干的自有岗位经验与案例；孵化并开发一批精品课程，将岗位经验萃取成果转化为精品课程；培训打造一批“人课合一”的种子内训师队伍。

此次培训着重为有志于担任银河证券内训师的员工解决两方面问题：如何专业地讲课；如何制作专业的课件。围绕这两方面问题，本项目分为“授课表达呈现”“课件企划开发”及“创新微课的开发与设计”三部分，并采取集中授课、小组讨论、现场演练、组员互评等多种授课形式。

三、案例实践与创新过程

“银河之星——中国银河证券‘金讲台’内训师培训”于 2019 年 6 月—8 月在北京香山饭店封闭举行。参训学员 35 人，分别来自银河证券本部财富管理总部、客户中心、产品中心、法律合规部、证券金融总部、投行一部、投行四部、投行运管总部、投行质控总部、办公室、审计部、研究院、销售交易总部等部门，皆为业务骨干或承担过银河证券内训任务、有授课经历的讲师。

（一）项目设计

银河证券培训中心在此次项目开展前期，通过对参训学员进行问卷调查后了解到，“准内训师”们在授课时的困惑主要集中在两方面：对如何建立完好的个人讲台形象普遍把握不准；对如何撰写优秀的、有吸引力的培训课件没有经验。

针对这两个问题，本次项目的培训内容分为两部分进行——“授课技能训练”和“精品课程开发”。

在“授课技能训练”部分，首先，使参训学员从思想层面建立企业内部培训师的培训理念，让所有“准内训师”们深入明确企业开展内部培训的意义，以及参加内部培训工作对内训师本人的价值。其次，着重讲授如何快速建立有信任感的讲台形象，规避常见形象误区；教会学员系统性授课流程的步骤和表达呈现，包括什么是系统性授课、分为哪几个准备环节等。此外，授课内容还涉及讲台魅力的肢体表达修炼、内训师授课压力的化解及培训场地和器材的运用等方面。

在“精品课程开发”部分，分为“传统课件企划”和“创新微课的开发与设计”两类内容。在“传统课件企划”部分，主要讲解如何运用互动手法有效调动学员参与，如何通过企划课件达到课程高效化，如何整合课程的逻辑思维框架与授课信息，如何编写学员手册和讲师手册等。在“创新微课的开发与设计”部分，主要讲解最近流行的微课小视频授课形式，具体讲解创新微课的开发与设计，从微课的课程选题经验萃取到微课的结构化内容设计、快速化标准场景模拟，再到用导演视角还原教学案例的分析等多方面，向参训学员传授如何掌握微课这个培训利器。

整体来讲，从授课技能训练，到传统课件企划，再到创新微课的开发与设计，本项目采用了递进式的教学模式，旨在向参训学员传达整体式、立体化的内训师概念及专业的课件制作知识。

（二）项目实施

“银河之星——中国银河证券‘金讲台’内训师培训”项目由银河证券培训中心倾力实施，所有课程设计及演示安排均结合前期问卷调查，量身为“准内训师”们打造。项目共计 6 天，具体实施过程展示如下。

1. 项目宣传（第 1 天）

项目第 1 天，银河证券首席经济学家刘锋，银河证券培训中心负责人、研究院副院长杜书明两位领导做了精彩的开场讲话，从银河证券领导层面向学员传达了“培训就是生产力”的思想理念，鼓励参训学员积极成长为银河证券内训师。企业的培训工作做好了，就能提升人才培育的绩效，并提升企业人才竞争力。

项目开启之前，在公司内部面向全体员工，通过企业微信、“银河大学”线上学习平台、公司邮件、H5 页面推送、海报贴画等多种形式和渠道对项目进行了广泛的宣传，让参训员工和未参训员工都对“内训师”的概念有所了解。

按照由表及里的逻辑顺序，第 1 天课程的主要内容是授课技能提升及技巧训练。

授课讲师首先从专业的角度为学员们分析了培训工作对企业的收益、对个人职业生涯的意义，其目的是为了使学员了解教学要达到的目标。

内训师需要通过自我表现去感染学员，因此对衣着、表情、言谈举止都有相当高的规范，如何快速建立讲台形象，是塑造内训师的第一步。此环节重点讲解内训师的着装和仪表形象等注意事项，以及塑造具有公信力形象的注意事项。

第 1 天的授课重点主要集中在教授学员们系统性授课的流程和表达呈现，通过将培训表达系统分为四大阶段七大步骤（准备阶段：准备、定场、问候；第一阶段：开场；第二阶段：内容；第三阶段：结尾、离场），向学员们讲述系统性授课的准备环节。同时，培训讲师也向学员们讲解了如何克服“讲台压力”，以及一些辅助授课器材的运用方法等。

学员们采用单向演说法、双向问答法、小组研讨法、角色扮演法和案例分析法等多种方法现场演示所学知识。通过学员展示、教师点评、学员互评等方式，使培训得到了很好的效果。

2. 传统课件企划（第 2 天和第 3 天）

在第 1 天讲解授课技能的提升训练之后，项目接下来的重点主要集中在内训师

“课程”本身，即精品课程如何开发。此部分按课程类型又分为“传统课件企划”和“创新微课的开发与设计”。第 2 天和第 3 天的内容主要集中教授“传统课件企划”。

授课讲师组织学员们结合自身工作实际联想课件企划，即“基于岗位经验萃取的课程开发”。首先，授课讲师教授学员们综合运用鱼骨图法、心智图法、脑力激荡法等方法，对课程所要达成的培训目标或要解决的问题进行逻辑梳理。有了逻辑思维架构，下一步就是将课程的逻辑思维架构与授课信息进行整合。学员们在讲师的指导下，以小组为单位，上台演示各自拟订的课件纲要。

将课程的逻辑思维架构与授课信息整合之后，授课讲师继续教授学员们如何编撰培训手册。培训手册分为学员手册和讲师手册，学员手册的内容应让人一目了然，内容细节通过基本事项、工作方法及工作程序等相应展开；讲师手册是一份教学计划单，用于告知讲师如何教学、告知培训负责人教学运作情况，并且为企业传承课程，力求不同讲师对相同课程输出同样的效果。

3. 创新微课的开发与设计（第 4 天和第 5 天）

项目第 4 天和第 5 天的授课内容为“创新微课的开发与设计”。所谓微课，是因互联网时代来临而产生的一种新型的培训模式，通常具有短小精悍的特点，要求在 3～10 分钟内讲解一个知识点或问题，适用于宣传一个新产品、介绍一种新的方法或一件新工具、分享一个小经验、解决一个小问题、解读政策新变化等方面。

授课讲师将微课的设计与开发拆分为微课精准选题、微课经验萃取、微课课程开发、微课脚本设计和做课软件实操训练等几个部分，各部分知识由讲师讲解、学员实操、讲师点评、学员互评、学员再次修改提交等环节组成闭环。

在微课课程开发部分，学员们的课件主题都是基于岗位经验萃取的，主题选取紧扣个人工作实际，课件中的示范范例也是日常工作中的常见场景。经过两天现场教学产出的合格的微课脚本，需由顾问逐一辅导，授课讲师逐一审核；在微课脚本上产出的微课成品也须符合合格版面、完整语音、案例动画的要求，且三项都经授课讲师审核通过后才可过关。

部分学员微课作品如图 1 所示。部分学员微课选题如表 1 所示。

图 1　部分学员微课作品

表 1　部分学员微课选题

微课选题	微课选题	微课选题
三步准确高效完成党员组织关系转接工作	如何快、准、好申报提交 PB 业务材料	如何引导客户购买股票类私募基金产品
新产品、新机遇，通过“跨境”互换尝尝全球化滋味	三步推荐天天利批量代理委托新功能	披沙拣金，快速初筛有价值资产证券化产品
如何向客户推荐并开展寄售业务	如何通过财务报表识别实则为财务舞弊的存贷双高	如何运用杜邦分析和同业对比工具筛选证券业发展方向
财富不缩水！理财收益下行，量化对冲产品让财富不缩水	利器！巧用 Kindle 快速、低成本获得专业书籍	产品销售创收，核算不再出错
合作破冰，与人寿保险洽谈，达成签订框架协议的意向	省时省力省心，巧用二维码轻松引导客户在正确的 App 上开户	如何快速引导客户自助办理开户业务

4. 项目收尾（第 6 天）

项目的最后一天是收尾课程，授课讲师不仅教授微课经验萃取、短片制作，还教授了与课程编辑有关的软件。经过六天紧张的培训，来自银河证券各部门的学员在比、学、赶、帮、超的氛围中忘记了辛苦，每一位参训学员都积极、努力、废寝忘食；每一个小组都在积极地争取加分，最后一刻都不放弃争取先进。

第 6 天的一项重要日程，就是各小组学员上台演示，并评选出优秀课件作品、优秀学员和优秀小组，在积极鼓励的氛围中，为本项目画上了圆满的句号。

（三）项目特色

1. 递进式课程设计

本项目前期对参训学员进行了问卷调查，在此基础上结合学员实际情况，设计出递进式的课程安排，符合“准内训师”们的接纳程度，高效合理，保证了良好的项目效果。

2. 翻转互动式课堂

内训师不仅要会说，还要会评。本项目充分调动学员积极性，学员们利用多种表现形式展示所学知识，不但学员自己多轮上台演示，学员之间、小组之间还开展互评互判。

3. 培训与岗位紧密结合

在课件开发环节，鼓励每位学员结合自身岗位实际，做“基于岗位经验萃取的课程开发”，诞生了一批优秀的创意课程。每位学员利用所学，将平时工作中的经验制作成了一个个精彩的微课短视频。

4. 奖学结合，现学现用

本项目在六天的授课时间里，共进行了三场由学员上台演示、小组互评的有奖竞赛环节。“准内训师”们分别就“授课技能训练”“传统课件企划”和“创新微课的开发与设计”三个主题开展了比赛，由银河证券领导和授课讲师分别给优胜学员颁奖，极大地鼓励了学员们的学习积极性，调动了课堂气氛。

（四）项目管理

银河证券领导、银河证券培训中心及授课方诺科华企业管理咨询有限责任公司分别作为指导组、组织组、保障组全程参与项目，对项目细节进行了很好的把控管理。

（五）项目反馈

在对学员们进行反馈调查时，当谈及本项目对其有帮助的方法或技巧时，学员们反馈的方法和技巧包括：PPT 动画应用、微课的制作方法、故事性开头、授课中如何与学员互动、课程规范化系统性训练、演讲流程的梳理与内容结构的梳理、课件制作、上台讲最锻炼人、提高应变能力。

在谈及对项目的感受和建议时，学员们的反馈包括：印象深刻、好学好用；实用技能增强；课程安排充实紧凑、流畅连贯；生动有趣、非常实用；非常契合学员的程度、针对性强；建议适当增加关于微课制作的内容；课程内容紧凑、学习强度大、课程内容非常实用。

在谈及参与本项目后最想执行的任务时，学员们的反馈包括：要以内训师标准要求自己，认真复习总结，做出标准化课件；检验自己的听课效果，学以致用，把提问、讨论等环节应用到今后本人的授课环节中；尽快开发相关课程，优化之前的 PPT 内容，为自己教授的一门课程重新编写课件。

四、案例效果

集聚银河之星，传承银河之慧。“银河之星 —— 中国银河证券‘金讲台’内训师培训项目”的培训内容针对性强，具有很强的操作性、应用性。通过培训，参训学员基本掌握了作为内训师的授课技巧及授课技能，包括讲台形象、授课方式、课件开发、学员手册编写、教师手册编写；掌握了微课的设计与开发技能，产出了一批高质量微课作品，取得了良好效果，达到了预期目标。

本项目是银河证券面向内部员工开展的首次内训师项目培训，项目的成功实施对银河证券的意义有以下几点。

（1）萃取了一批银河证券管理人员或专家的自有岗位经验与案例，显性化的项目成果是输出了 1 本精品案例集（包含 10～15 个经典业务案例）。

本次参训学员分别来自银河证券多个部门的业务骨干或承担过银河证券内训任务的讲师，皆在各自部门有着优秀的岗位经验。通过此次内训师培训，大家掌握了在实践中解决问题的最佳流程工具，并得以在银河证券内部快速复制和传承，有利于优秀经验的复制。

（2）开发了一批精品课程，将学员的岗位经验萃取成果转化为精品课程，显性化成果是开发并且优化 3 小时以上的精品课程 15 门以上。

本项目一方面侧重学员能力的系统提升，另一方面是获得了显性的输出成果：基于岗位经验萃取的精品业务课程。本项目在课堂上导入精品课程开发工具和方法，现场一对一地辅导学员进行精品课程的设计与开发，指导学员进一步收集资料与完善精品课程包（包括课程大纲、授课 PPT、讲师手册、案例集、配套微课程）。

尤其值得一提的是，经过此次内训师培训，由本次学员担任主力讲师的其他培训项目的质量也大大提升。比如，银河证券传统的新员工培训线上课程和银河证券财富管理师培训系列课程的质量都有了大幅度提升，分别上线了 10 余门部门精品视频课程，并出版了《财富管理师培训教材手册》，有力提升了培训课件的质量。

（3）孵化了一批“人课合一”的内训师团队，显性化成果是培养与认证了内训师 80 余人，建立了银河证券的内训师种子队伍。

本项目的顺利开展，对于银河证券的意义远远不止是一次培训的成功举办，而是借此契机，为银河证券建立了一支全部由内部培养的人员组成的内训师种子队伍，实现了银河证券内训师从无到有的跨越。

银河证券从本期参训学员中优中选优，采取员工本人主动报名结合银河证券考核个人项目表现和过往已有授课经历的方式，筛选了银河证券首批拟聘内训师，共计 80 余人。

（4）星星之火、以点带面，项目带动了银河证券各分支机构内训师队伍的建设。

项目结束之后，参加培训的分支机构的学员代表将所学带回了银河证券地方分公司，宣传内训师的工作价值和存在意义，以星星之火带动了分公司的内训师队伍搭建，意义非凡。

以银河证券山西分公司为例，在内训师培训项目的带动和影响力之下，银河证券山西分公司制定了内训师筹建方案，已完成客户关系管理培训、金鼎产品介绍、消费行业分析、债券产品介绍共四个场次的内训，取得了良好的培训效果，共培训员工 300 余人，培训客户 240 余人。从客户与员工的反馈情况看，内训讲师授课时具有系统全面、逻辑清晰、实用性强，以及理念和产品可以直接应用于财富管理实战的特点。

五、案例经验总结

“银河之星 —— 中国银河证券‘金讲台’内训师培训”项目，采用了递进式项目内容设计、翻转式互动课堂，以及基于岗位经验萃取的课程开发等方式。项目集聚银河之星，传承银河之慧，基于中层管理人员或业务骨干自有岗位经验与案例，孵化并开发了由岗位经验萃取成果转化的精品课程，打造了“人课合一”的内训师种子队伍。

主播打造线上集训营，赋能寿险人才直播技能

中国人寿成都保险研修院　金　永　余　晓

一、企业简介

中国人寿保险股份有限公司（以下简称“中国人寿”）是国内寿险行业的龙头企业，总部位于北京，注册资本 282.65 亿元人民币。作为《财富》世界 500 强和世界品牌 500 强企业——中国人寿保险（集团）中国人寿的核心成员，中国人寿以悠久的历史、雄厚的实力、专业领先的竞争优势及世界知名的品牌赢得了社会广泛客户的信赖，始终占据国内保险市场领导者的地位，被誉为中国保险业的“中流砥柱”。

成都保险研修院是中国人寿直属的区域培训基地，以承担公司系统销售队伍和员工队伍的培训及研发任务为基本职责，定位为中国人寿销售学院、资格认证考试培训中心、图书资料信息中心、客户体验培训中心，特定类别培训包括销售培训、体验式培训、新员工培训等。成都保险研修院拥有一支年轻化、专业化的专兼职讲师队伍，近年来打造了新人司员工岗前培训课程、拓展训练及教练技术课程、小说会主持主讲技术快速安装训练课程、体验式养老保险训练课程、微课设计与制作课程、混合式学习项目设计与运用课程、直播互动培训策划与实战性运用课程等特色培训项目，展现了高度的专业水平和价值。

二、项目背景

随着互联网的发展，网络直播也得到了长足发展，并在 2016 年迎来井喷式的增长，此时中国在线直播平台数量已经超过 200 家，直播平台市场规模突破 90 亿元，平台用户规模高达 3.25 亿人，各类直播 App 的日活跃用户数量达 2400 万人次，因此 2016 年也被称为“中国网络直播元年”。现代企业紧随互联网的发展潮流，培训信息化已然成为企业培训的发展趋势，呈现出以下几个特点。第一，不同企业人才素质和知识结构要求不一，通识课程很难满足不断变化的市场挑战，因此需要更快速的资讯更新和定制化的课程；第二，为了提高学员参与度，实时检查其对知识

的掌握程度，提升培训效果，则需要实行互动式教学，即参与感、沉浸式、游戏化设计；第三，学习时效性更强，其特点包括泛在学习，任意时间、任意地点、任意接入方式，就地分享、就地学习；第四，高效沟通，去地域化、无障碍传递，突破地理位置限制，随时随地沟通，身临其境的沟通体验；第五，延续性，过程记录、教学加实战，教学与实际业务相结合，有针对性，有效实现工作经验的快速复制和传播。

中国人寿敏锐地察觉到企业培训的发展趋势，认识到直播这一新技术对于企业培训的价值与意义。成都保险研修院教学部在 2017 年成立“直播互动培训策划与实战型运用”项目研发组，同年 11 月，派出优秀青年讲师参加“秋叶私房课——新媒体运营”培训营，以了解新媒体时代下知识 IP 如何通过直播培训等多种新兴培训方式打造个人 IP，从而扩大行业影响力；2018 年 9 月，成都保险研修院邀请中国广播影视大奖获得者、中国金话筒百优节目主持人“大眼睛”老师为成都保险研修院教学部讲师讲授专业的直播核心技能；同时，项目团队结合中国人寿实际及平台建设等硬件条件，充分内化外部先进经验，以科技赋能教育为抓手，以实战、实用、实效为目的，进行了系统化的研究。本着边研究边实践的思路，用理论指导实践，在实践中再次归纳并修正理论，在系统内多次进行试点直播培训授课，取得了良好的效果和热烈的反响；结合调研和试点实授情况，对课件初稿进行多轮修改完善和深度打磨，于 2019 年 6 月完成课件定稿。

2020 年年初，新冠肺炎疫情肆虐，人们的工作、生活、消费、学习等场景发生了极大的改变，无接触、不聚集、快速便捷的直播成为了疫情中的一抹亮色，其作用和价值也越发凸显。在此形势下，“直播互动培训策划与实战性运用”项目研发组顺势而为，迅速完成直播项目由面授培训形式向线上直播形式的改造优化，推出了“战疫：困境与突破，主播打造线上集训营”培训项目。

三、案例实践与创新过程

（一）紧随趋势、守正创新，培养实用、适用的直播技能

移动互联网时代，尤其是 5G 通信时代的来临，为人们带来的最大改变就是实现了从人与人之间的通信向人与物、物与物之间的通信的转变，实现了万物互联，推动了社会发展。这些改变势必带动一大批新兴技术在教育培训领域的广泛运用，直播互动培训就是企业培训的新趋势。

从战略层面来看，科技国寿是推动公司高质量发展的着力点，教育培训需紧跟形势的变化，直播培训应符合科技国寿的定位与发展。在软/硬件水平方面，公司大力推广和建设信息化职场、易学堂、现代化直播间等应用，为直播培训的有效实施提供了坚实的基础。对标同业来看，同业公司注重打造移动培训互动平台，中国人寿作为世界 500 强企业，也应顺应发展的趋势和要求。

从培训的重点工作来看，公司在教育培训工作要点中明确提出要积极整合资源、创新科技应用，做好直播培训专业人才的挖掘与培育工作，有效助推公司的转型与发展，利用直播培训推动教育培训信息化。从培训痛点与难点来看，中国人寿当下的培训痛点与难点在于旺盛的培训需求和有限的培训资源之间的矛盾。较之传统面授方式的培训，直播培训覆盖面更广、培训效率更高，使优质培训资源可直达需求终端，从而可以实现优质资源整合共享，减少梗阻，显著节约成本，轻松实现培训量级化。

从基层公司实际情况及实践探索来看，公司正大力推广混合式培训，直播培训是构建“人、课、场”有机结合的混合式学习生态圈的重要方式。同时，以“90 后”为主体的新质态员工（年轻的、高学历的员工）队伍、销售队伍，更喜欢也更愿意接受新兴事物，直播培训符合新兴培训对象的学习习惯。

“战疫：困境与突破，主播打造线上集训营”是中国人寿系统内首创的直播技能线上培训项目，围绕直播技能培养的钻石模型（见图 1），通过教授学员如何打造直播间，如何使用内外部的直播平台，掌握直播必会的策划宣传与互动技巧，从形象、素养、声音多个方面提升主播综合素质，让学员在为期 8 天的线上培训中快速从直播“小白”成长为直播“达人”。

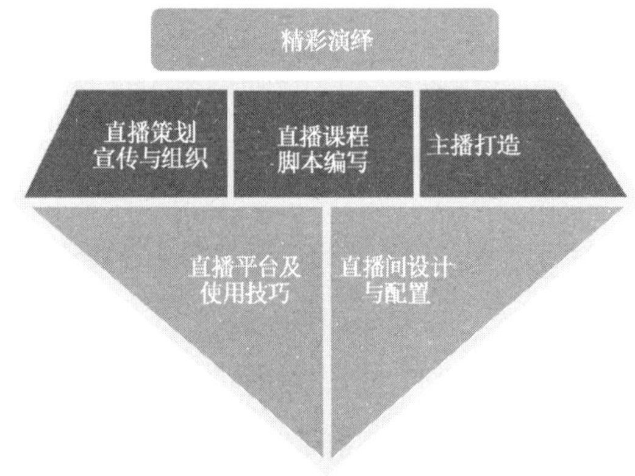

图 1　直播技能培养的钻石模型

特别是在疫情防控常态化的形势下，该培训解决了公司的大量的培训需求与面授培训受限之间的矛盾，为系统内广大职场导师、专兼职讲师、渠道岗位人员及有相应需求的管理人员提供了便捷实用的直播技能，促进了直播技术助力培训授课、业务推动、队伍发展等多方面工作。

（二）凝心聚力、博采众长，探索线上直播培训新模式

直播项目组成员结合以往混合式培训项目研发管理经验，针对严峻的疫情防控要求，立足中国人寿实际情况，团结一心，探索出一整套线上直播培训的新模式。

1. 培训安排创新贴心，全方位打造沉浸式线上学习体验

（1）培训形式。

为方便学员快速、便捷地掌握直播技术，本项目在培训形式上采用当下最流行的集直播教学、社群学习、辅导训练为一体的线上培训学习模式：首先把重要知识与实用技能首先通过直播课的形式分享给学员，然后把一些辅助资源，如一张图、视频、文档等放在学习平台上，学员可以合理安排时间充分自学，完成相应的课后作业后，再到微信社群中由授课教师进行集中的作业点评、答疑辅导。

（2）课程安排。

在为期 8 天的线上学习中，包含 6 次直播课程学习和 5 次社群集中互动反馈（课程安排表见图 2），每次直播授课后都会布置相应的课后作业，运营团队会在每一次直播授课之前对前一次直播的课后作业进行反馈、一对一点评，并由授课讲师现场答疑，还设计了趣味性、参与性极强的疯狂答题等互动环节。

（3）学习平台。

综合运用微信群、易学堂直播平台、UMU 互动平台等方式进行培训。

建立微信学习群作为信息发布及交流平台，每位参训学员都被邀请加入微信学习群，所有与学习相关的通知或公告都将在微信学习群内发布，每次直播后在微信学习群内布置当天的课后作业，在第二天的直播前对前一天的直播作业进行点评，同时学员和讲师可以在微信学习群中自由交流、互动答疑。

易学堂直接平台是中国人寿内部的线上学习直播平台，通过易学堂直接平台组织直播学习的过程如下：线上直播开始前，培训讲师会把直播观看路径发到微信学习群里；学员打开易学堂直接平台，按路径进入即可收看直播，也可在课程结束后进行回看。

序号	日期	社群运营	时间	直播	时间
1	3月16日	开营仪式	19:00—19:30	三招扮靓个人直播间 三部曲玩转直播平台	19:00—20:10
2	3月17日	作业1点评	19:00—19:20	做直播必会的策划与宣传	19:20—20:00
3	3月18日	作业2点评	19:00—19:20	让直播“嗨”起来的互动技巧	19:20—20:00
4	3月19日	作业3点评	19:00—19:20	主播素养提升全攻略	19:20—20:00
5	3月20日—3月22日	作业4和作业5点评	19:00—19:20	三招拥有好声音	19:20—20:00
				精彩演绎	20:00—20:10
6	3月23日			作业6点评	19:00—19:20
				结营仪式	19:20—19:40
合计天数	8天				

图 2　战疫：困境与突破，主播打造线上集训营（第一期）课程安排表

UMU 互动平台是当下流行的一款互联网在线培训软件，可以帮助讲师随时掌握学员的参与情况。正式开训后，线上管理员会将 UMU 链接发送至微信学习群，学员点击或收藏 UMU 链接，通过 UMU 互动平台阅读线上学习指南；进行在线辅助学习，即每门课程除直播教学外，其他辅助学习资料（图片、录屏视频、文档等）均上传至 UMU 互动平台，供学员自行学习；学员完成当日课后作业后，需在 UMU 互动平台上进行提交；在 UMU 互动平台上设置提问通道，学员对于学习有任何问题都可通过 UMU 互动平台进行提问，讲师也会进行及时反馈，所有提问和答疑对于全体学员均可见；线上培训结束时，会通过 UMU 互动平台收集所有学员此次培训的学习收获与感悟。

UMU 互动平台如图 3 所示。

（4）专业运作团队。

师资团队由项目组研发讲师或师资授权讲师组成，确保专业的教学效果；运营团队由具有线上培训管理经验的讲师组成，确保线上精细化运营；班务团队由参训对象中资历深、管理经验丰富的学员组成，以配合线上管理；通关辅导团队由授课讲师及师资授权讲师组成，以辅导学员进行实际运作准备，把控学员通关质量。

图 3　UMU 互动平台

2. 健全训练营管理机制，打造中国人寿线上培训运作范式

（1）入营筛选机制。

集训营初期的主要培训对象为中国人寿个险职场导师，综合导师的职级、星级、年龄、分公司等综合因素，从中选取参训学员，并最终由各家分公司选派适合的入营人员，以确保入营学员有强烈的学习意愿和基本的必备技能。

（2）作业反馈机制。

线上培训与面授培训的最大不同之处是不能第一时间观察学员的学习情况和效果，因此以作业检验学员由应知到应会是必要的。集训营采用一学、二练、三评的三步教学法，学员在学习直播的基本知识和技能后，需在指定时间内完成相应的作业，由运营团队对其作业进行一对一的点评（见图 4），以对作业的整体情况进行反馈，帮助学员优化完善。

（3）通关检验机制。

所有直播课程结束后，安排专门的通关环节，由学员自定主题、自选直播平台进行直播实作演练，由辅导讲师进行点评，以帮助学员培训直播技能，从“知道”到“做到”，真正实现知行合一（学员通关见图 5）。

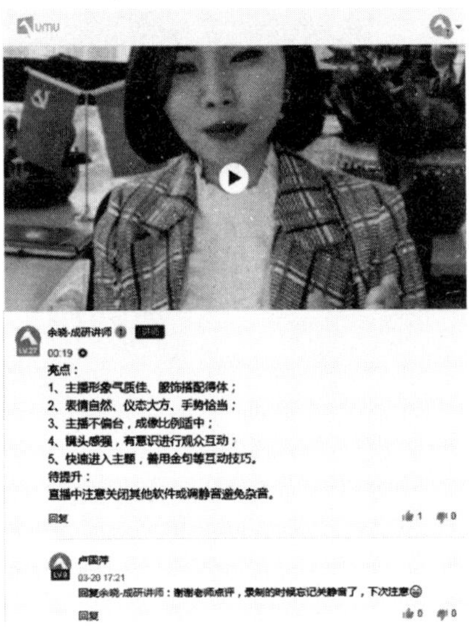

图 4　学员作业及讲师点评

图 5　学员通关

（4）奖励结业机制。

设置丰富的奖项，激励学员认真完成学习任务，并积极参与直播和社群互动，从而激发学员参与感和荣誉感，营造沉浸式的体验感和收获感。具体奖项设置如下。

活跃之星：根据线上学习情况、参与程度，每次评选 3～5 名活跃之星，为其颁发电子奖状。

学习达人：根据作业完成的质量，每次评选 2 篇优秀作业，优秀作业完成者即为学习达人，为其颁发电子奖状和实物奖品。

最美主播：根据精彩演绎得分，表现最佳的 10 位学员即为最美主播，为其颁发电子奖状和实物奖品。

卓越小组：综合学习完成率、作业质量、积极参与程度和小组通关成绩，评选出线上培训表现最佳的小组，为其颁发电子奖状和实物奖品。

结业证书：学员只要全程参与线上学习，完课率在 70%以上且参与了最后的精彩演绎直播，则结训当日可获得电子结业证书一份，以作为合格的中国人寿主播的标志。

电子奖状及结业证书见图 6。

图 6　电子奖状及结业证书

四、项目效果

（一）技能运用，学员收益多多

通过集训营的训练，参训学员的成长蜕变巨大。开营当天，在通过短视频自我介绍破冰时，学员缺乏镜头感，拍摄的环境及背景非常随意，拍摄镜头常呈现仰拍角度，人物在镜头中的画面比例不和谐；在结营通关时，学员往往能运用所学技能，精心选择或设计打造适宜的直播环境，设计出主题突出、要素完整、美观吸睛的宣传海报，并可熟练运用各种直播平台，充分运用各种直播互动技巧，以良好的状态呈现了一场专题直播。

直播技术的运用为学员带来了切实的收益。学员运用直播技术开展线上小说会、小创会，进行增员招聘、职场训练，为客户提供保险服务。广东分公司学员罗某军通过学习后，利用抖音平台直播深度客养，一场直播获得 3 名转介绍客户；云南分公司郭某霞经理在训后一周即进行了 5 次公开直播和 2 次专供直播，不断打造个人品牌，吸引老客户和转介绍客户观看并进行保险咨询，累计获取团险保费 4.2 万元、国寿福 1 件 9800 元、百万如意行 3 件 8000 元、如 E 康悦 1 件、增员 2 人。

（二）辐射全国，项目落地开花

2020 年全年共举办 17 期集训营，其中面向全国的总公司 A 类培训 10 期，陕西、云南、四川、甘肃、湖北、浙江、山东七家分公司各 1 期，参训总人数 1843 人，共顺利结营 1595 人，平均结营率 86.54%，为中国人寿培养了上千名懂技术、能实战的合格主播。

2021 年，根据分公司需求举办了天津、安徽 2 期特供训练营。

集训营项目被选为中国人寿五星级导师在职研修的培训项目，截至 2021 年 7 月底已成功举办 3 期，后续还将继续开展 5 期，预计为中国人寿近 1000 名高阶导师培训直播技术。

五、案例经验总结

（一）突破“人、课、场”界限，显著节约企业培训成本

在研发混合式培训项目时，成都保险研修院积极探索“人、课、场”学习生态圈（见图 7），以线上/线下学习、组织化/个性化学习为维度，对四类常见培训形式进行划分，集训营的培训形式融合了线上直播、在线自学，兼顾了组织化学习和个性化学习，突破时间和地域的限制，实现了“人、课、场”的有机结合。假设成都保险研修院举办 5 天的面授培训班（每人每天 200 元），则 2020 年全年 1800 多名学员的培训成本将超过 180 万元。由此可知，集训营的开展显著节约了企业的培训成本。

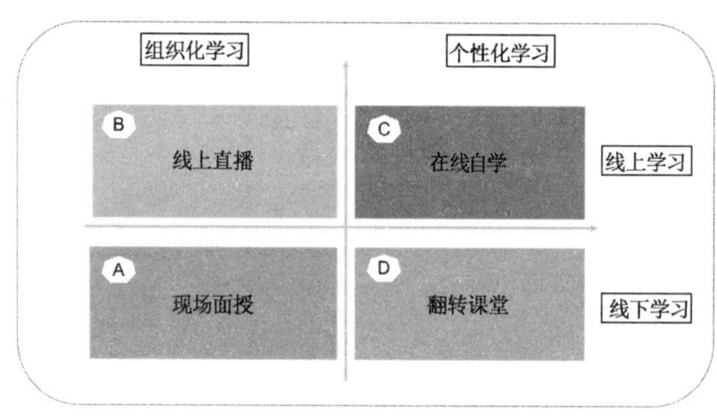

图 7 “人、课、场”学习生态圈

（二）“讲+练+评+做”有机结合，形成学习闭环

线上培训最大的难度在于难以确保学员的学习效果，学员是否真的学懂、弄通、会做是项目在设计之初就需思考的难点问题，解决方式是建立“讲+练+评+做”的全流程学习模式。授课讲师通过直播课程输出知识点和技能点，学员课后自行完成课后作业，对课程重点内容进行巩固，教学团队通过一对一点评的形式，一方面强化学员完成作业的动力和收获感，另一方面也可对学员的学习成果进行反馈和修正，最后通过通关、实做输出本次集训营的整体学习成果，形成学习闭环，这一流程符合成年人学习的认知规律。

（三）加强培训效果定向追踪，思考项目迭代升级方向

本次集训营很好地营造了“结营情永在”的和谐社群氛围，鼓励学员在后续运用直播技能时充分分享直播收获、遇到的困难和问题，以及对于直播领域还希望学习的其他知识技能。根据运作经验，结营后的前 1～2 周是分享集中阶段，后期则归于平静，因此建立定期的追踪机制以了解学员培训效果是必要的。项目在成熟运作了一年半后，直播领域的技术升级、热点聚焦也有了新的发展，我们绝不会满足现状，将会通过外部考察学习，并结合公司实际需求，积极思考培训项目的升级方向，完成集训营的优化升级，使之始终符合公司发展方向和学员培训需求。

成都保险研修院以“聚智为家，务实善行”为院训，以“承公司之命，传行业之道”为使命，进一步深入贯彻教育培训“三个贴近”的方针，开启创建一流企业培训基地新征程，将为建设国际一流的金融保险集团做出积极贡献。

依托在线学习平台，构建良好学习生态

58 集团　刘　卓　傅小斌　田欣桐　姜希德

一、企业简介

58 同城，2005 年 12 月创立于北京，并于 2013 年 10 月 31 日于纽交所正式挂牌上市，2015 年先后完成安居客、中华英才网并购，同年 11 月正式合并赶集网。58 同城作为中国领先的生活服务平台，业务覆盖招聘、房产、汽车、本地生活服务及金融等各个领域。在用户服务层面，58 同城不仅是一个信息交互的平台，更是一站式的生活服务平台，同时也逐步为商家建立全方位的市场营销解决方案。目前，58 同城已经成为中国全面服务本地商户与用户的线上商业服务平台。

在本地分类信息和生活服务领域，58 同城已经建立了全面与本地商家直接接触的服务网络。截至 2018 年第一季度，58 同城在全国范围内共设立 30 余家分公司，并在 500 余个城市建立网络平台，凸显 58 同城本地化、覆盖广、专业化的商业优势，进一步获得客户和用户的认可，本地商户活跃数量超 1000 万家。

二、案例背景

在数字化变革浪潮中，企业员工的触媒习惯已经发生改变，他们习惯通过 PC 端和移动端获取信息，在移动 App 和短视频媒体的催化下，更青睐于简短、快捷的碎片化信息；而作为互联网原住民，“Z 世代”带着鲜明的标签步入职场，他们爱游戏、爱新奇事物，传统的培训形式显然无法满足他们的需求。因此，企业培训也开始探索更有趣、更轻松的新模式。

对于企业自身来说，伴随着互联网的发展，原有流量红利逐渐弱化，加之资本寒冬的影响，降本增效和精细化管理显得颇为重要。对于 58 集团内部而言，为了完成企业数字化转型的目标，对人才能力提出了进一步要求，为满足人才发展项目的内容和师资需求，对兼职讲师也提出了更高的技能和素质要求，兼职讲师培养项目（以下简称“兼讲项目”）应运而生。

兼讲项目的开展面临两个难点：首先，兼职讲师分布在全国各地不同城市的不同岗位，线下短期集中培养成本高、热情难以延续，需要通过日常的线上赋能和跟进才能确保培养的连贯性。但线上教学容易出现缺少学习场域、学员体验差、效果难追踪等问题。其次，随着受训对象年轻化，传统的"听课+作业"的教学方式略显沉闷，影响学员的参训积极性。

因此，兼讲项目组依托线上学习平台和城市培训讲师，基于降本增效和保障培训效果的需求，进行了 OMO 混合培训模式的探索和尝试，并取得了初步成效。

兼讲项目依托线上学习平台，首先搭建通关学习地图，使学员能够在各种场景下利用碎片化时间完成学习和任务打卡，每完成一个阶段的任务即可获得积分或证书奖励，通过及时反馈机制，增加了项目的游戏感和趣味性。其次，通过微信学习群的运营，打破了学员的空间地域限制，班主任定时提醒学习任务、公布阶段成绩排名、奖励优秀学员，激发了学员的竞赛意愿和学习热情，营造了游戏化的学习场域和应用氛围。同时，通过城市培训讲师线下辅助跟进，为学员创造知识与技能的应用场景、跟进应用结果、给予应用反馈，形成了培养闭环，保障了学习效果。

三、案例实践与创新过程

项目采用"自上而下"的设计逻辑，包含内容层、学习层、运营层、线上、线下、融合六个维度。内容层关注兼职讲师在授课和课程研发场景中的难点问题和目标能力项，结合实际需求开发课程，"对症下药"；学习层侧重提升学员的学习效率、保障学习质量；运营层服务于内容层与学习层，致力于督促学员使用所学知识解决问题，顺利完成完整的学习路径。整个项目依托在线学习平台和区域/城市讲师的辅助。通过在线学习平台搭建的学习地图，涵盖了"学习—应用—反馈—评价"的全流程。学员通过线上录播课和直播课的形式获取知识、完成课后作业，在线下进行练习和实践应用，再回到线上通过学习地图完成应用打卡和复盘回顾，讲师通过线上平台给予学员评价、反馈和表彰，同时通过社群运营打造学习场域，督促学员持续应用所学，引发学员行为改善，促进学员多场景的知识融合。

OMO 混合式模型设计如图 1 所示。

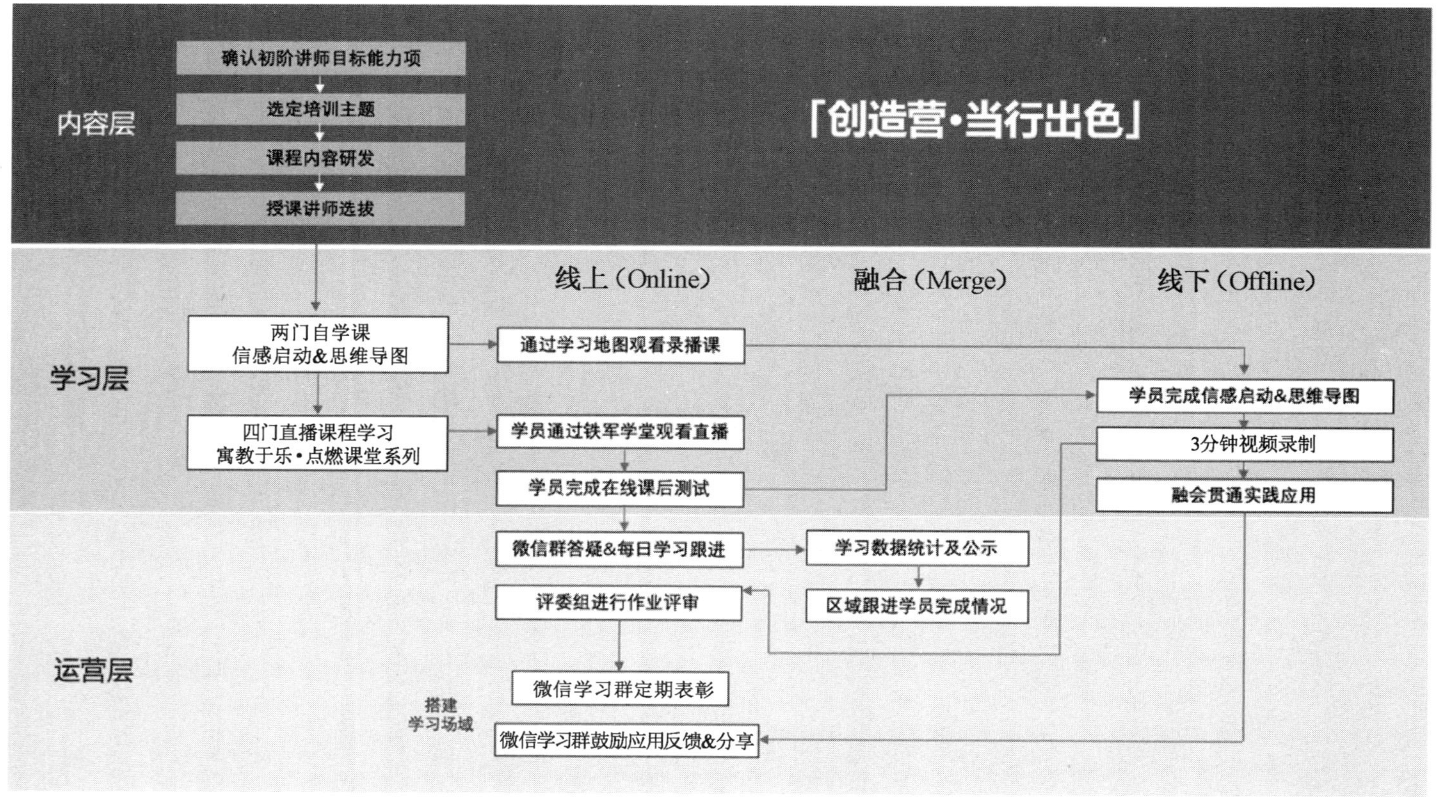

图 1　OMO 混合式模型设计

1. 具体实施流程

内容层：问题识别+内容研发。通过问卷调研，回收有效问卷 283 份，识别关键问题，并结合讲师能力项确定课程主题。在全国范围内招募资深讲师，结合问题场景进行课程开发，最终产出 6 门系列课程（2 门微课、4 门直播课），贯穿训练营的学习和应用阶段。

在课程时间确定以后，利用平台的直播功能面向全员进行直播。直播过程中，通过平台的聊天、打赏功能实现实时互动，有效提高了直播的互动性和趣味性，强化了学员的学习意愿。直播结束后，通过回收平台数据，以检测培训效果，为后续直播提供改进方向，具体数据包括：直播时最高并发人数、直播参与人数、直播时的聊天条数、打赏数、直播回看明细等。通过 4 次直播数据的分析，可以大致判断更为合理的直播时间、直播时长及授课讲师的课程节奏、内容安排（例如，通过分析实时人员进出情况，可以推测讲师的课程内容和课堂环节哪里需要改进；通过分析互动人数和打赏数，可以判断哪些内容和环节更受学员欢迎），从而帮助讲师优化课堂内容，提升课程品质，促进培训的精细化管理。

嵌入平台功能的实施流程如图 2 所示。平台直播数据检测如图 3 所示。

学习层：线上学习+线下落地。通过学习平台搭建在线学习地图，学员需要在规定节点内完成每个阶段的课程学习，包括 2 门自学视频课，每门课 6 分钟；4 门直播课，每门课 1 小时（可回看）；每门直播课后需要完成课后回顾作业，分别为 2 次测试题、1 次学习心得、1 次思维导图绘制，以运用不同的回顾形式辅助学员掌握课堂所学。线上学习阶段结束后，学员开始进行线下的练习和实践应用，包括应用所学知识录制 3 分钟授课视频；结合所学知识，在实际授课场景中应用并通过学习地图和微信学习群完成应用反馈。整个学习实践过程，由班主任和城市讲师共同协作完成。班主任发布学习任务、组织作业打分、定期公示优秀成果；城市讲师负责辅助和监督当地学员完成学习和实践动作，并根据本城市的实际情况对学习内容进行微调，在保障项目资源协同和大方向一致的同时，也有助于“因地制宜”，提升培训有效性。

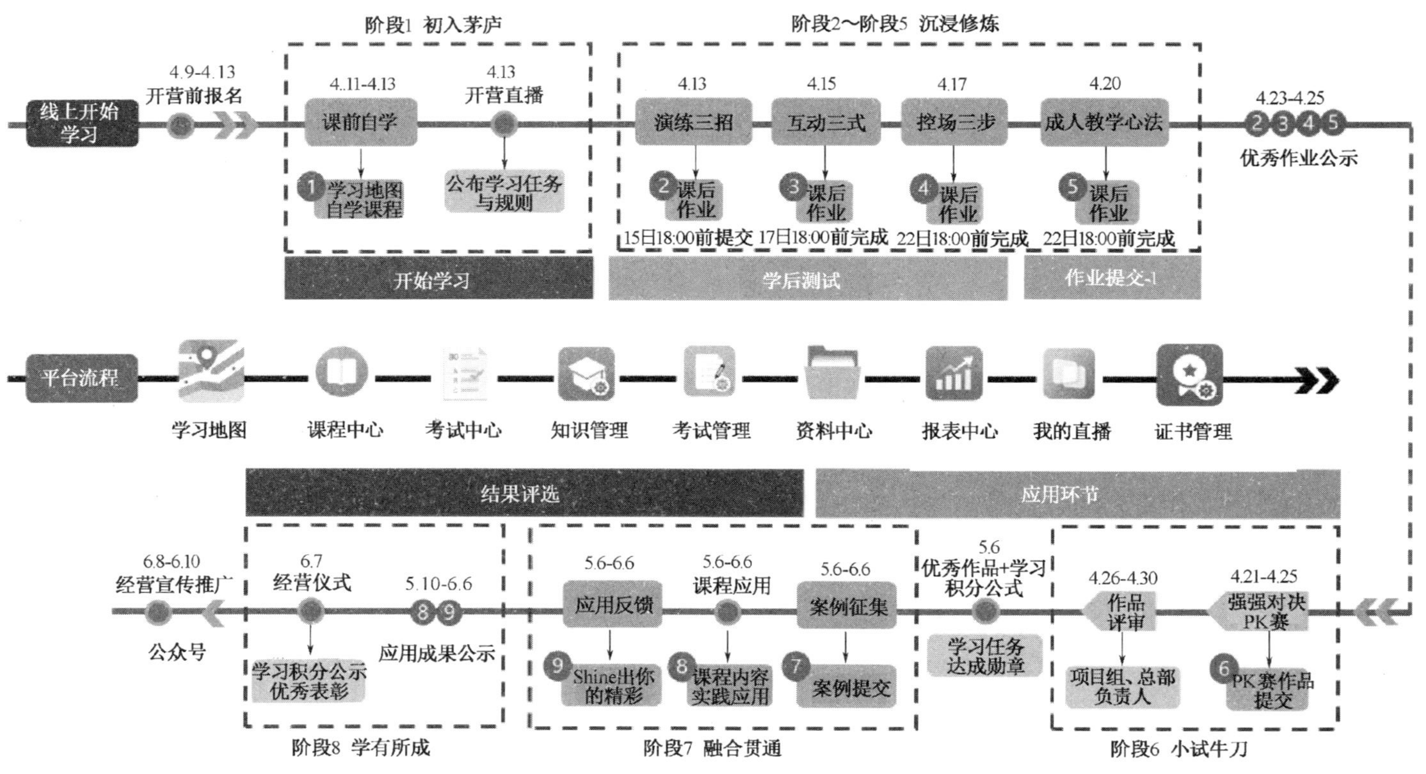

图 2 嵌入平台功能的实施流程

图 3　平台直播数据检测

在整个学习过程中，学员除参与学习、考试和直播外，还需要提交的作业及心得，也会通过平台的资料中心进行上传。在搭建学习地图时，为“创造营”单独设置了对应的分类，学员在提交作业时，仅让“自己”和“管理员”可见，有效地保证了作业的私密性和打分的公平性。阶段积分公示和学员应用反馈如图 4 所示。

图 4　阶段积分公示和学员应用反馈

运营层：数据支持+场域营造。班主任每日统计平台学习数据，包括学习时长、考试成绩、错题率等，并与区域培训负责人同步数据，便于区域培训讲师辅助跟进学员学习情况；通过微信学习群的运营，定期表彰和公示优秀学员、优秀大区，激发学员比学赶超的意识；在线下实践应用阶段，通过引导学员在微信学习群内发布应用心得和反馈，营造学习热度与活跃度，激励学员应用知识解决实际问题。

在运营过程中，平台通过考试管理和报表中心，记录学员的学习进度、考试成绩、错题率，并实时与区域培训负责人同步数据，包括学习开始时间、获得学分时间、阶段完成进度、当前课程进度等。将直播回看明细加入学习进度的考核中，从而更加全面地记录学员的学习行为，有助于城市讲师在跟进学员的学习情况时更有针对性，从而保障学习效果。

线上平台报表中心实时监控数据如图 5 所示。直播讲师海报如图 6 所示。学习阶段数据简报如图 7 所示。

图 5　线上平台报表中心实时监控数据

图 6　直播讲师海报

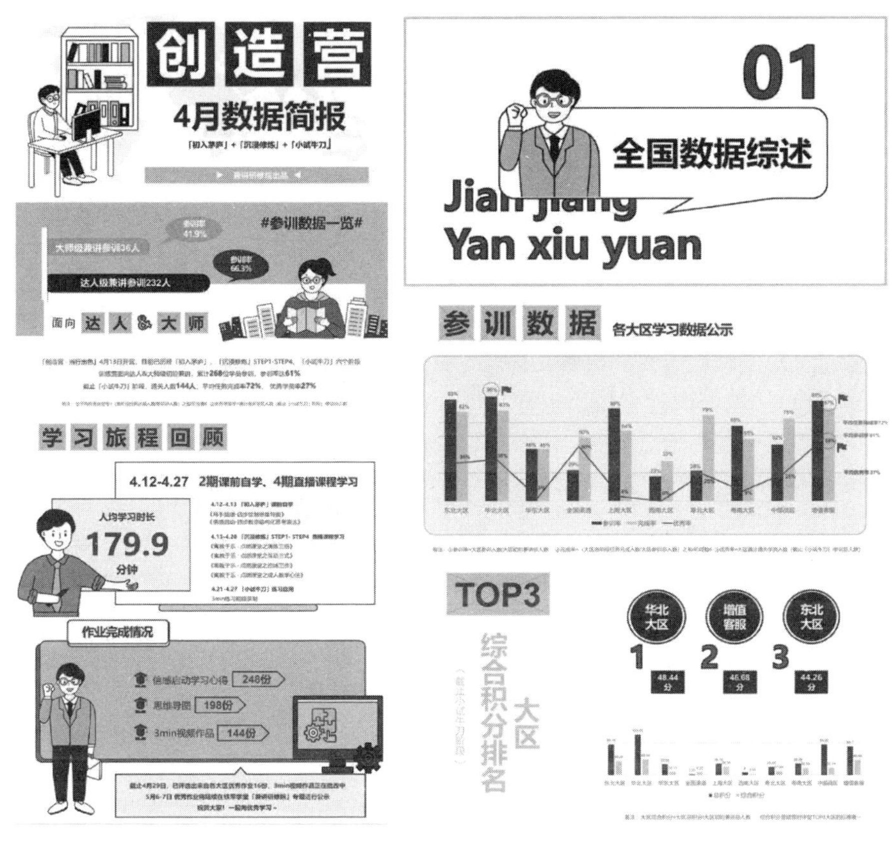

图 7　学习阶段数据简报

2. 项目实施的主要挑战及应对策略

项目实施的主要挑战有两点。第一，课程内容的研发、设计与流程中的体验。线上教学的痛点是讲师与学员缺少互动和交流，学员的学习效果较难检验；知识类课程需要关注如何通过内容、环节、时长的设计保障学员的注意力和吸收程度；技能类课程对于内容的要求更高，需要学习内容可复制、可落地，否则学员的学习效果较难保障。因此，在前期的课程研发中，项目组对于课程的实用性进行了较为严格的打磨，确保每一个方法、工具都能包含应用场景、实施流程、关键环节介绍等内容，保障学员“即学即用”。同时，平台端结合每一个步骤，从项目设计到执行，严格依据项目逻辑串联平台功能，通过关卡和奖励设置，提升学习过程的趣味感和竞技性，在一定程度上解决了线上教学的痛点。

第二，学员实践应用阶段的跟进。因为学员分布在全国各地，对知识的应用程度较难跟进和检验，若缺乏练习和总结，则会导致前期的课程学习流于形式。项目组针对这个问题，一方面，通过联动区域/城市培训讲师，由当地城市讲师帮助创造应用场景、跟进实践情况、给予应用反馈，督促学员完成应用；另一方面，通过微信学习群的运营，营造应用和分享的热度，提升学员的参与感。

四、案例效果

通过整体的线上运营和实施，在保障学习效果的前提下，节约了企业的培训成本。通过链接学员、内容和讲师，构建了良好的学习生态，提升了兼讲团队的活跃度和意愿度,为企业内部其他培训项目进行 OMO 转型提供了宝贵经验和参考范本。

1. 节约培训成本

以往企业在落地人才培养项目时，为保障学习效果，通常会采用线下集中培训的方式，需要花费较大的成本。通过线上/线下融合，既可以在一定程度上保障培训效果，又为企业节省了培训支出。通过进一步探索，将 OMO 模式作为企业培训的重要形式，有效地实现了降本增效的目的。

2. 有效探索，构建良好学习生态

首先，以学习平台为依托，通过学习地图分阶段设置任务，学员可以通过移动平台，利用碎片化时间完成学习，大大提升了学习的灵活性和便捷性。同时，通过平台的直播、作业、考试、资料中心等功能，有效地链接了学员、内容和讲师，构建了线上学习生态链，保障了培训的系统性和延续性。其次，通过探索 OMO 模式，将线上学习、社群运营、线下实践转化有机结合，通过线上通关打卡、线下实践转化的方式，学员既减少了时间、精力的投入，也能够保障学习效果，“四两拨千斤”，让学习更加轻松愉快。

3. 为内部人才培养项目提供参考

项目实施后，许多人才培养项目均参考 OMO 的模式，通过“学习地图+社群运营+线下辅导”的模式，改变了传统的培训形式，培养了学员的移动化学习的习惯，减轻了培训人员批改作业的负担，丰富了企业培训数字化转型进程中的实践成果和宝贵经验。

五、案例经验总结

学员积极性、培训效果的保障和评估一直是培训行业的难点。为提升学员的参训意愿，以往培训从业者尝试了许多方法，如游戏化教学、体验式教学等，均取得了不俗的成效。兼讲项目依托学习平台，嵌入了学习地图的功能，强化了通关体验和游戏趣味，对学习意愿和效果的提升从数字化维度进行了尝试。

社群运营作为当前流行的交互方式，被引入培训项目中，打破了空间地域限制，强化了学员的情感联系和心理认同，一定程度上弥补了线上学习的氛围感缺失问题，有助于营造良好的学习场域，促进了线上学习生态的建设。

通过探索 OMO 模式——在线学习平台+社群运营+线下辅导，学员在线上完成学习任务，在线下由城市讲师辅助练习和实践，从而促进了学员转化应用所学知识、方法、工具，对在业务场景中更好地赋能客户、助力客户成功起到了关键性的作用。

第四篇　做活运营实施之法

博世中国数字化学习 4P 运营方法论及最佳实践案例

博世中国培训中心 包佳琦 李 好 郑清儒

一、企业简介

博世集团是一家创新的技术及服务供应商。博世集团在全球拥有约 39.5 万名员工（截至 2020 年 12 月 31 日）。博世集团在 2020 财政年度创造了约 715 亿欧元的销售业绩。博世集团业务划分为汽车与智能交通技术、工业技术、消费品及能源、建筑技术 4 个业务领域。作为全球领先的物联网企业，博世集团为智能家居、互联交通和互联工业提供了创新的解决方案。秉持“可持续发展，安全且愉悦”的移动出行愿景，博世集团运用自身在传感器技术、软件和服务领域的专业知识，以及自建的物联网云平台，为全球客户提供整合式跨领域的互联解决方案。博世集团的战略目标是，每款博世产品都将带有人工智能技术，或者在开发和生产过程中运用人工智能技术。凭借创新的产品及优质的服务，博世集团持续提高客户的生活质量。博世集团在世界范围内践行着“科技成就生活之美”的承诺。

博世中国培训中心从 2015 年开始尝试融合线下线上学习，通过数字化学习打造全国学习生态，通过三年实践，在 2018 年实现了线上学习总时长超过线下学习的目标。在这个过程中，博世中国培训中心积极发挥线上学习优势，推进混合式学习模式，在线下学习时更注重互动讨论，在线上学习时更注重知识分享，实现了从课程设计到运营无缝连接，积极促进学员的学习积极性，使培训与业务紧密连接，从而提升培训效果。

二、项目背景

博世中国培训中心将提供更多学习培训资源、推动业务成果作为首要关注问题，以满足业务转型及不断变化的员工需求与期望。

自 2018 年起，经济下行，汽车市场历经震荡，企业在探索新业务转型的过程中不断面临新的难题。企业学习与发展亦面临新的挑战。博世中国培训中心主张终身学习的企业文化，员工的学习需求渐增。在新冠肺炎疫情影响下，培训预算下降，出行成本与风险陡增。

从业务管理层面，业务管理人员对数字化学习的关注越来越多，并越加追求学习的有效性。从员工层面，随着互联网技术的发展，员工从多个线上平台都可以获取优质的学习资源。这些平台以多元化与创新型的设计理念为用户提供了贴近职场的、灵活的、有用的学习资源与训练模式。与之相比，企业所提供的学习资源只有找到突破点才能符合员工的学习需求。

从学习发展角度，可以从数字化学习的配套运营设计来寻找突破口，通过精心的运营环节设计，帮助员工把知识学习体现为行为改变，把行为改变催生为新的习惯，从而达到提升绩效的目的。提升绩效势必能切中业务痛点，从而可以在学习之初激发员工的自驱学习动力，助力其在后期投入于学与练，由此形成一个良好的线上学习闭环。

但数字化学习运营在落地时仍存在诸多痛点，针对典型的人才发展场景，面临的难题包括：如何为一线员工设计数字化学习项目与运营？如何萃取博世中国培训中心过去的数字化学习经验，使之能除服务总部外还能服务其他事业部?

基于上述难题，博世中国培训中心通过萃取六年来数字化学习的经验，总结出一套数字化学习的运营方法论，赋能人力资源管理人员、内部讲师等，助力其快速开展数字化学习运营设计。

三、方法论萃取与案例实践

博世中国培训中心主张提供以用户为中心、紧贴业务需求、可快速迭代的学习产品，并为用户提供良好的学习体验。

在计划及执行数字化学习 4P 运营方法论项目时，博世中国培训中心遵循了设计思维的流程。在前期的用户调研阶段，项目团队归纳总结出在企业中的几类用户。

（1）满足于现状，没有自主学习意愿的“躺平”用户。该类用户不是运营需重点关注的用户，因为他们从源头上就缺乏学习意愿，导致在进行知识迁移时的转化率会更低，让组织方事倍功半。针对这一部分用户的数字化学习项目运营，重点在于通过引入外部力量建立学习意愿度，甚至用硬性命令来指引其学习。

（2）服从组织命令，但转化行为流于形式的“追随”用户。该类用户是运营人员应该首要关注的用户，因为他们的学习行为往往始于经理的建议或要求，而非出于完全自愿，在进行知识迁移时往往虎头蛇尾，只有知识的短期记忆，不能产生行为模式的改变。针对这一部分用户的数字化学习项目运营，重点在于强化知识与其工作场景的连接，增加其练习机会，不仅需要运用刻意练习改变其行为习惯，还要及时让经理知道其学习成果，以促进经理对这部分用户的激励和监督，使其完成持续的“学习—练习—改变”的循环。

（3）希望通过学习强化职业发展的“现实”用户。该类用户是最容易事半功倍的用户，他们出于“升职加薪”的目的能做到主动学习，不过一旦在学习与提升绩效之间出现断层，他们的学习意愿度就会大幅降低。针对这一部分用户的数字化学习项目运营，需要建立强相关的绩效改进目标，在项目最初时既要定好绩效目标又要定好衡量标准，在整个项目中要始终体现学习与其职业发展道路的强相关关系。

在回顾此番用户洞察时，项目组亦发现所有的用户行为及其背后的思考逻辑完全符合成人学习理论：成人学习者的自主性和独立性在很大程度上取代了对教师的依赖性。成熟的成人学习者在多数情况下有能力自己选择学习内容，更倾向于独立自主地进行学习。若企业学习项目无法催生出学习者的“自主意愿”，则成人学习的质量就会大大降低。

而学习运营的设计恰恰能弥补、催生学习自驱性。以用户为中心，根据不同用户的类型与不同诉求，以数字化学习项目设计、练习环节设计、绩效目标与测评为突破点，形成方法论，帮助学习活动组织者系统性地筹划并执行数字化学习项目，即为博世中国培训中心数字化学习 4P 运营方法论项目的初衷与核心内容。

四、方法论萃取

基于过去六年来的数字化学习经验，以“学以致用”为最终学习目标，博世中国培训中心萃取了数字化学习 4P 运营方法论（见图 1），以用户（People）为中心，逐个击破学习项目（Program）设计、练习环节（Practice）设计、绩效目标（Performance）与测评关键节点设计。

1. People：锚定目标用户，探究用户需求

项目需清晰定义用户人群。从系统运营角度看，并非最终的学员才是数字化学习项目的用户，为学习买单的客户、学习项目的组织者等任何参与学习项目的人群，皆为用户。

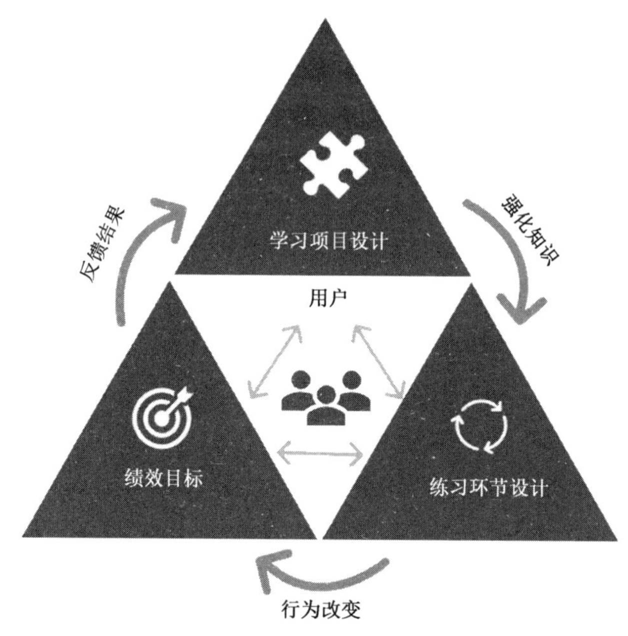

图 1　数字化学习 4P 运营方法论

在做需求调研时，项目团队尝试通过访谈、问卷等方式，分析学员属于哪类人群，其行为背后的动机是什么，并了解其参与学习的目标是什么。知道“动机”很重要，因为在后续的学习项目设计、练习环节设计、绩效目标与测评关键节点设计环节中，项目团队需要根据学员动机来进行学习内容安排、学习激励、学习测评等工作。

在过往的需求调研中，常常抛出类似“你想学什么”等问题，但其实要把这个问题再做分解，毕竟多数时候，学员并不知道他/她想要学什么。可以尝试鼓励学员讲故事，通过多问为什么来了解故事的来龙去脉与思维模式，分析学员的学习动机，一步一步指引学员说出事件及其背后的想法，再由学习项目组织者来判定需求的内容是什么。

为学习买单的客户对学习项目的期望直接影响其学习热情及项目最后的绩效改进目标。同时，在整个运营流程中确保客户的适时参与及反馈，合理利用上下级关系，可以给学习运营带来事半功倍的效果。

作为学习项目的组织者，除项目之外可能还有常规工作会占据其工作时间与精力。但学习项目组织者更了解学习项目对于组织的战略意义与优先级，通过信息梳理，可以合理安排其在学习项目运营中所需投入的资源与精力，对需重投入的项目做计划，对只能轻投入的项目做运营弥补预案与风险规划管理。

2. Program：基于用户需求与动机，制定项目方案

项目方案设计与前期所做的需求调研结果是强相关的。由于本方法论的重点在于运营体系的设计与建设，而非学习内容设计，故在此不赘述如何围绕用户需求与动机做内容设计，但仍需强调以下内容。

学习项目组织者的角色并不止于学习内容搬运工，作为最清楚企业业务背景与用户需求的人，需根据实际情况对学习内容做裁剪。学员的精力有限，学习项目组织者唯有精简学习内容，辅以大量的练习机会，即“三分学七分练”，才能达到督促学员行为改变的目的。

3. Practice：强化知识转化，刻意练习与分享

学习项目组织者需要给学员设计足够多样化的刻意练习方案，再通过循环往复的练习，把理论化的知识点转化为学员自己行为习惯上的改变，为下一步个人绩效的改变奠定基础。同时，也能促使学员提升学习效率，保持学习热情。

在做练习环节的设计时，可回头查看用户需求，特别是学习项目组织者的需求。多数时候，学习项目组织者并没有能力像外部供应商一样，专门配备一位人员单独负责某一项目的运营，往往同期操作数个项目，因此学习项目组织者需要按照实际情况合理安排运营计划。

对于需要轻运营的项目，可参考其他行业、项目的方式进行设计。例如，敏捷项目管理、去中心化网络管理、社群运营管理等都是很好的管理方法，可灵活借鉴。

另外值得一提的是，刻意练习的流程设计。通过学习所获得的行为习惯可以理解为长时工作记忆，而它可以用刻意练习来激活。学习项目组织者在设计刻意练习的流程时，需要融合成熟领域练习、情景模拟、走出舒适区等阶段，通过导师引导、自组织分享、实景操练等不同形式来达成“重复”“反馈”“纠正”“提升”等关键步骤（见图 2）。

现在所谈的运营，早已超出陪伴学习旅程、增加学习黏性等范畴，其根本目的在于推动业务结果，业务结果的提升会促进员工的学习自驱力的提升，这两者之间是相辅相成的。

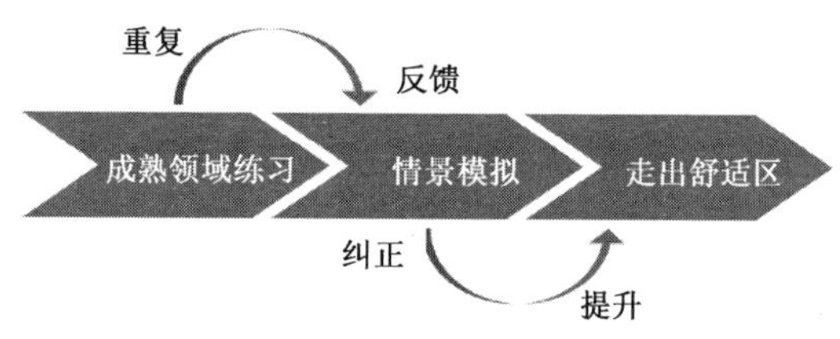

图 2　刻意练习流程设计

4. Performance：衡量行为改变，推动业务结果

在萃取此环节方法论时，博世中国培训中心主要参考了 ATD 学习效果评估的学习迁移矩阵（见图 3），以用于衡量行为改变。从该矩阵中不难发现，虽然最终发生行为改变，并把改变转化为业务结果的人是学员，但在评估重要级排序中，位于前四位的内容都是与学员主管及引导师相关的，且课前的准备工作更为重要。

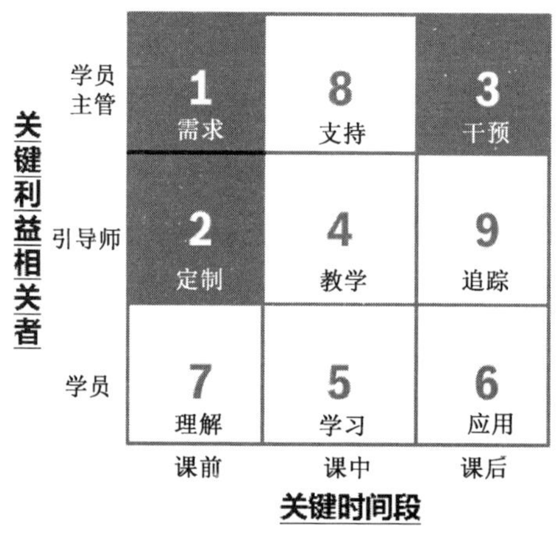

图 3　ATD 学习效果评估学习迁移矩阵

借助数字化学习 4P 运营方法论，可将为数字化学习买单的学习主管视作用户，将与引导师合作密切、共同达成学习交付的学习发展人员视作学习项组织者。

在此环节中，博世中国培训中心倡导两个重点：第一个重点是以终为始；第二个重点是明确指标。在最初做用户需求分析时，已明确了绩效目标，在对目标进行拆解与衡量后，除将其融入学习、练习设计中外，还要融合项目的反馈机制。在这个过程中要了解如下内容：收集反馈的方式是什么？在哪些节点收集反馈？要收集哪些反馈指标？为什么要收集这些指标？哪些指标能帮助衡量绩效目标？哪些指标能帮助迭代该项目设计？只有了解以上内容，才能让反馈内容服务于绩效目标，完成学习项目迭代，这就是本环节的目标，亦是下一个目标的起点。

博世中国培训中心萃取的此套数字化学习 4P 运营方法论旨在赋能一线学习发展人员设计数字化学习方案，使其既能在专业性上从 0 至 1 做学习项目设计，又能在系统性上不断精进流程，形成闭环设计。

五、案例实践

博世中国培训中心与得到合作，共同打造了线上 miniMBA 数字化学习项目。博世中国培训中心在做项目设计时，参考了 4P 运营方法论，最终交付出学中带练、社群共学的项目成果。

1. People（项目所涵盖的用户）

该项目涵盖如下用户。

- "寻求商业理论和方法实际应用的经理和未来经理"及"有时间限制但仍想掌握新业务概念和战略的人"。这类用户往往由上级经理指派参与本项目的学习，对经理来说，该类用户是核心员工，既希望以此类带学位的学习项目激励员工，又希望该项目能给员工带来意识、技能上的精进，最终帮助企业实现业务提升。
- "希望拓展自己的未来潜力，并利用个人经验及优势拓展职业生涯版图的专家"。这类用户通过主动争取，获得上级同意报名了该项目的学习，对于学习内容的延展与应用有强烈期望，而上级领导亦希望自己对员工的投资能得到回报，同时企业业务可能已经遇到瓶颈，希望员工能通过学习改进业务结果。

对学习项目组织者来说，miniMBA 数字化学习项目具有战略意义，这是领导力项目的一次创新尝试。同时，学习项目组织者又寄希望于通过该项目探索出更多的通过学习发展业务企业发展模式。学习项目组织者虽然愿意在该项目上投入更多资源与精力，但缺乏资金预算，且不可能将全部预算只投入在此项目上，因此在运营上仍需找到撬动用户力量的发力点。

2. Program（项目设计）

鉴于该项目为 MBA 相关项目，且相关方对项目的期望相差比较大，因此学习内容的重点是对知识面的拓展而不是对知识的拓深。项目团队因地制宜地策划了涵盖商业、组织和财务管理的课程内容，在九个月内陆续推送给学员。除可利用计算机或手机进行视频学习外，精心设计的主题分享、学习冲刺作为运营活动亦被穿插入学习中，并鼓励学员对所学知识进一步深入探索，以推动学员不断学习并将所学应用于实践。

miniMBA 数字化学习项目学习地图片段如图 4 所示。

3. Practice（练习环节设计）

项目团队为 miniMBA 数字化学习项目设计了学习冲刺作为运营补充。该运营方式借鉴了敏捷项目管理方式，项目团队将学员打乱分组，每组 7～8 人，并参考敏捷专家（Scrum Master）角色在每个小组里招募了学习敏捷专家（Learning Scrum Master），由他们负责组织学习冲刺（Learning Sprint）。学习项目组织者预先赋能学习敏捷专家有关如何组织学习冲刺会议、如何使用虚拟看板管理等知识与技能，最大限度地分摊运营压力。事实证明，良好的指导与妥善安排下的运营其运营结果最好，每位学习敏捷专家都充分承担了自己的责任。

每两周组织一次学习冲刺，规则如下。

- 两周内完成 10 小时必修课+3 小时选修课，在 14 天内的学习内容涵盖业务模块、组织模块和财务模块等关键主题。
- 以 7～8 人的组织形式进行学习冲刺，在学习敏捷专家带领下制订个人行动计划，并分享实施过程与结果，用真实的工作案例作为互动分享内容，通过循环练习的方式汲取在两周内学到的知识。
- 组内队员遇到问题时，以小组为单位进行集体头脑风暴，并以学习故事的形式记录下来，在大班中分享，同时学习项目组织者亦会将这一过程记录存档。

4. Performance（绩效目标与测评节点设计）

截至目前，miniMBA 数字化学习项目仍在进行过程中，已收到了来自学员、经理的嘉奖。考虑项目的特殊性，且涵盖内容广、涉及人员多，因此整个项目所设定的绩效目标为落地五个业务改进案例，并对每位学员设定了个性化的绩效目标。同时，在项目开展期间，定时输出学习结果，联动 HRBP 与经理对学习结果进行监管。

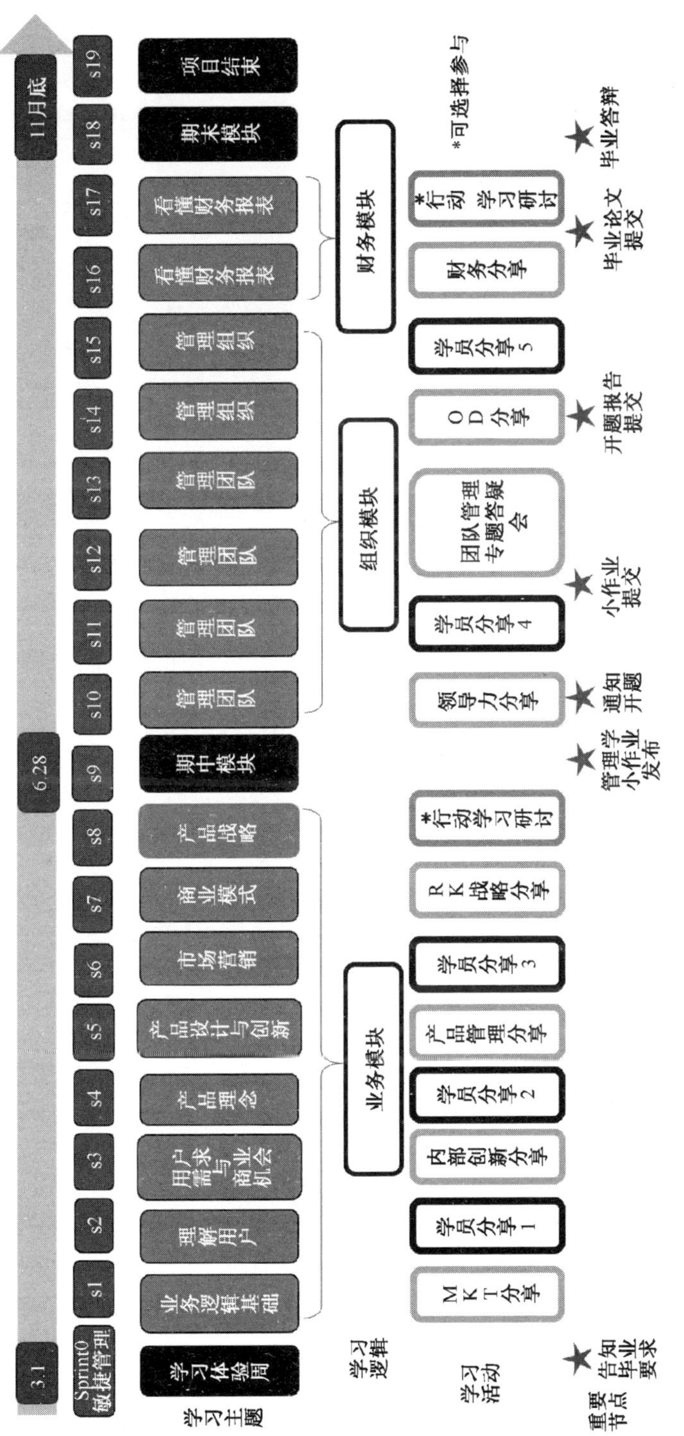

图 4 miniMBA 数字化学习项目学习地图片段

运营前期准备时间、会议数、紧急情况数、预案有效性、学员学习投入时间、净推荐值（NPS）等指标被预埋入项目不同阶段，以用来迭代该项目的下一次运营。

目前项目即将过半，已经收集到了诸多令人眼前一亮的实践案例。其中，较为显著的案例来自一位销售经理，他苦于自己制作的销售报表欠缺高效与准确性，由于不同部门之间的数据传导过程错综复杂，数据涉及不同系统，无法实时同步，连获得实时精确的数字都困难，更遑论对数据做分析、从数据中获取信息了。在学习完《产品思维三十讲》课程后，他受到启发，用做产品的角度来改革数据报表流程，将制作工具由 Excel 切换至 Power BI，把一份数据报表变成一个实时更新、可快速复制至不同业务领域、实现快速迭代的数据化产品。

5. 案例总结

miniMBA 数字化学习项目作为 4P 运营方法论的成功实践，通过围绕 4 个维度进行设计与搭建项目、规划运营安排、搭建应用场景等工作，为博世中国培训中心数字化学习拓展了全新的实践领域。

博世中国培训中心将持续向一线人员推广并实践 4P 运营方法论。与此同时，博世中国培训中心亦将持之以恒地对内提升数字化学习课程的设计与运营能力，使员工掌握数字化学习方法论与工具，增加数字化学习技术的前瞻知识和综合运用能力；对外识别关键技能，促进员工技能更新与升级，将企业数字化转型所需的资质予以强化。博世中国培训中心的目标是使学习变得个性化（Personalized）、可负担（Affordable）、引人入胜（Attractive）及富有效用（Effective），让学习真正变成业务的助推器。

探索以全链路体验为核心的数字化培训模式

中国人寿上海保险研修院　刘群华　孙林科

一、企业简介

中国人寿保险股份有限公司（以下简称“中国人寿”）是国内寿险行业的龙头企业，总部位于北京。作为《财富》世界 500 强和世界品牌 500 强企业 —— 中国人寿保险（集团）公司的核心成员，中国人寿以其悠久的历史、雄厚的实力、专业领先的竞争优势及世界知名的品牌赢得了社会客户的信赖，始终占据国内寿险市场领导者的地位。

中国人寿向个人及团体提供人寿、年金、健康和意外伤害保险产品，全面满足客户在人身保险领域的保险保障和财务管理需求。截至 2020 年 12 月 31 日，中国人寿拥有约 3.17 亿份有效的长期个人和团体人寿保险单、年金合同及长期健康险保单，为 5 亿多位客户提供了保险服务。

中国人寿深入践行“服务+销售”的融合发展理念，致力于为社会大众提供优质的保险产品和服务。专业高效的 95519 客户服务专线、安全快捷的企业互联网站、137.8 万名个险渠道销售人员、2.9 万名银行渠道客户经理、5.1 万名团险销售人员、2500 余家客户服务中心，组成了国内强大的分销和服务网络，使中国人寿成为客户身边的寿险服务商（以上数据截至 2020 年 12 月 31 日）。中国人寿坚持“以人为本、德才兼备、勇于担当、善于作为”的人才理念，着力培养素质优良、与国际一流寿险公司需要相匹配的员工队伍。

二、案例背景

（一）贯彻中共中央关于大力发现、培养、选拔优秀年轻干部的文件精神

为深入贯彻中央《关于适应新时代要求大力发现培养选拔优秀年轻干部的意见》和中国人寿组织工作会议精神，在中国人寿总公司人力资源部的指导下，上海保险研修院（以下简称“学院”）制定了《“全案例数字化线上学习项目”研发方

案》及《e—经理人角色定位线上训练营项目运营方案》。

（二）搭建中国人寿战略与完善干部梯队的重要路径

为落实公司人才工程建设的相关要求，加大组织培养力度，中国人寿科学制定培养规划，构建全方位培养锻炼体系和上下联动、分级负责、齐抓共管的干部培养工作机制，这既是干部梯队搭建的重要举措，也是推进集团重振企业发展、实现企业双心双聚战略的重要路径。

（三）打造适合年轻干部自身成长发展培训项目的迫切需要

依据中共中央《2018—2022 年全国干部教育培训规划》，中国人寿不断加强和改进新时代干部教育培训工作，根据培训内容要求和干部特点，探索运用场景化、游戏化教学，以及行动学习、翻转课堂等方法，以满足选拔对象自身成长的需求，这也是中国人寿教育培训工作者进行精心设计并实施干部培养项目的重要目的。

（四）加速发展数字化人才培养项目的必然趋势

线上线下融合的数字化学习将是大势所趋。通过实践，中国人寿深刻地认识到只有将数字化的教学设计与运营设计紧密联合，才可能争取到学员的更多关注与时间，从而达到培训效果。

十九大报告中指出要以“质量变革、效率变革和动力变革”推动高质量的发展，而高质量的发展需要高质量的人才，高质量的人才需要数字化人才培养项目。线上学习项目助力人才培养，不仅创新了人才培养模式，而且还可以推动企业大学的发展，打造没有围墙的企业大学。

三、培训实践与创新成果

（一）项目设计思路

中国人寿总部人力资源部为满足公司人才培育需求，针对近期线上学习的热潮和数字化运营学习项目的趋势，牵头组织实施了 2020 年“e—经理人角色定位线上训练营”（以下简称“项目”）。由学院作为项目承办方。

项目基于 6Ds 学习法则，通过精炼、有效的学习体验设计，从教学设计和运营设计两个方面，融入数字化运营新技术（学习地图、打卡小程序等），打造丰富的学习渠道，关注学习项目的每个细节，形成线上学习项目的全链路学习体验（见

图 1）。通过全链路学习体验，提升经理人的培训效能，聚焦人才发展的培训目标，提升经理人对角色定位的清晰认知、提升沟通能力和时间管理能力，把握关键职责，提升管理效能，从而在助力一线领导者达成业务的同时，还能赋能团队、协同发展，最终实现“重价值、强队伍、稳增长”的目标。

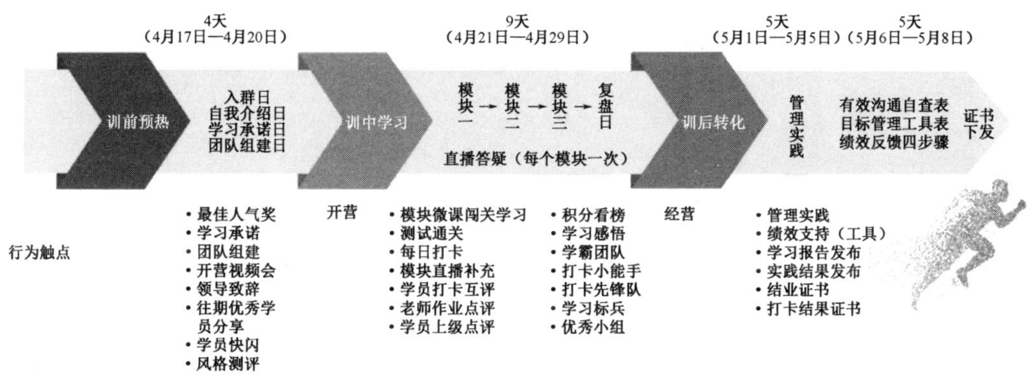

图 1　全链路学习体验

（二）项目概括

项目共有46位学员参加，每位学员需要学习205分钟的微课，通关8个测试，参加 3 次模块直播，完成 14 次打卡（含训后 3 次），以及进行项训后的管理实践。项目组通过场景化、模块化、叠加化的教学设计和趣味化、数字化、项目化的运营设计，聚焦经理人核心技能和行为改变，使其养成管理习惯、提升管理水平，达成绩效提升的深层次目标。

（三）项目举措

1. 教学设计

通过场景化的全案例线上课程学习来帮助学员厘清经理人的角色定位，提升经理人的两种基础能力（沟通能力和时间管理能力）、强化经理人的三项关键职责（目标管理职责、团队管理职责和绩效管理职责），系统培养基层管理者，以提升他们的管理理念和管理水平。通过模块化的学习、打卡和直播授课让学员能在线上同步自主学习、相互学习，并清晰地了解学习的起点和终点。通过叠加化的设计让学员聚焦有效沟通、目标管理和绩效反馈三项核心技能，并通过提供工具清单等方式对训后管理实践的绩效提供支持，以达成促进学员行为改变的目的。

（1）场景化。

本次项目的线上课程均基于中国人寿实际工作中会议经营、开门红企划、人力发展的绩效分析等案例场景（见图 2）展开，给学员以代入感，让学员带着问题学习，在场景中学习、在场景中成长。

图 2　案例场景

（2）模块化。

为了满足需求方的业务需求，如解决基层管理者粗放式管理、不重视属员培养、缺乏平级协作等问题，项目组利用峰终定律，对场景化的线上课程进行模块化设计（见图 3），让学员清晰地知道每个模块的学习起点和学习终点，通过设置每个模块的打卡主题来聚焦需求方的痛点，并且通过设置模块行为触点，让学员分别体验三个模块的小高峰，从而在学习中保持愉悦的体验。

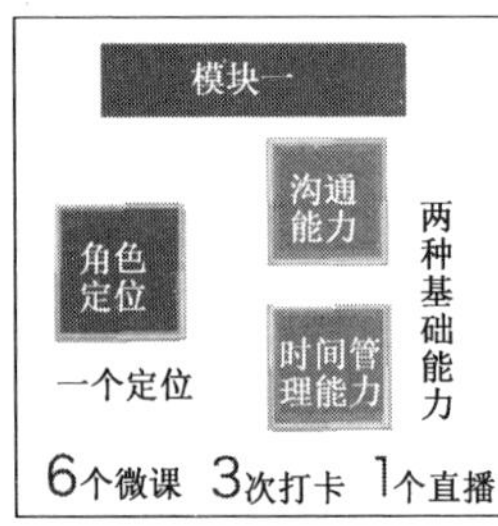

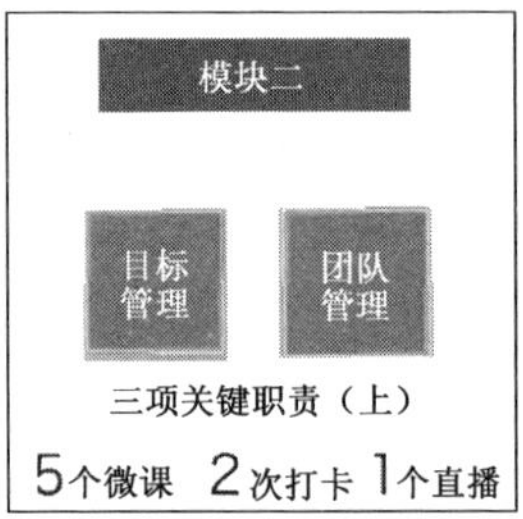

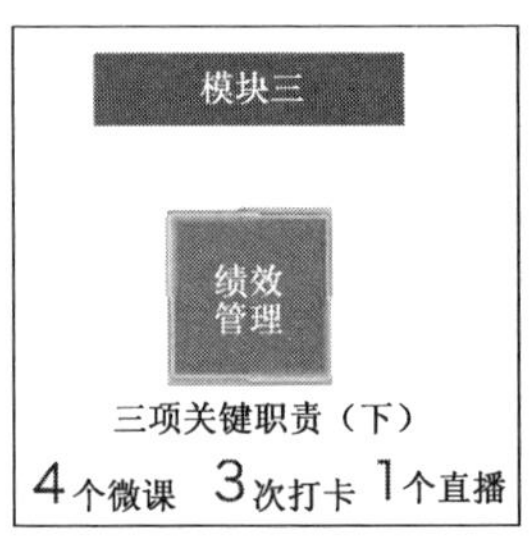

图 3　课程模块设计

（3）叠加化。

为了聚焦基层经理人核心技能和行为转变，做到“行动中学，学习中做”，项目组在模块化的基础上进行叠加化设计，为每个模块叠加一个核心技能的玩中学、学中练、练中导功能。以模块一为例（见图 4），针对聚焦经理人的核心技能——有效沟通这一课程，学员需要在模块一的第一天完成对应的微课学习，在第二天进行有效沟通案例的分析打卡，在第三天参加直播授课辅导，在学习结束后的五天内进行沟通管理实践，在第六天进行“有效沟通自查表”打卡。

图 4　模块叠加示例

2. 运营设计

项目组从深度激发学员动机、行为触点设计和轻量数字化运营三个角度出发进行运营设计，设置了四类课程管理员，包括课程顾问、学员上级、项目运营组和直播讲师，由这四类课程管理员全程陪伴学员的学习过程，打造有温度的学习。此外，通过荣誉驱动、利益驱动、关系驱动等方式唤起学员的学习热情，激发学员的参与热情，并形成良性的竞争氛围。

（1）趣味化。

在本项目中，首次使用学习地图（见图 5）作为线上学习平台，以闯关式学习代替点播式学习。每个模块设置一个子地图，学员通过“传送门”到达子地图，并且通过设置模块的开启时间及模块中每个微课的激活规则，让学员不仅能自主完成线上学习，还能完成模块化同步学习、打卡和学习转化。同时，每个模块还设置 2～3 个测试，只有闯关成功（60 分）才能点亮后面的微课，学员感慨“想要通关成功只能认真学习，如果你得了 100 分那就是学霸。”

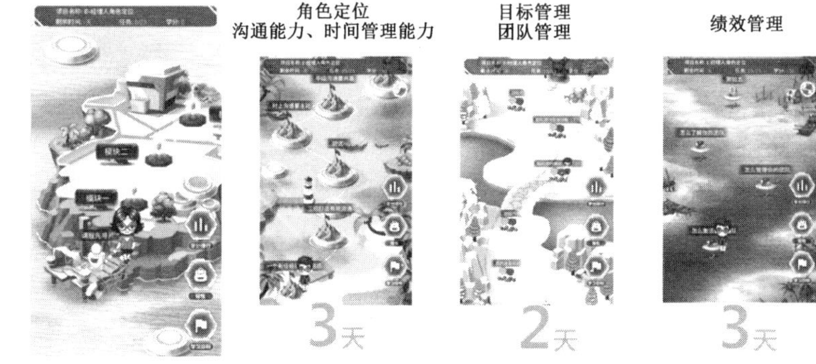

图 5　学习地图

（2）数字化。

为了提升培训效能，及时掌控学员学习数据及每日作业数据，项目组创新地引入了易学堂（学习地图）、打卡小程序、腾讯问卷及微信备份助手等工具以助力数字化项目运营（见图 6）。通过利用高效便捷的工具，让整个项目变得透明、高效、有序。例如，以学习地图的学分排行榜代替运营官手工跟踪学员学习情况，以打卡小程序的每日打卡提醒、参与概括、积分/点赞排行榜等代替班主任逐一收集作业等。这些数据化项目运营的方式一方面帮助运营人员实时掌握学员学习状况，以便可以按模块控制学习进度，另一方面为授课讲师提供详细的学习数据参考，帮助授课讲师抓住学员的痛点，以便在直播授课中“有的放矢”。不仅如此，在中国人寿内部系统增加了操作教务管理系统（学员录入、成绩录入、课程讲师录入等），实现了全程无纸化、电子化运营。

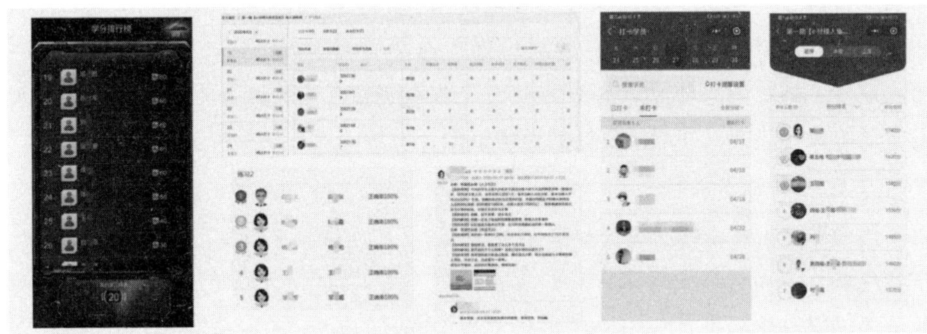

图 6　数据化项目运营展示

除利用学习地图、打卡小程序等工具外，项目组还运用创客贴、秀米、传影、剪映等时下最热门的软件，以项目海报（见图 7）、开训倒计时海报、学员风采展示、H5、培训回眸等方式，对培训班进行持续跟踪报道，既提升了学员的荣誉感，也扩大了该项目在系统内的影响力。

（3）项目化。

项目从计划到结果，没有管理的支撑是不可能达成的。项目组按照角色细分为核心运营组、课程设计组、技术组、宣传设计组。由于时间紧、任务重，因此项目采用滚边计划，各小组按照甘特图（见图 8）有序开展。为保证项目达成最终成果，项目组在启动和计划阶段进行了风险识别、分析和计划应对，并根据风险登记表进行风险应对。

图 7　项目海报

任务名称	2020.2.10至2020.5.15（以周计）													
	1	2	3	4	5	6	7	8	9	10	11	12	13	14
线上课程研发														
运营方案设计和计划														
学习地图设计、内测和公测														
打卡小程序设计和公测														
实施线上训练营														
项目复盘														

图 8　项目甘特图

在线上训练营实施阶段，核心运营组的成员划分为班主任、运营官和项目经理多种角色，其中班主任在培训期间作为“官方发言人”，始终站在“前线”，通过及时反馈学习信息、灵活且严谨地传达消息，与学员迅速建立了信任；运营官负责培训期间项目类的工作，包括各个行为触点的实施和把控；项目经理统领全局，全程监督和指导，协同课程设计组和技术组，并负责管控质量，以系统化地解决运营过程中出现的问题。通过“三位一体”的分工，让每个角色各司其职，从而共同高效地达成目标。

四、项目效果

（一）多维转化助力核心管理技能有效提升

通过分析学习报告（见图 9）可知，经过线上训练营，46 名参训学员均完成了

205 分钟的微课，通关了 8 个测试，获得了 150 个学习地图的学分，参加了 3 次模块直播，进行了 14 次打卡（含训后 3 次）和 3 项训后管理实践，其中不少学员每天提前 1 小时起床来学习线上课程并打卡，从后台数据统计发现，学员最喜欢的打卡时间为上午 7 点到 10 点。

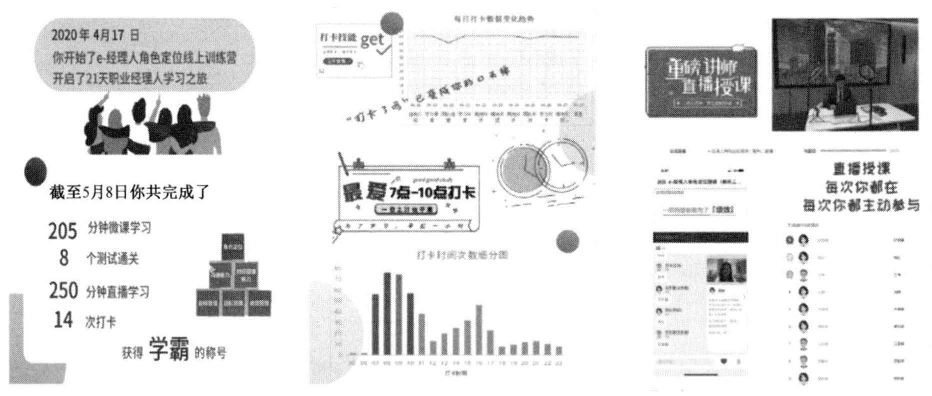

图 9　学习报告

训后管理实践完成率为 100%，在形成了有效沟通自查表、目标管理工具表和绩效反馈等成果。通过开门红企划案例线上研讨、人力发展的绩效反馈实操和四五联动目标管理工具实践等学习打卡，学员不仅运用了核心管理技能，意识到自己的差距，进行了行为改变，还逐步养成了管理习惯，提升了管理水平，达到了绩效提升的深层次目标。

（二）社群心法激活学习参与度

本期参训学员中 76%为县支公司或专业公司的一把手，且非脱产的线上培训会面临学习动机不足、体验差、管理难等问题，怎样才能保证线上学习效果不打折扣呢？那就是要争取学员更多的关注与时间。

项目通过引入荣誉驱动、利益驱动、关系驱动等方式来激活学员的参与度：通过设置各个阶段、各个模块的不同奖项（如最热人气榜、学霸团队、打卡小能手、打卡先锋队、学习标兵等）进行持续性的荣誉驱动；通过学员上级等课程管理员的介入、往期优秀学员的经验分享等方式进行利益驱动；通过明确班委、组长的督学职责来进行关系驱动。

最终，不仅学员微信学习群的热度得以增加，而且学员打卡完成率达 100%，作业质量节节攀升，打卡互评成为习惯，共获得 9709 个点赞（含课程管理员 405 个点赞）、1078 个评论。“三人行必有我师”，学员打卡完毕后都会查阅其他学员的打卡作业，平均每人每天打卡作业获得 17 个点赞。

（三）数字化助力学习共同体共赢

借助数字化运营方式，使学员学习、思考和实践的过程变得透明、自主，使学习共同体能够共同见证成长、实现共赢。通过参加线上训练营，学员收获了核心管理能力的提升和绩效转化；通过运营线上训练营，运营团队获得了线上学习项目实践的机会，收获了自身成长；通过举办线上训练营，主办方收获了线上学习项目新模式的宝贵经验，并以此作为技术输出，为后期的线上学习项目运营提供技术、流程和指引等方面的支持；通过发起线上训练营，中国人寿总部人力资源部获得了人才培养新模式。

五、案例经验总结

新时代下，新思想与新媒体的结合与运用已成为主旋律，学院以中国人寿“成己为人，成人达己”（双成文化）作为品牌文化核心，基于双塔模型的办学理念(见图 10)，围绕队伍建设形成了项目文化，“e—经理人角色定位线上训练营”进一步丰富了品牌文化“同心圆”模型（见图 11）的内容和实践。

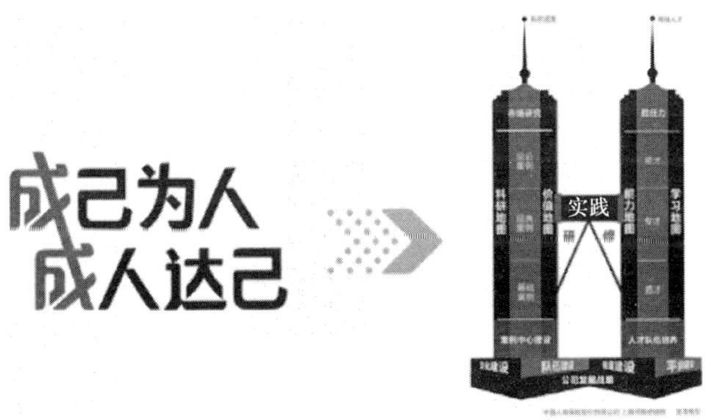

注：中国人寿股份有限公司企业文化核心理论标志——双成文化（左）
上海保险研修院核心办学理念——双塔模型（右）

图 10　双塔模型

截至 2021 年 7 月，中国人寿共举办了 5 期线上训练营，共有 340 名学员参与培训，获得了 7681 个打卡评论数、33686 个点赞数、98.4%的训后转化率。所有项目的课程设计均使用系统化的思维，以用户为中心，将 6Ds 学习法则“洋为中用”，结合中国人寿特色“外为内用”，博采众长，形成了具有全链路体验的线上学习项目设计，以终为始，系统地提升了基层管理者的管理理念和管理水平，聚焦核心关键技能和行为改变。

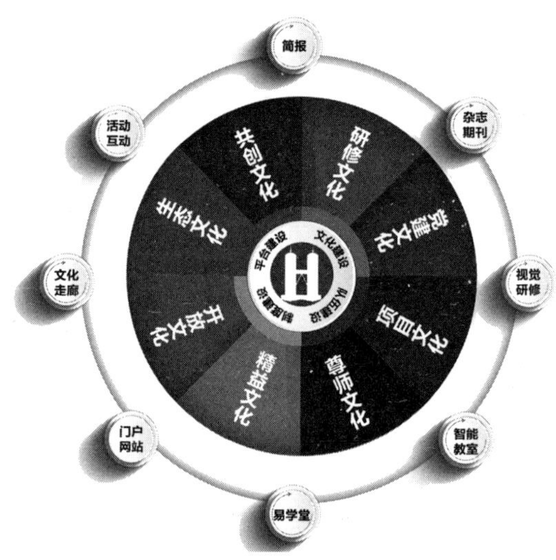

图 11　品牌文化“同心圆”模型

企业在线学习运营的规划与实践

深圳市问鼎资讯有限公司　李宏涛　李雪艳　张洪利

在时代大环境的影响下，在线学习取得了长足的发展。与其说形势成就了在线学习，倒不如说在线学习自诞生以来一直在谋求变化、寻求突破。

从在线学习名称的变迁可以看出，在线学习一直在追求与时代和技术的融合，在线学习的名称从最初的信息化、在线化、移动化，到现在的数字化、数智化、生态化、智慧化……这些变化充满时代特征，并带有在线学习向不同方向寻求突破的印记。

时至今日，因为各平台提供的功能与服务大体相差无几，使在线学习看似已然成熟，但在这平静的表面下，却有着难以令人笃信的趋势与发展方向。经过对企业在线学习发展的梳理，深圳市问鼎资讯有限公司（以下简称“问鼎”）把在线学习的发展形象地比喻为“π”形趋势，该趋势由一条横线和两条纵线组成（见图 1）。

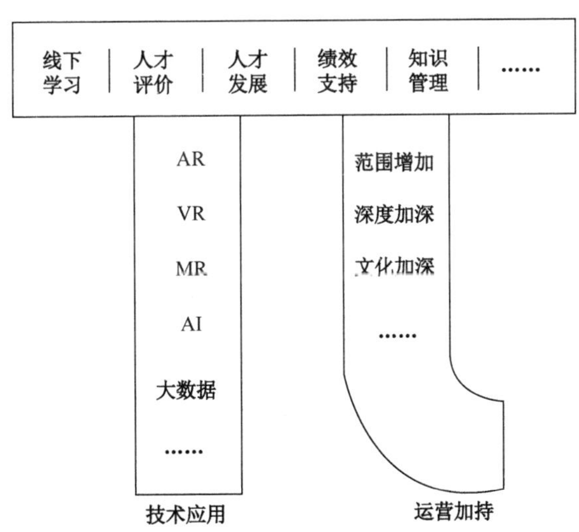

图 1　在线学习的“π”形趋势

“π”形的横线代表着在线学习连接的范围越来越广，与其他业务模块深入联动融合，结合了人才评价、人才发展、绩效支持、知识管理等多项业务模块。

“π”形的纵向有两条线，一条线说明在线学习与各种技术的结合与应用越来越深入，通过 AR、VR、MR 等技术更好地还原场景，通过大数据为学习活动与绩效提供更好的支持，通过 AI 更好地匹配资源，提供即时学习反馈、评价行为等；另一条线说明在线学习对运营的要求也越来越高。运营的范围逐步扩大，从全员性的到专题性的，从知识性的到活动性的，运营介入的深度不断加深，已经不能简单地将参与度、活跃度等作为运营指标，需要完成率、通过率、认证率、绩效达标等更严格的监测指标。同时，运营的环境也在不断地快速变化着，如平台在变、人在变、需求在变等，这些都对在线学习的运营能力提出了更高的要求。

那么，在线学习运营应该如何响应才能适应时代发展新趋势下的发展变化呢？问鼎认为不管时代发展如何变化，在线学习始终是组织学习的一部分，为组织的发展提供服务，因此我们要以终为始，首先定位在线学习运营在组织中的作用，再结合当前现状及未来规划以逐步倒推，通过制定运营目标、选择运营策略、开展运营举措及建设运营团队等一系列运营工作，达到组织对在线学习的定位要求。

一、企业中在线学习运营的本质

在对企业在线学习运营进行定位之前，我们必须要了解在线学习运营的本质。我们知道，互联网产品可以按照用户需求进行分类，如图 2 所示。

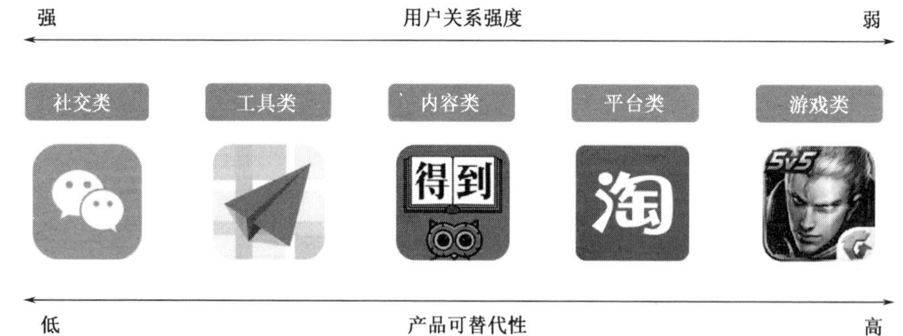

图 2　按照用户需求分类的互联网产品类型

从图 2 中可以看出，社交类平台具备先天优势，其用户关系强度最强，同时在用户心中，该类产品的可替代性也最低。平台类、游戏类产品的用户关系强度比较弱，产品可替代性也比较高。像是“得到”这种内容类的在线学习产品，其用户关系和产品可替代性都比较居中。

那么作为与“得到”这款产品类型基本相似的企业在线学习平台，我们应该如何运营才能维护平台与用户之间的关系，并降低我们在用户心中的可替代性呢？要解决这个问题，我们首先要了解 C 端内容型平台底层运营逻辑（见图 3）。

图 3　C 端内容型平台底层运营逻辑

内容、用户及分发模式是 C 端内容型平台的运营核心。其中，内容部分包括内容的数量、质量、形态、品类等；用户部分包含内容生产者、内容消费者两大类；分发模式部分中，考虑了被动的推荐、主动的搜索，以及半主动的关注这几种内容分发模式。

企业在线学习平台属于内容型的产品，但是值得注意的是，企业在线学习平台有着不同于 C 端内容型产品的独特性：它是在 B 端环境中，也就是在我们企业这个大环境中，具有 C 端性质的内容型产品。所以，企业在线学习运营的本质就是要在纯 C 端内容型产品的注重用户、体验和需求的运营逻辑的基础上，具备 B 端产品的特性——逻辑、链接和效率。

逻辑指的是企业在线学习运营需要具备多流程、多方位、多阶段的统筹兼顾的条理性。

链接指的是企业在线学习运营需要具备链接组织中不同人群、不同场景、不同需求的意识。

效率指的是通过流程优化、工具给予、赋能辅导等运营思维，来提升企业的培训效率。

企业在线学习运营的本质如图 4 所示。

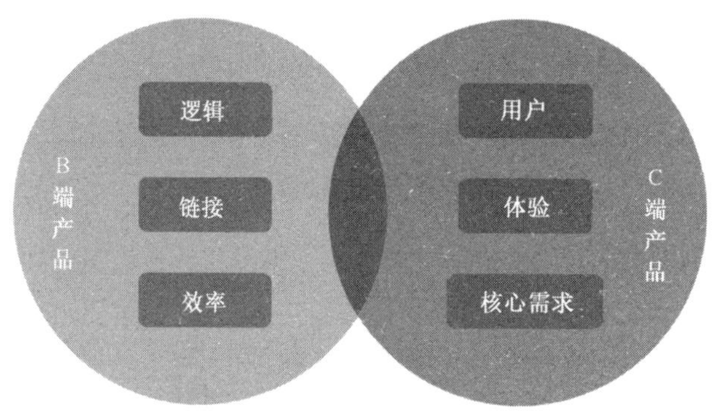

图 4　企业在线学习运营的本质

二、确立在线学习运营在组织中的定位

基于对在线学习运营本质的思考，结合对 15 年来的在线学习平台搭建、11 年来的在线学习运营服务在实践中的探索和总结，问鼎认为“企业在线学习运营是指以企业在线学习平台为基础，围绕平台、用户、内容和活动等开展一系列运营服务，通过持续化服务，提升用户体验和培养用户习惯，从而满足组织人才培养与发展需求的管理手段。”在线学习运营的定位如图 5 所示。

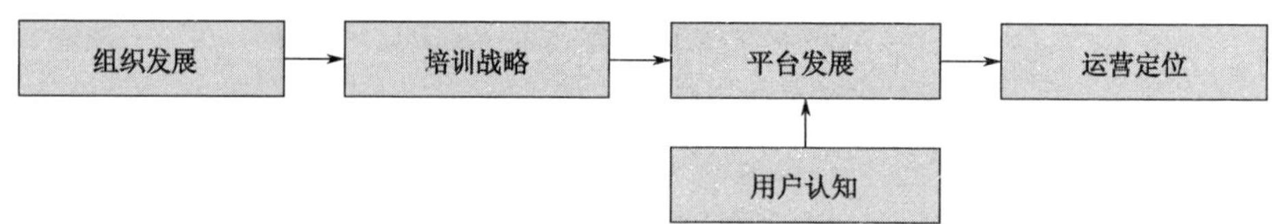

图 5　在线学习运营的定位

由上述对企业在线学习运营的定位可见，企业在线学习的运营与组织、平台、用户的联系是十分紧密的，所以当我们在定位运营在组织中的效用时，应考虑组织发展、培训战略、平台发展及用户认知这四个方面的情况。其中，组织发展、培训战略、平台发展三者之间的关系非常紧密，可以说是环环相扣。

首先，在组织发展中，我们要清楚地知道当前组织处在哪一个发展阶段，并以此来推导组织中人才的缺口方向、各类人才培养的速度要求，以及我们的培训能够前瞻性地为组织储备哪些人才等。

其次，依据组织的培训战略、人才培养计划，来规划在线学习平台能够提供哪些支撑，如绿城地产通过问鼎云学习在线学习平台的资格认证、岗位发展、辅导带教等功能实现了企业人才培养与发展的一体化，从而为企业源源不断地快速输出适配人才。

最后，我们还要明晰当前在线学习平台所处的不同阶段，包括孵化期、成长期、发展期、成熟期和进化期。在平台的不同阶段，用户对平台的整体认知水平也会有所不同。通常来讲，当平台处于孵化期时，用户对平台的认知程度多为了解；当平台发展到成长期时，用户对平台的认知水平也普遍发展到了可接受的程度，甚至平台能收获部分用户的喜欢和传播；当平台达到发展期、成熟期及进化期后，可能会有更多的用户在受到平台氛围的影响或激励机制的鼓励后，愿意花费时间在平台贡献内容、精力。而用户对平台的认知水平则会影响在线学习运营效用的发挥程度及后续的运营方向。

在综合考虑组织发展、培训战略、平台发展及用户认知这四个问题，确定了在线学习在组织中的效用定位后，我们接下来就可以着手制定运营的规划及相应的目标了。

三、在线学习运营规划及目标制定

在既往的运营服务中，企业中负责在线学习的老师经常会提出各种各样的问题，这里列举了 3 个比较典型的问题。

问题 1：怎么让学员接受在线学习的方式？

问题 2：怎么让组织中的业务部门愿意持续地使用在线学习的方式来实施培训？

问题 3：怎么证明在线学习运营是有价值的？

其实，这些问题的背后反映的都是在基础运营、发展运营和生态运营这三个运营层次中与规划方向和目标制定相关的问题。

问鼎将在线学习运营规划的制定方法总结为“基础层次+发展层次+生态层次”的三层运营规划法（见图 6），即用基础层次运营维稳在线学习在组织中的应用，同时也为在线学习后期的深度应用、学习生态搭建、精细化运营夯实基础；用发展层次运营快速推动平台发展、盘活学习资源、引导用户转化，并及时响应组织需求，发挥平台的价值；用生态层次运营精细化地赋能组织中的多种角色用户，深度且持续推动平台在各种角色用户中的应用，打造组织中的学习生态，从而让在线学习能够全面地融合到组织的人才培养与发展板块中。

在三层运营规划法中，每一层运营规划的方向及侧重都不同，与其相对应的运营目标和侧重自然也会有所差异。所以在制定运营目标时，我们可将目标按照运营层次分为基础层次、发展层次、生态层次。

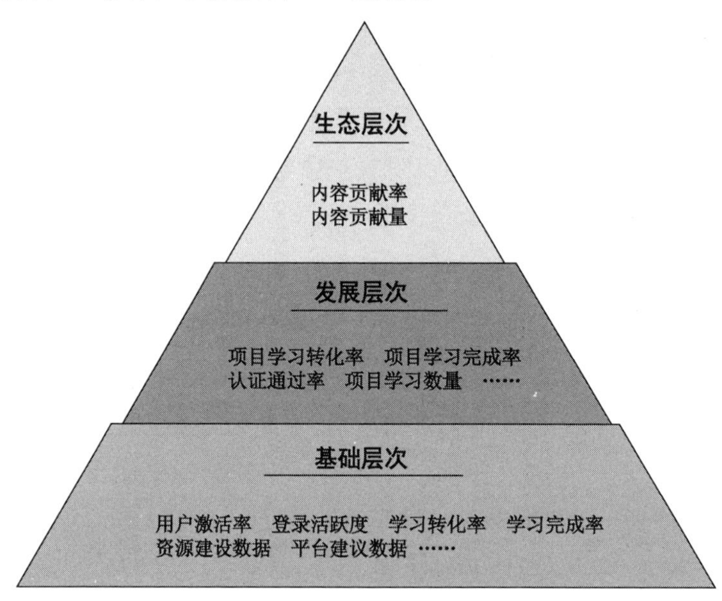

图 6 三层运营规划法

基础层次运营用于保障平台中有内容让用户来学、来用，故其量化目标一方面可随着平台的发展阶段，将主要目标从开始的用户激活率逐渐转为登录活跃度、学习转化率甚至学习完成率；另一方面则要注意如资源建设数据、平台建议数据等这类夯实平台基础的运营工作成果的目标量化。

发展层次运营的核心是拓宽平台的服务边界，让平台深入地渗透到组织的日常培训之中，在帮助组织高效、高质、低成本实施培训的同时，使得平台中的资源得到充分利用和高效补充。在一般情况下，其量化目标可采用项目学习数量、项目学习转化率、项目学习完成率、认证通过率等指标，来衡量和评估这一层次运营的成果。

生态层次运营是为了促成在线学习平台达到“自运作”的状态，让各种角色的用户都能在规则的要求或机制的激励下自主有序地去做其能做的、想做的事情，从而使在线学习平台具备对组织学习生态的支撑甚至主导的能力。对于这个层次的运营目标，问鼎建议可尝试关注各种角色的用户在平台中产出内容的数量、质量与比率。例如，专家角色的人群在平台中分享内容的数量有多少，学员对内容的建议或反馈的数量有多少、建议的质量如何等，这些运营目标都能够促进我们去选择和实施相应的运营策略。

四、在线学习运营策略选择

由于学习运营规划及目标是按照“基础层次+发展层次+生态层次”三个层次制定的，因此也将依照这三个层次选择运营策略。

在线学习运营策略如图 7 所示。

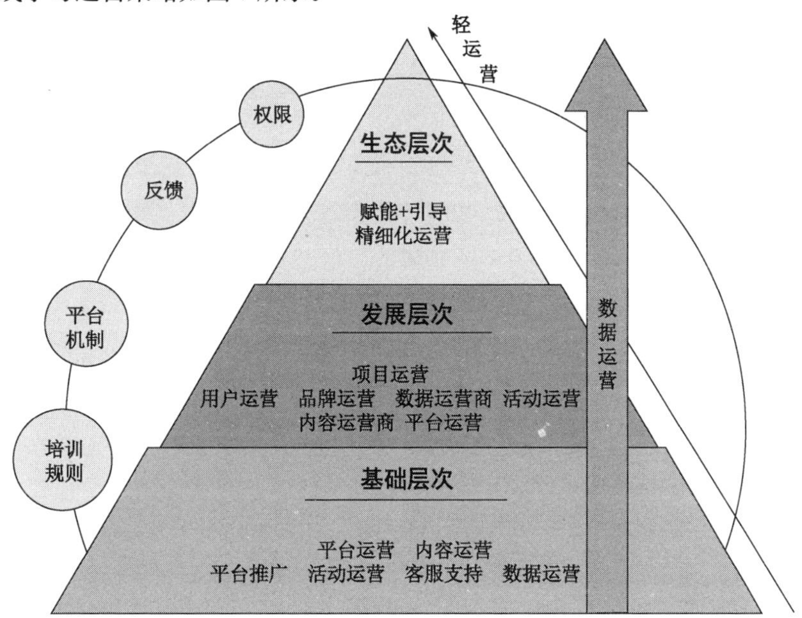

图 7　在线学习运营策略

（一）基础层次运营策略

在选择基础层次的运营策略之前，我们可以首先思考以下问题：

问题 1：平台要上线了，可是没有资源……

问题 2：平台上线后，如何快速地让大家知道我们有平台了？

问题 3：学员使用了平台以后，不喜欢怎么办？

问题 4：平台使用的人数和频率好像不太理想呀……

基础层次运营可以解决上述问题，与之相应的运营策略包括内容运营、平台推广、平台运营、活动运营、客服支持及数据运营等。

其中，我们可以通过内容运营来持续地搭建和管理平台中的学习资源；通过平台推广让平台快速地触达用户；通过客服支持来收集用户问题、安抚用户情绪，防止负面影响的范围扩大；通过平台运营来推动平台问题修复及体验升级；通过活动运营来吸引用户激活、登录和学习；同时通过数据运营来发现问题的原因。

此外，在基础层次的运营中还需要注意的是，在一开始我们就要让平台的管理机制与组织的培训规则相融合，用培训规则来为平台管理机制做背书，不仅会让平台具有一定的权威性，也减少了用户对平台机制的理解困难程度。

（二）发展层次运营策略

发展层次的运营目的是拓宽在线学习的服务边界，拉动组织中各个机构、业务条线、各部门应用在线学习以实施培训。基于这个目的，问鼎认为发展层次的运营策略要在基础层次运营策略的基础上，应至少纳入项目运营的策略，以便及时响应、高效服务组织中的各方对在线学习应用的需求。

当然，基础层次运营中原有的策略也是要进行升级的，如客服支持要升级为用户运营、平台推广可升级为品牌运营。

此外，在发展层次的运营策略中，我们还需注意的是平台权限的开放与把控。如果权限开放得过小，这个学习项目的工作就会压到在线学习运营团队的身上；如果权限开放得过大，也许会出现对方破坏平台规则的情况。所以，平台权限的开放与把控，要视对方对平台操作、规则的熟悉程度而定。

在服务各方需求的过程中，可综合考虑服务过程中的权限、规范、流程等方面的经验，并形成固定的模式，以便后续能够快速复用。

（三）生态层次运营策略

对于生态层次运营策略的制定与选择，通常大家会认为比较抽象，也许会不知道从何处着手。所以在展开介绍这一层次的运营策略之前，我们以大型综合商场的运作为例帮助理解。

首先，商场方会首先招商，然后为商家提供店铺的场地。此时如果商家不愿入驻，商场方会向商家营销商场的优势，并对商家给予一些优惠或承诺。

其次，在商家入驻以后，商场方为了保证商场的秩序，还会对商家提出一定的规范制度要求，并对其进行培训。

最后，为了长期留住商家，商场方会经常联合一些商家举办活动以共同吸引消费者，从而让消费者在商家消费，为商家创造营收。

为了让商家最大化地获得收益，商场方会尽可能地为商家提供各处的广告位，来让商家的品牌得到更多的曝光。

如果将我们的在线学习平台类比为一个商场，将在线学习运营团队比作商场方，那么我们在制定和选择生态层次的运营策略时，就可以沿着商场运作的思路来进行。

在生态层次的运营策略选择中，我们可以从自身定位的转变出发，将我们自身定位为“管理者+赋能者+引导者”，既有权利来制定规则管理用户，又有能力和资源去培育和支持用户，还有措施去引导和激励用户。与定位相应的运营策略是规则的制定，以及精细化地用户赋能、用户支持、用户引导。

总之，在选择与运用运营策略时，我们一定要秉持聚焦创造价值的核心理念，将基础层次运营做到稳固扎实，将发展层次运营做到及时有效，将生态层次运营做到融合组织，这样才会避免出现“竹篮打水一场空”的局面。

五、搭建在线学习运营体系

在明确了在线学习运营目标，制定了规划，选择了相应运营策略后，如何将运营策略落地实施，就是我们紧接着要思考的问题了。

（一）基础层次运营体系

在基础层次运营体系中，主要基于基础层次运营策略中的内容运营、平台推广、客服支持、数据运营、活动运营、平台运营六种策略进行延展。通过对这六种策略的组合应用与落地实施，来为平台的应用保驾护航。基础层次运营体系如图 8 所示。

1. 内容运营

基础层次中的内容运营有三个重点：一是将组织内现有的知识资源、外部引进的资源上传至平台中，让平台积累一部分内容来供用户使用；二是要把控平台内容的品质，形成内容品控的标准；三是要有对内容进行宣传推广的意识，通过内容来吸引更多用户。

2. 平台推广

在平台推广方面，一方面可围绕平台功能、资源、动态等与平台相关的亮点，采用多种方式，多频次地向用户推广平台的功能与资源；另一方面可融合时事、节日等热点向用户传递平台的形象与定位。平台推广示例如图 9 所示。

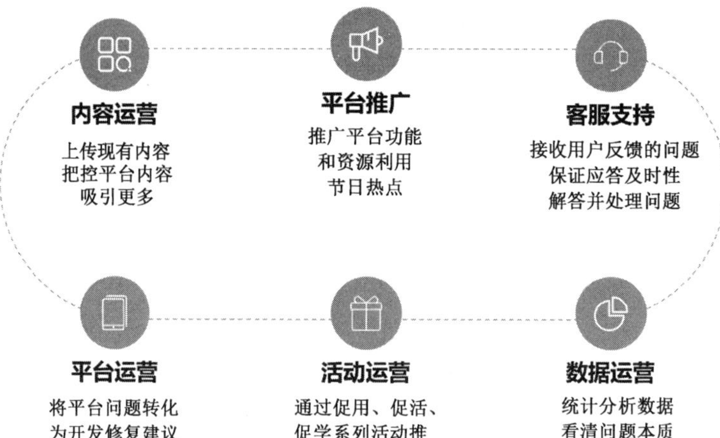

图 8　基础层次运营体系

图 9　平台推广示例

3. 客服支持

在客服支持方面，首先要铺设客服渠道以接收用户反馈的问题，常见的客服渠道有邮箱、电话、微信、平台中的意见反馈或智能客服等；其次要形成客服支持标准化流程，以保证客服应答及时性；最后要沉淀常见问题的规范性解答话术，以提升客服应答效率。

4. 数据运营

在线学习的运营过程中，数据的记录与留存是一把利器，如果运用得当，则会在很大程度上提升运营效率、改善运营效果。在基础层次的数据运营中，我们要对数据进行汇总分析，从而发现问题、找到规律，以便为各种运营策略提供参考和指导。

5. 活动运营

活动运营可根据平台情况及阶段性的目标来进行组织策划，在基础层次运营中，常见的活动运营往往会围绕平台上线促用、平台使用促活、内容盘活促学等几个方面来开展不同形式的活动，以推动平台应用。

6. 平台运营

在将用户反馈的问题转化为对平台功能的优化或修复意见的过程中，运营人员要对问题进行测试，以确定问题的触发条件，然后将测试结果反馈给产品人员，并跟进问题解决节点与结果。当问题解决后，运营人员还需及时告知给用户，让用户知晓。

（二）发展层次运营体系

在发展层次运营体系中，一方面增加了项目运营策略相关内容；另一方面也对基础层次运营体系进行了升级，扩展了运营边界，从而可以全方位地为组织培训提供高效有力的服务及支撑。发展层次运营体系如图 10 所示。

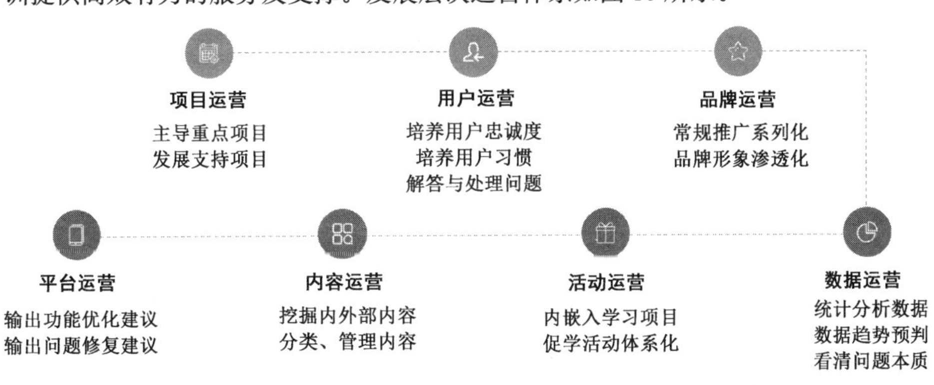

图 10　发展层次运营体系

1. 项目运营

如果运营团队面临所承接的学习项目需求过多而导致精力分配不够的情况，那么建议将学习项目按照重要程度进行划分，以根据重要程度给予不同程度的支持。例如，对组织中的政策战略型项目，提供全流程、全方位的支持，甚至由运营团队主导开展；对于非常具有代表性的学习项目，如新品上线营销技能培训项目，我们要根据其项目设计，对其提供所需的、关键的支持；对于业务部门中日常的培训项目，我们则可以根据其需要或短板，来为其提供标准化的支持与针对性的辅导。

2. 用户运营

除基础层次运营中提到的用户问题解答与跟进外，在发展层次运营的用户运营中，运营团队还需要培养用户习惯的培养及用户忠诚度。

3. 品牌运营

在发展层次运营阶段，基础层次运营中的平台推广要升级为品牌运营，也就是在将常规推广以系列化方式呈现的同时，再进一步、多方位地将平台的品牌形象渗透入学习项目宣传、内容资源宣传、平台宣传等宣传中。

4. 数据运营

在线学习经过一段时间的运营后，平台中便留存了一定量级的数据。此时，运营团队可以在数据统计分析的基础上，根据数据分析结果及既往数据的规律，预判接下来一段时间内的趋势，以看清问题的本质。

5. 活动运营

在发展层次运营体系中，可考虑将促学类型的活动形成体系，并嵌入学习项目中，以促进学习项目目标达成；亦可考虑将活动进行细分，以用于各类用户的促动、重要功能体验引导等推动运营目标达成的策略之中，使促学活动体系化。

6. 内容运营

进入发展层次运营后，为了保证内容的持续建设，主动挖掘内部、外部的内容资源将变为内容运营的重要工作。同时，当内容积累到一定程度后，对内容进行分类、标签等体系化的管理也是内容运营的重要工作。

7. 平台运营

在发展层次运营体系中，在线学习频繁且深入地介入组织学习，运营团队将会接收到大量用户反馈，其中必然存在一定数量的平台功能开发需求，所以平台运营要对收集到的平台开发需求进行归纳、梳理及总结，并将其转化为功能开发或优化建议，以输出给产品团队，以此推动平台升级迭代。

（三）生态层次运营体系

生态层次运营的作用主要是服务用户，所以在这个层级的运营体系中，用户运营变得十分重要，甚至可以说由平台机制、运营机制这两大机制，以及用户运营、社群运营、项目运营、数据运营、品牌运营、活动运营、内容运营、平台运营等运营策略共同组成的运营体系，这些运营活动都是围绕促进各类用户在平台中的运营而开展的。所以基础层级运营中的平台、内容、活动、品牌运营策略，以及发展层级运营中的项目运营策略，将全部以生态运转为中心，进行再度升级。

例如，通过对内容的体系化管理与干预、对运营激励机制的刺激，以及基于数据生成的用户画像，实现内容与学员之间的精准匹配，从而吸引学员持续学习；通过组合运用用户赋能项目的开展、运营活动的配合、社群运营的辅助、平台运营的推动、品牌运营的影响等运营策略及措施，实现对组织中的用户（培训实施方）的培育与激励，使其愿意持续地使用在线学习开展日常培训。

生态层次运营体系如图 11 所示。

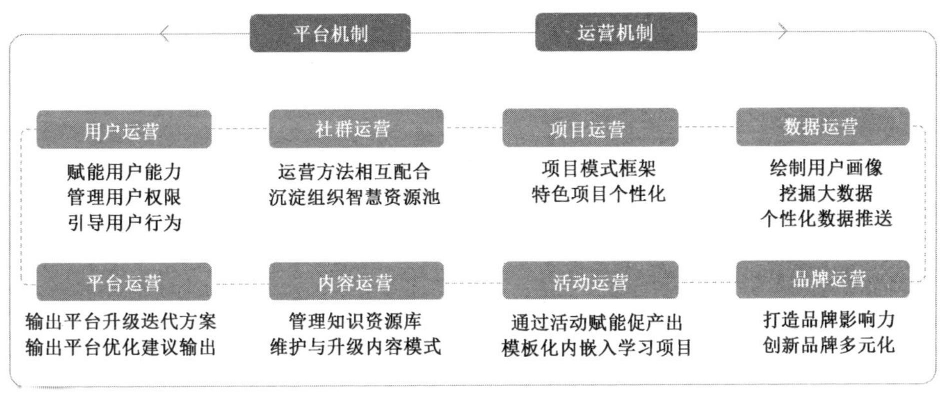

图 11　生态层次运营体系

六、在线学习运营的团队建设

俗话说，工欲善其事，必先利其器。制定在线学习运营规划、目标、策略及体系以后，如果没有合适的团队，没有可借鉴的模式，那么上述所列的种种运营举措可能都会在实施时因为各种原因被大打折扣。

所以企业中的在线学习运营团队必须具备与运营策略相对应的各项能力：一是专业能力，如教学设计能力、营销策划能力、活动策划能力、项目组织能力、数据分析能力等；二是通用能力，如极强的个人驱动力、持续的学习与创新能力、良好的人际交往能力等；三是管理能力，如项目管理能力、系统思考能力、团队协作能力等。

问鼎在线学习运营团队历经多家标杆企业检验，具备上千万用户的服务经验，可为用户提供以下运营支持。

（1）可落地的运营咨询。问鼎在培训行业已经服务了众多标杆企业，沉淀了众多优秀的平台案例，运营资源丰富，具备十分深厚的专业功力，能够持续高效地为多家大型企业提供符合企业实际的运营方案。

（2）全方位运营支撑服务。从项目顾问、项目策划统筹到驻点运营，问鼎常年为中国民生银行、广发银行、阳光城地产等标杆企业提供在线学习运营支撑服务，服务专业、快速、高效、稳定。

（3）推进在线学习平台的持续优化迭代。在运营过程中，问鼎应用 15 年的在线学习平台研发与应用经验，推进用户的在线学习平台功能的持续迭代，不断向更专业、更贴近员工实际、更有利于学习成果转化的方向前进。

问鼎运营团队优势如图 12 所示。

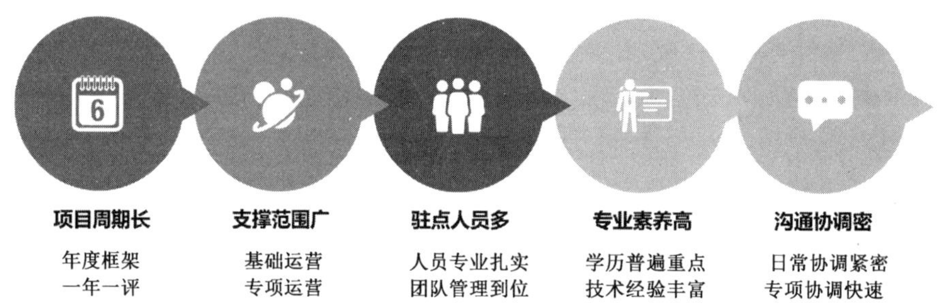

图 12　问鼎运营团队优势

第五篇　赋能业务增长之举

方正证券新员工“云”训练营——疫情下的数字化转型

方正证券培训学院　彭江龙

一、企业简介

方正证券股份有限公司（以下简称“方正证券”）是中国首批综合类证券公司，于 2011 年在上海证券交易所上市。方正证券拥有方正承销保荐、方正中期期货、方正富邦基金、方正和生投资、方正证券投资、方正香港金控等6家全资或控股子公司，并持有瑞信方正 49%的股份。

方正证券肩负“以金融服务成就美好生活”的使命，以“成为广受客户信赖的投资银行”为愿景，秉承“客户至上、专业稳健、开放协同、简单专注、勤奋坚持、追求卓越”的价值观，致力于为客户提供交易、投融资、财富管理等全方位金融服务。

二、案例背景

2011 年方正证券培训学院正式成立，经过 10 年的沉淀，形成了全层级、全领域、差异化的工作体系。

新员工培训项目，作为方正证券培训体系中职业化板块的重要组成部分，可谓历史悠久，经历了多次的改版和优化，作为新人入司参加的第一个培训项目，有其必要性和重要性。一次成功的新员工培训，能够帮助新员工顺利完成角色转换，适应工作环境，加强组织融入，胜任新岗位，更准确地了解企业的经营理念和发展战略，熟悉组织结构和规章制度，了解企业的成长历程。

2020 年之前，新员工培训一直以线下集中面授为主、线上自学为辅的形式举办，每一年的新员工培训方案都会在往年的基础上进行优化改版、推陈出新。2020 年时值新冠肺炎疫情暴发，由于疫情及大环境的影响，方正证券暂停举办面授形式的培训项目，对培训预算也进行了大幅缩减，而此时入职的新员工亟待进行统一的培训，方正证券新员工“云”训练营应景而生，但项目方案须要进行重新设计和调整优化。经过对培训课程结构的优化及课程资源的更新，对培训工具、学习平台、运营规则的精心调整，并结合对往期新员工及多个部门开展的问卷、电话调研和沟通，确定了新员工训练营纯线上培训方案的可行性后，新员工培训项目转移至线上运作。在第二季度，对外开展为期将近一个月的“数字化学习项目运营经验调研”有了系统的报告成果，结合外部的最新调研分析，项目的设计进一步打开了思路。

1. 基于线上项目运营的外部调研分析

针对线上项目运营，在 2020 年 4 月开展了为期将近三周的外部调研，以学习甲方同行的实践经验和乙方机构的专业方法，最终汇总了 13 家知名培训服务供应商［平台类：提供平台，项目由甲方设计，根据甲方项目需求匹配功能和内容上线，配合做平台激活活动；内容类：提供标准化内容（部分可定制），为了保证效果，提供了一定程度的运营服务（增值服务）；技术类：向甲方赋能培训技术（课程设计开发、直播互动技术等）；综合类：基于项目需求，可提供项目设计、内容开发、系统平台、运营服务等一站式解决方案］、5 家代表性的甲方企业大学/培训部门的调研成果，并进行了专题分析。

2. 基于学员需求的调研分析

将往期已参训的学员建议、需求反馈作为线上训练营课程调整、资源开发的重要参考，经过全新的问卷调研（调研内容包括课程建议、线上形式接受度），结合往期课程反馈（反馈内容包括课程评价及课程建议、培训体验、培训需求）的分析，对课程结构、课程内容进行了新的调整。

结合新员工培训项目的历史禀赋、外部调研报告、内部问卷调研、往期培训反馈等，有针对性地对新员工培训方案进行了设计。

三、方正证券新员工“云”训练营的实践探索与突破

在经过精心的方案设计、几期的实践及反复优化调整后，方正证券新员工“云”训练营（以下简称“线上训练营”）成为了方正证券内部优质线上培训项目之一，而不是新员工培训项目在疫情过渡期的低版本。

从课程内容及活动来看，线上训练营基于原先的课程定位及学员的新需求，重新调整了课程结构，更新了课程资源（新增或改版），总体上可将培训内容分

为：视频课程自学（联合 20 个部门录制的部门业务介绍视频课程）；直播课程在线学（企业文化、职业行为、人力资源介绍等课程）。并在培训过程中穿插在线协同任务（创意合照、“云见面”等）、企业文化小任务（企业文化行动计划、企业文化课思维导图等）、社群在线小游戏（知识点复盘游戏、头脑风暴游戏等）。调整后的课程中，一部分课程可以方便学员在规定时间内自由安排时间学习，另一部分课程则邀请内部讲师通过在线直播的形式进行授课，并与学员进行互动、交流答疑，其他协同活动及训练营任务则在班主任及各小组长的带领下完成。无论是课程学习还是任务、活动，每个环节、每个关键阶段都设置了合理的积分奖励，这些关键阶段涉及完成速度、质量、完成率、通过率等维度。培训的最后一天还安排了在线考试来对学习效果进行检验，由于有了终极测试及组间竞赛机制，学员的学习积极性、自觉度极高。截至目前，在线上训练营中极少出现需要培训运营人员提醒或跟踪学习进度的情况，少数的提醒、忘记学习、不积极学习的情况也在各小组内部，通过小组长的提醒和组员的相互监督“消化”掉了，这就如同一款社群学习 App，学员需要及时完成任务进行打卡才能继续在社群中保留发言权。

针对培训的运营及实施，从方案设计到培训实施，从培训工具到培训课程活动，从学员交流到授课互动等不同角度，每一期都不断调整、优化，以产品经理思维打造出来的线上训练营，不仅满足了新员工对于入司培训的基本诉求，而且丰富的培训手段及工具的运用也让新员工在线上培训中获得了不错的培训体验，从培训评价及反馈来看，该项目基本实现了费用为零但效果更佳的目标。

项目在一开始的实施过程中，也碰到过诸多问题，由于缺乏经验，导致运营流畅度不够，培训运营人员遇到过不少手忙脚乱的情况，但在之后几期的线上训练营中，运营人员借助前几期的运营经验整理出了一套完整的流程，每一个时间节点对应需要实施的流程细项，甚至对常用的通知、话术等文字内容也提前进行了精心的编辑、设计。实践证明，在不增加运营人员的前提下，这套流程大大提高了项目的运营效率和流畅度，培训中的“Bug”大幅减少，即使每一期都会有新的调整和优化，但这一套流程的包容度仍然非常高。

四、项目实施过程介绍

基于前期的调研分析、方案设计，加上对课程内容耗时近一个月的打磨及更新，项目实施阶段只需要将精力重点投入到运营设计层面就可以了。为了达到理想的效果，从学习平台的选择、稳定性测试到教务工作的分工，从培训的预热、开场到培训收尾的设计，从社群的运营风格考量到直播授课技巧的练习、直播过程的反馈收集、直播画面的调整（亮度、背景、角度等），从互动游戏的选择到协同任务的设计……每一个细节都抱着“希望学员体验不错、希望学员能收获惊喜”的期望，反复推敲和设计。

（一）整合内外部在线学习平台资源

1. 自学课程平台

方知网络学院由三部分构成——PC 端、移动端、微信，新员工从这三个部分均可便捷地进入方知网络学院学习自学部分的课程。

2. 直播课程及社群运营平台

在直播及社群平台、软件的选择方面，力求给学员“简洁”“便捷”“顺畅”的良好体验，实现“在线学习”“在线考试”“在线破冰”“在线协同”“教务无纸化”。学员除可以通过网络自学平台进行视频课程自学外，还可以通过企业微信（其特点是一键建群、实名制，便于管理）、网络学院（其特点是长期合作的成熟平台，学员熟悉度高、运维人员专业度高）、主流直播平台（其特点是互动性强）进行视频直播交互课程的集中学习及相关交流活动，并可通过个人微信端、微信小程序等熟悉的平台协同完成小组任务、游戏及活动。

3. 运维工作外包，精力聚焦顶层设计

培训过程中的数据导出及部分数据整理、资源上传、课程测试、在线签到等运维工作都提前定好了标准再交由外包供应商完成，这让培训管理者可以将更多的精力投入社群运营、学员观察、资源建设、线上互动等“不能缺席”的工作上。

（二）精细化、高质量线上运营

1. 建立线上训练营高能开场：提前分组预热+在线破冰

培训开始前进行分组和预热，让学员提前相互熟悉，对培训活动产生兴趣和期待，培训首日通过直播的形式进行仪式感十足的开班，内容包括线上训练营规则介绍、线上训练营任务包发布、线上训练营破冰等，以充分激活学员“入场活力”。

2. 设置组间竞赛机制

培训管理者通过微信大群+小群的方式进行学员分组，选出各组组长，与班主任共同组成班委。班主任充分赋能组长，由组长进行小组日常管理，如学习监督、协同任务分工、组员情绪调动等。设置组间竞赛机制，大幅提升了学员的活跃度、重视度、积极性。

3. 关注学员线上活跃度：持续刺激、趁热打铁、精准互动

各组冲击线上训练营“能量股”（积分）榜单，每天准时公布榜单及“能量股”明细，持续刺激，调动热度，养成习惯，使线上训练营有出乎意料的高社群活跃度。

（1）组间竞赛积分细化到个人，让每个小组成员的个人贡献值一览无遗，避免团队中产生“旁观者效应”和“责任分散效应”。

（2）每个环节的积分统计结合 Excel 表格等工具，做到快速、精确，通常在每个环节结束后 5 分钟内公布统计明细。小组积分汇总明细每日公布一次。

4. 设计线上协作任务，建立学员链接

每一期培训设置 1～2 项难度适中的线上协作任务（如创意合照），从而增进学员之间的交流，有效提高社群黏度和学员参与度，结合组间竞赛机制，提高学员自我能动性，提升培训体验，并形成同组学员相互监督的良好社群氛围。

5. 创造多元化形式的新员工交流机会：微信社群+新员工代言人直播间

（1）社群交流。

培训“前”：预热，个人名片展示，相互熟悉。

培训“中”：交流互动，互相提醒及监督。

培训“后”：保留社群，入司过渡期互帮互助、进一步交流，并为线下交流创造可能。

（2）直播间面对面。

综合岗位、部门、层级、经验、年龄等因素，选出具有代表性的几位新员工作为“新员工代言人”，在直播间与其他新员工进行分享、互动、交流。

6. 设计有温度、有特色的训练营结尾：结训+创意颁奖

线上训练营在最后一天进行直播结训，并给获奖学员在线颁发电子创意奖状，奖状设计也随每一期的视觉主题色等细节进行微调，满满的设计细节就是

为了让学员感受到培训设计的用心、与众不同，奖状的设计也尽力让学员收获惊喜。

量身定做的创意奖状，不拘一格、较富创意的奖项名称及用心搜集的奖项文案，让学员领奖时“会心一笑”。

五、效果及价值

线上训练营的效果体现在如下几个方面。

（1）项目参训率屡创新高。

（2）课程及培训满意度再创新高。

（3）项目新增直接费用为零，培训成本创新低。

（4）为多个部门、多个培训项目提供了重要的线上运营思路、运营经验、流程模板。

对于培训管理者来说，相比线下集中培训中对于培训场域的便捷管理和立体把控，对纯线上运营的管控难度其实是非常大的。同时，相比往年新员工培训的费用投入，在零新增费用的情况下，要达到良好的培训效果，似乎难上加难。基于“纯线上、零费用”的要求，项目亟须找到一个既符合内外部环境要求，又能保证培训及时性和培训效果的突破口。在经过 2020 年前两期新员工训练营的摸索和尝试后，训练营的运营细节、创新力度、培训体验有了大幅的改善和提升，在保持项目完整性的基础上，培训效果及培训评价出乎意料地达到了历史新高（参考数据：2019年线下培训整体评价平均分为9.6分，2020年线上训练营截至第五期，平均分为 9.8 分，最高评分达到了 9.9 分）。新员工“云”训练营项目取得的阶段性胜利也为方正证券其他培训项目转为线上运营的设计、实施和运营提供了有价值的参考。

六、案例经验总结

一场疫情带给培训行业的，与其说是冲击，不如说是危机。“危机”意味着有无限的机会和可能，这场危机也正是培训行业从业者对培训思维、培训形式、培训手段更新迭代甚至打破常规、实现进一步市场化的好时机。纯线上培训项目的设计和运营，如同设计和推广一款新领域的 App 并投放到市场，需要不断地检验用户认可度，任何一个细节都不能放过。

线上培训带给学员的感受毕竟无法媲美传统培训面对面集中场域带来的培训

立体感、交互感，学员空间分散等控制难度较高的因素也让线上培训运营稍有不慎便有可能失控。所以，培训实施者首先要具备“三高”的品质：高度责任、高度细心、高度活力。在投入培训热情和细心的同时，还要不断革新思维和手段工具，丰富在线培训的层次和体验，并借助市场上亦在不断更新迭代的培训工具、软件，降低培训的失控风险。在新的形势下，培训行业从业者更加不能“炒冷饭”，而需要准备一颗更加市场化、更加产品化的心，这样做出来的项目才能真正赢得用户的心。

方正证券新员工“云”训练营，虽然从第一期前途未卜的尝试到如履薄冰的探索，再到轻松上阵，经历了半年左右的时间，但每一期都勇于打破常规、革新思维，而越来越好的学员体验和学员评价也验证了新工具、新方法的有效性。

零售先锋，百日会战

施维雅（天津）制药有限公司　程训俪

一、企业简介

施维雅制药集团（以下简称“施维雅”）隶属医药行业，是一家总部位于法国的国际制药企业，从事医药健康领域产品及服务的研发、生产和销售。1979 年，施维雅进入中国市场；2001 年，施维雅在中国设立国际医疗研究中心 (ICTR)；2002 年，施维雅（天津）制药有限公司正式成立，并在天津经济技术开发区（TEDA）建立工厂；自 2015 年起，施维雅中国成为集团全球营业额排名第一位的分公司。

目前，施维雅中国在心血管疾病、糖尿病患者管理等方面，稳居行业领先地位，并将积极拓展肿瘤和静脉健康领域的业务。施维雅在中国注册了 14 种高品质创新药物，其中雅施达、达美康、可兰特和万爽力等产品均属知名品牌。

施维雅（天津）制药有限公司拥有 1500 余名员工，设有运营、贸易、医学、公共事务、财务、药政事务、人力资源和 IT 等职能部门。培训部隶属运营部，主要支持运营战略的贯彻实施和达成绩效所需的能力提升。业务部同样隶属运营部，总计有 1100 多名业务人员，分为 6 个大区（Zone），遍布全国各省市地区。

施维雅（天津）制药有限公司架构如图 1 所示。

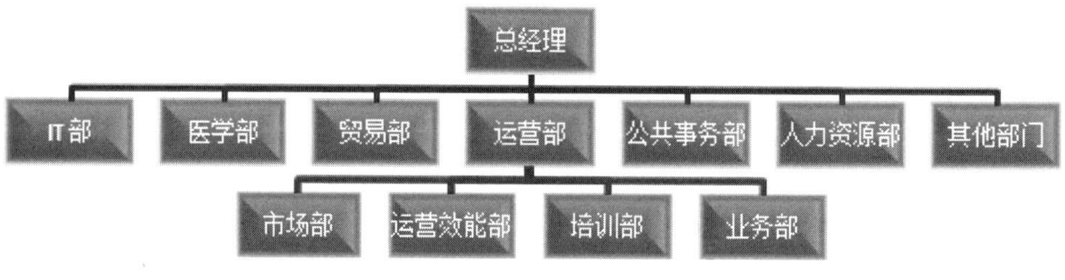

图 1　施维雅（天津）制药有限公司架构

二、案例背景与需求分析

伴随着 2018 年国家开始实施“带量采购”的医药行业政策，越来越多的跨国制药企业的过期原研专利产品进入了“带量采购”目录。许多医药企业面临市场运营难题：要么降价、压低利润；要么逐渐放弃公立医院这个市场。施维雅作为在心血管、糖尿病等慢病领域耕耘多年的原研西药公司，也面临同样挑战。

施维雅在业务与战略层面的需求是，在尽量保留原有医院渠道业务的同时，将目光投向零售市场。在高品质高品牌知名度的原研产品方面，零售渠道为施维雅的战略产品和“带量采购” 产品都带来了巨大的机遇，零售渠道业务的发展直接关系施维雅的长期发展战略。

从组织层面，施维雅非常熟悉医院渠道的营销模式，但对于零售渠道的营销模式是相对陌生的，因此，不仅需要市场、销售等职能部门各个层级人员的思维转化和团队合作，而且还需要探索和建立适用于施维雅的成功零售商业模式和工作流程，为未来的架构调整提供依据。

2020 年 6 月至 9 月，施维雅尝试性地在零售潜力较大的区域设立了专职零售业务代表，这些空降的零售业务代表虽然具备丰富的零售业务工作经验，但是非常需要适应施维雅的企业文化，且只有熟悉组织架构，才能在团队中发挥重要作用。而管理层虽然对零售业务有热情，但缺少知识和实践经验，亟待提升认知。

基于上述分析，在运营总监的积极倡导之下，以助力组织业务模式转型、促进零售团队融合、提升零售业务代表领导力、使其在转型中发挥重要作用的“零售先锋百日会战”行动学习项目于 2020 年 11 月初正式启动。

三、案例实践与创新过程（创新成果措施）

（一）项目简介

“零售先锋百日会战”是施维雅的跨部门、跨层级、为期四个月、单多课题混合式行动学习项目，覆盖市场部、业务部、培训部，学员层级从总监到一、二线经理，再到一线员工。

（二）项目目的和目标

（1）帮助零售团队成员巩固完成零售业务所需要的产品及疾病知识，要求检测合格率 100%、优良率 80%。

（2）帮助组织及零售团队成员解决至少 3 个零售业务运营问题。

（3）在施维雅零售业务试点阶段至少提取 6 个可复制、可推广的成功案例。

（4）提升零售业务团队的信心、团队精神，要求团队满意度≥80%、自信率≥80%。

（三）项目设计思路

充分调动运营总监、市场总监、销售总监等高管的能量，从组织角度给学习小组提出业务难题，并面对面解释出题的原因，澄清困惑；在时间、资源上给予保障，在方向上给予把控；市场部作为零售业务的急先锋，派出最具零售行业经验的副总监为学员提供咨询、方法论方面的技术指导；将各个层级的销售同事和市场同事混编成行动学习小组，在充分差异化的基础上，共同学习、讨论、分享，实践后，再总结、复盘、反思，共同成长。培训部运用行动学习的思想方法，在其中穿针引线，做好设计与运营，让学习自然发生，让团队收获知识、收获能力的提升、收获团队的力量。项目设计底层逻辑如图 2 所示。

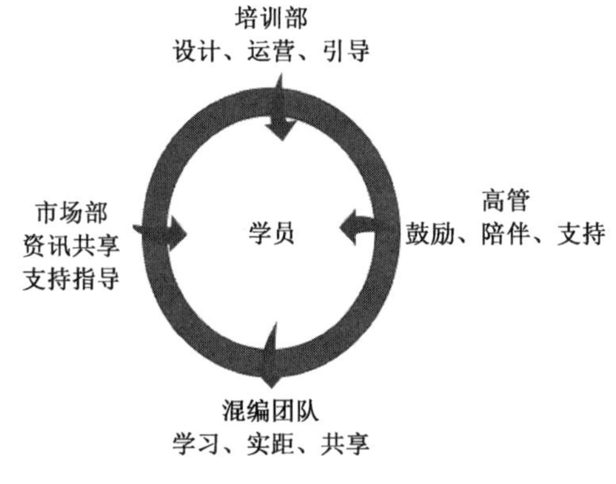

图 2　项目设计底层逻辑

（四）项目实施

1. 项目成员与职责分工

在立项之初，就非常明确地以文字或图表的方式，让该项目的所有利益相关方清晰明确地了解各自在项目上的角色与职责。项目成员与职责分工如表 1 所示。

表 1 项目成员与职责分工

成 员	角 色	职 责
运营总监、销售总监、市场总监	发起人、导师	支持、承诺，明确需求和范围，设置问题，检查和验收结果
零售代表、大区经理、产品经理、大客户经理	参与者	参与、学习、成果产出
大区总监	支持者	规定制度，激励、支持
培训部	项目经理	统筹、规划、设计
	催化师、培训师	确定行动学习线、知识输入线的设计和实施方案
	运营与团队动能	设计运营方案，推动执行，项目的营销与宣传

2. 顺应变化，敏捷调整实施方案

最初，项目被设计为“双组三阶段”，即筹备期及知识学习期，以及三次面对面集结之间的两个行动阶段，三次面对面集结分别安排在 2020 年 11 月底至 12 月初,2021 年 2 月及 2021 年 3 月。由于 2021 年 1 至 2 月部分学员所在地区再度小规模出现新冠肺炎疫情，经与业务总监协商，最终将方案敏捷调整为如图3所示的方案。该方案减少了一次面对面集结，改为线上小组圆桌讨论会，解决带有典型件的个人难题；强化社群运营分享圈，由组长带动组内学员，一方面继续围绕组织发出的难题，集体行动、讨论、归纳、解答，另一方面，在快课平台上开展经验大家谈，培训师在此参与过程中及时发现并萃取零售团队有经验成员的成功案例，形成微课。将原定于 2021 年 3 月的最后一次集结改在公司半年会上举行，活动内容包括汇报成果、评优、颁奖、结营仪式，带动了更多的零售新成员，达到了树立信心、融入团队、扩大项目的目标。

最终该项目采用了双组双阶段、线上线下混合、单多课题混合式行动学习模式。

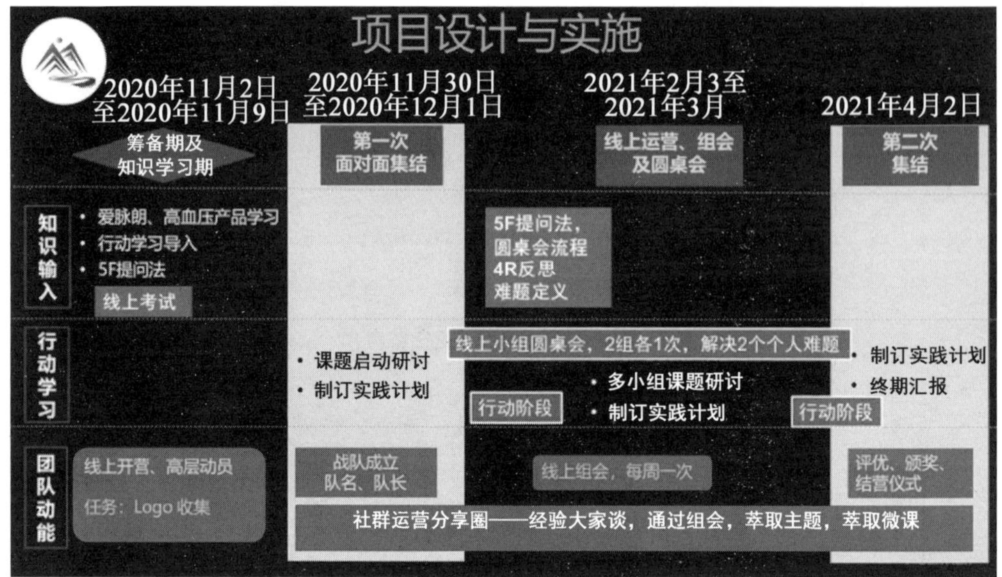

图 3　项目设计与实施方案

3. 精细化的线上运营

战队：组建两个战队，设立积分与奖励机制，既有战队又有个人奖励，激发“赢”的精神，既促进团队合作，又促进组间竞争。

队长：首次集结时，在高层领导的见证下，选出战队队长。队长具有组织线上会议、推动战队完成组织难题解答、凝聚战队的职责，每周或每两周定时组织小组会议，指派组员进行会议记录，主持并保证会议产出，敦促组员完成各项任务。

辅导员：每个战队都分配了 1 位培训师，其职责为观察战队的动能、辅助队长召集会议、协作引导会议、纠偏，在过程中给予学员工具和方法，协助战队更高质量地分享案例、完成组织难题解答，以提高会议效率，并发掘学员的可复制、可借鉴的成功经验。

特邀嘉宾：在某些会议的议题上，当需要外部力量介入时，会提前邀请市场部的相关同事作为特邀嘉宾，参与例会，分享重要信息。

荣誉与认可：获奖的成员或战队，在全公司的半年会上上台领奖，分享经验，彰显价值与成就。

（五）项目亮点与创新

1. 利用线上圆桌会进行多课题研讨，帮助学员解决个人难题

由于所处区域不同，因此小组成员会碰到不同的难题。为了使行动方案顺利进行，在项目实践期针对个人难题进行了研讨。多课题圆桌讨论会利用企业微信平台针对个人难题进行研讨，同时随时记录研讨内容，并将内容放在个人微信群中供大家共同研讨、提问与回顾，这样即使有人因信号或技术原因中途掉线也可以及时跟上研讨进展，确保研讨过程顺利完成。

个人难题的解决充分发挥了行动学习的优势，从而帮助团队成员提升自我认知、反思能力，提升其在组织中的影响力与领导力。

2. 社群运营分享圈——经验大家谈，助力学习氛围提升、案例提取

在实践过程中，小组成员积累了大量的实践经验，通过快课平台建立分享圈，分享成功和失败经验。这种方式一方面可以促进小组成员相互学习，另一方面平台的点赞和评论功能也能加强小组成员彼此联结，增加团队动能。同时，这个分享圈也为后续提取成功经验并形成微课打下了基础。

3. 微课萃取，项目收获“彩蛋”

通过上述成功案例的展示，以及小组周会中的分享，培训师敏锐地抓住了零售业务中的关键行为和关键话题，如贴柜培训、店员教育、患教活动、药店拜访的访前准备、与医院团队的协作等，从而萃取并制作了9门精美的微课，以供后续加入零售团队的成员随时随地学习借鉴，也可以成为零售培训体系化课程的重要补充。由于这些课程均来源于团队成员的切身实践，与施维雅零售业务结合紧密，因此课程内容非常生动，易于理解掌握，实用性强。同时，微课的萃取为企业的知识管理提供了实践新思路：在实践中提取、沉淀、复制，再返还于实践。

4. 我的项目我做主，Logo 展示与评选活动

为提振士气、强化零售团队成员的归属感，在项目伊始，发起了 Logo 征集、展示与评选活动，零售团队成员、高管和跨部门的各层级同事都参与了投票。最终，将当选同事的设计贯穿应用于对内、对外的各种项目宣传中，如 PPT 汇报、海报展示等。

四、项目成果

此次项目的成果体现在如下几个方面。

（1）知识学习成果。

产品知识学习直播/回放，完成率 100%。

产品及疾病知识考试 90 分以上占比为 100%，满分率 89%。

（2）难题解决成果。

针对 2 个组织难题各形成 2 套解决方案。

针对 2 个个人难题各形成 1 套解决方案。

（3）小组成员满意度平均分为 93.8%（见表 2）。

表 2　小组成员满意度调研表

问题	满意度
近3个月来，我有机会学习与成长	93%
近3个月以来，我能感受到团队成员的支持	96%
我在“零售先锋百日会战”项目中，能感受到同伴的鼓励和帮助	96%
近3个月以来，我受到过上级/老板的鼓励与支持	96%
我能感受到市场部对于我工作的指导与支持	87%
我感觉我的工作有价值	93%
我明白公司对我的工作期待	96%
在工作中，我感觉我的观点经常能被听到	89%
在“零售先锋百日会战”项目中，我收获了来自上级、伙伴的支持与帮助，这使我增强了面对未知的勇气	98%

（4）为组织萃取、沉淀了 9 门零售业务发展微课。

五、案例经验总结

（1）项目贴合施维雅业务发展及组织发展需求，由运营总监倡导发起，得到高层管理者的重视与支持。立项伊始，项目的各个相关干系人就职责清晰、分工明确，因此在项目的设计、推进、迭代过程中，始终得到业务伙伴的鼎力支持。

（2）顺应随时随地出现的变化，敏捷调整设计与实施方案，适时添加线上多课题圆桌研讨、经验萃取与微课提炼，减少了一次面对面集结，但始终紧密围绕项目目标，保证了组织、团队、个人学习目标的达成。

（3）线上精细化运营，通过队长制、辅导员制，充分调动组长的作用，每周或每两周定时举办线上组会，每次会议都有明确主题及产出要求，由组长主持，培训师在会议流程上予以协助，并为下一次会议预定好主题。这样高质量的运营过程，贯穿了行动学习实践阶段的整个过程，其成果包括高质量的经验大家谈、终期成果汇报及对微课话题的发掘与提炼。

（4）运用经验萃取技能与微课制作技术，利用行动学习项目，为组织在新业务领域积累了宝贵的组织经验与知识，可以快速在新成立的团队、新设置的岗位上复制和应用，是对系统性的行业、业务和岗位知识的生动鲜活、实用快捷的有力补充，值得众多领域中的组织学习和借鉴。

把教室搬进直播间——直播操盘手训练营项目

京东零售学院　李金鹏　杨　彤

一、企业简介

京东集团于 2004 年正式涉足电商领域。2014 年 5 月，京东集团在美国纳斯达克证券交易所正式挂牌上市，是中国第一个成功赴美上市的综合型电商平台。2020 年 6 月，京东集团在香港联交所二次上市，募集资金约 345.58 亿港元，用于投资以供应链为基础的关键技术创新，以进一步提升用户体验及提高运营效率。

京东集团下设四大子集团。京东零售集团：备受用户信赖，以供应链为基础的友好交易零售平台。京东科技集团：最懂产业的数智化解决方案提供商。京东物流集团：全球最值得信赖的供应链基础设施服务商。京东健康集团：全民健康管家。

2017 年年初，京东集团全面向技术转型，迄今京东集团已经投入了近 600 亿元人民币用于技术研发。

京东集团定位于“以供应链为基础的技术与服务企业”，目前业务已涉及零售、科技、物流、健康、保险、产发、海外和工业品等领域。

京东集团奉行客户为先、诚信、协作、感恩、拼搏、担当的价值观，以“技术为本，致力于更高效和可持续的世界”为使命，目标是成为全球最值得信赖的企业。

京东集团坚守“正道成功”的价值取向，坚定地践行用合法方式获得商业成功。自创立之初，京东集团就秉持“诚信经营”的核心理念，坚守正品行货、倡导品质经济，成为中国备受消费者信赖的零售企业。京东集团坚定“客户为先”的服务理念，大力发展自建物流，保障用户体验，成为领先全球的新标杆。

二、案例背景

突如其来的新冠肺炎疫情，给各行各业都带来了严重的影响，也开始深刻改变了我们的生活方式、学习方式。新冠肺炎疫情引发了人们对难以保持社交距离的行业（如线下零售、酒店）的担忧，促使自动化在经济衰退期间取得了快速进展。在新冠肺炎疫情期间，很多企业加快了自动化的部署。例如，利用机器人为客人登记入住酒店、在餐馆切沙拉或在收费站收费。与此同时，网上购物获得了进一步的发展。这些创新将使经济更具生产力，但这也意味着，当人们可以安全返回工作岗位时，有些工作岗位已不复存在了。同时，远程办公开始成为常态。一项研究发现，2020 年 5 月美国 GDP 的三分之二是由在家工作的人创造的。许多公司要求员工在 2021 年之前远离办公室，一些公司表示，他们将永久保留弹性工作制。在家办公基本获得了各方面的认可，给雇主和员工提供了新的选择，同时远程办公为市场带来了新的商机，如视频会议平台 Zoom 的股价在 2020 年上涨了 6 倍多，而商业用地、快餐和通勤等迎合旧式办公的基础设施，可能会面临生存的难题。

疫情过后，相信有更多的人会意识到在公共场所主动与他人保持距离的重要性。这个距离，不仅是文明的距离，更是安全的距离。文明的养成需要久久为功，这样的距离，不是疏远和冷漠，反而体现的是一种尊重、一种分寸、一种友好，一种对自己也对他人负责的行动自觉。

对不少中老年人来说，新冠肺炎疫情发生以前，逛超市、菜市场、药店等线下实体场所，是他们的主流生活方式。但是因为考虑防范疫情所必需的物理隔离，所以很多生活也只能转移到线上，从而使线上生活方式被更多的人所了解和接受。网络的便捷，使我们每个生活在家中的人虽然在进行隔离但并未与世隔绝。线上买菜、线上办公、线上教学、在线上门诊、在线上车保……各种线上生活的场景和方式，经过此次新冠肺炎疫情被推广开来，这样的生活方式未必会成为主流，但一定会继续深化。

新冠肺炎疫情期间，直播带货呈井喷式爆发，引爆了线上销售的新浪潮。由于直播电商需求量大、业务增速快、商业模式新，其发展远超我们人才培养的速度，因此各业务部门纷纷提出加速培养直播电商人才的需求，培训部门经历着前所未有的挑战。疫情管控之下，线下开班受到了很大限制，导致培训项目被延期。正是在这种业务需求强烈、内部挑战极大的背景下，我们创造性地提出了“把教室搬进直播间”的培训方案，既解决了业务痛点，又创新了培训模式。

三、案例实践与创新过程

“把教室搬进直播间”这句话一语双关，同时也暗含了疫情之下培训方式的创新。“把教室搬进直播间”这句话的第一层含义是受疫情影响，线下授课不能正常开展，我们把原来传统的线下课程搬到了线上，通过直播授课的方式让学员完成知识学习，弥补线下开课的不足；第二层含义是为了加强学习效果，提升学员对直播电商的感受与认知，项目中增加了游学设计，把学员带到真正的直播基地，零距离感受直播，是在真的直播间进行学习。

为了分别解决学员面临的三大核心痛点，项目分为三个阶段进行。

第一个痛点是学员对直播电商知识层面的掌握参差不齐，缺乏系统性的知识学习。因为直播电商在疫情的催化下呈井喷式爆发，业务增长速度非常快。但我们的业务人员过往对直播电商知识的认知和积累比较缺乏，甚至很多人之前根本不接触和了解直播电商，大家都是被市场和需求“逼着”去接触直播业务的。但业务发展太快，直播又是新事物，行业内普遍缺乏知识体系的构建与积累，导致大家虽然了解了很多碎片化的内容，但始终对直播电商知识缺乏系统性的了解。

针对知识层面缺乏的痛点和疫情下开班上课的困难，项目第一阶段的学习采用了“直播授课+录播回放”的模式。我们邀请了行业内顶尖的 MCN 机构讲师，将直播电商的必备知识萃取沉淀为4门课程，通过直播的方式进行授课，学员可以和讲师实时互动交流；将课程内容转化为录播形式的线上课程，供大家反复学习和复习。课程结束之后还安排了考试，起到巩固知识的作用。

第二个痛点可以概括为场景化的应用和实战问题的解决。我们学习知识的最终目的是解决问题，但直播电商业务是复杂多样的，如何在实战中灵活应用这些知识，如何解决一些典型的实战问题，是学员们最关注的事情。

针对场景化的学习诉求，我们设计了1天的线下面授课程。首先是得益于政府在疫情管控上的力度，我们能够在快速恢复经济的同时，也能够恢复线下学习。课程内容的设计是难度最大、最有挑战的事，行业内各家直播电商都有不错的成绩，也有自己的打法和套路，但不一定适合我们，知己知彼，内外结合，才能碰撞出最高质量的课程内容。我们整合了内部直播团队的近 10 名专家和外部 MCN 机构的专家共同组成课程开发小组，针对大家关注的商家直播策略的差异化需求进行课程开发，并邀请了内部优秀案例代表进行实战分享。1 天下来，5 门课程+3 个实战案例让学员们满载而归。

第三个痛点是缺乏实操经验。因为我们是甲方平台，直播运营并不是我们的长项，且缺乏直播全流程的操盘经验，就非常容易导致制定策略时考虑欠缺、方案不落地等情况的发生。

我们筛选了行业内顶尖的MCN机构，通过沟通达成了战略合作，共同制订了直播游学的计划，将整个直播游学分为三个环节。第一个环节是知己知彼，因为MCN机构不仅做京东直播项目，也会操盘其他平台的直播项目，通过他们的帮助，我们可以学习其他平台的好的做法和新鲜的玩法，这对我们是一个非常重要的补充。第二个环节是实战演练，我们把学员分到了不同品类的直播间，有服饰、家电、快消品、食品等，每个直播间都有不同的特点，每个学员也都有自己的分工，如策划、选品、主播、导播、运营等，每个人都全方位、零距离地体验到了直播是如何做出来的。第三个环节是达人面对面，学员们和主播达人进行了零距离的交流，也深度复盘了自己在直播实操过程中的优缺点。

四、项目效果

直播操盘手训练营先后开展了两期，历时4个多月，培养了70余名经过专业训练的直播操盘人员，在直播电商需求呈爆发式增长的业务背景下，极大地缓解了业务需求，从而助力业务团队顺利地顶住了直播电商的业务压力，完成了直播业务的平稳过渡。

直播操盘手训练营内部联动了2个直播中台部门、5个事业群，形成了广泛的业务影响力，充分发挥了京东零售学院在京东零售内部跨部门协调联动的作用，帮助前台和中台部门更高效地进行协作。

项目沉淀了13门直播专业课程、2门行业大咖课，累计学习1000人次以上，认证了70余名直播操盘手，提升了学员直播操盘的各项技能，直接助力了业务发展，把知识直接转化为了生产力。培训成为助力业务的左膀右臂。

项目联合了MCN机构，建立了京东集团专属培训基地，涉及10多个专业直播间，覆盖家电、厨房、美妆、快消等多个品类。通过和行业内的合作，创新了培训模式。培训不再仅依托传统意义上的供应商，而是整合了更多业务资源到培训项目中来。

项目充分整合外部资源，在游学环节调动了MCN机构几十名工作人员，在“大咖分享”环节邀请了行业内知名专家，但均通过资源的整合创新达到了零成本交付。

五、经验总结

培训的核心价值是解决业务问题。培训模式的创新也一定是基于学习效果的。疫情在给我们带来挑战的同时，也激发了培训人的创新精神。直播操盘手训练营项目是在强烈的业务需求下应运而生的，也是在疫情大背景下不断被创新和突破的。这期间我们不仅收获了学习模式的创新，增加了直播教学和线下游学的新形势，更是助力了业务发展，给业务带去了急需的培训产品和解决方案。

将教室搬进直播间，既是疫情之下的无奈之举，也是科技发展的必然选择，更是助力业务的不二之选。这一切只因我们培训人不辜负每一份热爱，不辜负燃烧自己、照亮他人的讲师们对讲台的热爱，不辜负学员们对学习的热爱。

正是我们培训人对培训的热爱，才让我们逢山开路、遇水搭桥，借科技东风、解业务难题。

“视”在必行——短视频线上训练营

建行大学华东学院　陈洪清　金　宏　高卫颖

一、企业简介

建行大学华东学院（以下简称“华东学院”）位于江南著名古城常州。华东学院始建于1964年，其前身为常州财经学校，2000年3月根据建设银行总行决定，改为中国建设银行常州培训中心，同时成立建行党校常州分校，2004年更名为中国建设银行股份有限公司常州培训中心，2018年9月更名为建行大学华东学院。

华东学院主要承办建设银行总行各部门的业务培训班；参与全行性培训项目的开发；根据总分行的需求，自主开发和实施培训项目；承担总分行委托的考试、考务和人才测评工作；根据总分行需求，开发和实施远程培训项目；党校分校承办建设银行总行安排的领导干部进修班、基层党组织负责人及党务工作骨干培训班，以及分校自主开发的青年管理人员培训班、新任支行行长培训班等各类培训项目。

在建设银行总行的大力支持下，经过多年的建设，华东学院目前已建成具有较高培训供给能力，软、硬件培训设施较为完善的专业培训基地。华东学院占地面积198.6亩，总建筑面积60598.58平方米；拥有客房735间、床位1045张；培训餐厅可供900人同时用餐。同时，华东学院还拥有35个研修室、18个教室（含报告厅）和拓展训练场地等教学场所；配有4片网球场、10片羽毛球场、乒乓球室、体育馆、田径场、2个多功能活动厅、学员沙龙等文体活动场馆。

二、案例背景

2020年年初，全国新冠肺炎疫情防控形势严峻，如何在非常时期更好地传播疫情防控知识、营造科学防控氛围、践行我行金智惠民工程，同时传达行内各项通知精神、在线宣传我行金融服务……这些问题亟待解决。

目前，金融行业获客成本居高不下，亟须拓展新的获客渠道。对于金融产品营销人员来说，传统渠道获客方式主要包括电话销售、客户拜访、大型活动，以及线上微信群、朋友圈。然而，随着竞争日趋激烈，这些渠道的获客成本与难度都居高不下。在业绩的压力下，金融行业从业人员亟须拓展新的获客渠道。

因为直接销售缺乏信任建立过程，所以金融行业从业人员需要建立个人品牌。金融行业从业人员在刚从事相关金融产品的营销工作，通过电话销售或现场拜访来进行金融产品的营销时，经常会遭遇拒绝，导致既无法获得业绩，也没有办法建立客户的信任。

针对上述三类问题，短视频脱颖而出，成为公众喜爱的最佳学习形式。短视频作为互联网时代的一种新兴应用场景，正在构成独特的网络景观。短视频平台提供了成本较为低廉的流量入口，只要内容做得好，就有机会不断获得平台的流量助推，从而被更多的用户，包括更多的潜在客户看到。而且，在当前疫情防控常态化的情况下，短视频也成为了金融行业从业人员的一种全新可行的触达客户渠道。通过短视频，金融从业人员将银行产品的价值更真实地传递给客户，从而更好地建立自己的个人品牌。

2020 年，建行大学进一步明确了工作重点："服务领域有广度，数字学习有力度。" 5G 时代是时下最受瞩目的风口，每次风口都会带来红利与变革，针对短视频行业这个风口下的产物，建行大学面临的问题包括：短视频的最新发展趋势是什么？如何借助短视频提升建行影响力？如何运用短视频助力业务开展？"短视频+营销"如何运作？播放量百万的短视频又是怎么做的？建行员工迫切需要掌握的短视频制作技能有哪些？如何让学员通过系统深入的学习了解"短视频+"，以掌握短视频制作方法与技巧，提升短视频运营的实操技能，实现人人能制作、人人会运营的目标，为建行品牌传播、产品宣传、业务营销、客户拓展、企业文化交流提供直观化、可视化、创新化的新方式？

为进一步增强建行员工短视频设计制作能力，更好、更快、更多地创作出高质量可推广传播的短视频作品，为抗疫工作贡献力量，为建行今后的品牌传播、产品宣传、业务营销、客户拓展、企业文化交流提供直观化、可视化、创新化的新方式，华东学院准确把握业务需求，在建行大学校本部的正确指导下，科学设计培训方案，探索实施"线上训练营"的全新培训模式，做到了培训目标清晰、培训内容聚焦、培训过程精彩、培训转化有效。

三、案例实践与创新过程

"短视频线上训练营"项目采用集课程讲解、教练反馈、同伴激励、运营监督、结业奖励为一体的全新的线上培训的学习模式，围绕增强建行员工短视频设计制作能力，力求创作出高质量可推广可传播的短视频作品。

（一）项目需求分析

为确保项目的实用性和实效性，项目组进行了全面的需求调研工作。受疫情影响，本次调研主要采用的方法为问卷法和电话访谈法。问卷分为封闭式问卷及开放式问卷两个部分。在封闭式问卷中，涵盖了受访学员性别、职级、年龄、工作年限等基本信息，同时根据短视频的开发制作所需基本能力罗列了具体调研题目，并从重要程度、实际水平、喜爱的在线学习方式及学习时长等多个方面了解具体情况。在开放式问卷中对学员自身短视频制作能力及水平在哪些方面还需要提升，希望通过训练营的学习获得哪些知识，提升哪些能力等问题进行了解。电话访谈的内容既包括在线上训练营的呈现形式、时长等基础性问题，也包括对短视频开发制作的重点环节、难点问题进行全方位了解，同时对学员的培训需求进行深入挖掘。

在调研结果分析过程中，主要采用关键词萃取、频度排序的方式，对每一类的问题进行综合信息提取、归类与整理。本次调研样本量较大，涉及一级分行、二级分行、三级分行及以下分支机构的 857 位学员，确保了数据的客观性、科学性。从调研结果来看，短视频线上训练营项目市场需求旺盛，学员希望通过系统的培训全面提升短视频制作能力，提高综合素养，从而助推业务发展。

本次调研从短视频制作环节所需各项能力角度梳理了短视频开发人员应具备的能力或素质，并通过对调研结果的综合分析确定了项目的课程框架、学习形式及学习时长等内容（见表 1）。

表 1　项目的课程框架、学习形式及学习时长

课程框架	学习形式	学习时长
1.短视频概述 2.短视频行业分析 3.短视频文案创作指南 4.素材获取与处理 5.如何让视频既实用又好看 6.短视频专家访谈 7.优秀短视频案例分析 8.短视频制作相关工具介绍 9.“来画”短视频制作攻略 10.玩转“万彩动画大师” 11.微课设计与开发	1.社群（微信群）互动 2.小程序打卡 3.直播课堂	1.每节短视频课程培训时长为 0.5～1 小时 2.短视频训练营总时长多为 12 小时

（二）项目设计思路

1. 打通教、学、练、评、赛的全流程

训练营形成了“教、学、练、评、赛”完整的教学链路闭环，为学员提供优质的课程与服务，真正以学员为中心打造沉浸式学习场景，最终提高线上教学效益。

“教”：训练营综合运用直播、线上课程、视频会议等方式将学习内容传达给学员，实现“教”的输出。

“学”：学员通过微信小程序、公众号推文、直播课堂等渠道完成“学”的输入。

“练”：结合每日授课内容安排集中研讨、答疑解惑，设计“每日一练”，促进新知识的吸收，巩固学习效果。

“评”：班主任、培训师、助教耐心辅导，认真审阅、点评学员作业，及时选出学员的优质作业推荐至大群共享，帮助学员真正地认识自己、提升自己，全方位地提升督学互动，让学员及时了解学习情况。

“赛”：为固化培训成果、提高培训质量，训练营以赛促学，通过举办短视频优秀作品培训活动，让每一位学员都动手制作短视频作品，通过实践检验学习成果。

2. 构建学有所成的学习体验

为了构建学有所成的学习体验，项目组实施了以下几项措施。

目标可视化：没有目标就没有方向，在项目准备阶段，通过新媒体形式进行预热，提升学员对培训目标和意义的清晰认识和直观了解，让学员带着明确的目标进行学习，使学习效果事半功倍。

氛围秩序化：在开营日当天，重点将学习秩序、优秀评选规则、助教工作职责告知学员，明确学习群、小组群的职责，并组建班委会等，让大家在积极的学习气氛中完成学习。

内容结构化：线上项目不仅是碎片化学习，而且是结构化的碎片化学习。结合学习主题确定具体内容，根据不同内容的特点、重要程度等选择最优学习载体，呈现学习内容。

场景个性化：通过学习签到、每日一练、任务制学习、闯关式学习、自主混搭式学习、真题练习等丰富多样的学习形式与模块，满足个性化的教学场景，有

效提升学员的学习黏度和活跃度。

反馈及时化：通过打卡提醒、点评互动、课程通知、积分排行榜、作业展示留存，建立真实有效的教学效果反馈，有效提高教学服务满意度。

奖励内外化：根据评选规则推选出优秀学员、优秀组织，同时结合以赛促学，通过优秀作品评选、推荐至进阶营学习等方式激励学员。将优秀学员及组织等情况对内反馈分行、对外通过多媒体形式在互联网宣传，让学员荣誉感、仪式感满满。

关系"亲密"化：在线学习环境下的协同知识建构是当前数字时代下网络教学革新的新模式。无论是建构主义还是联通主义，都对师生关系进行了重新定义。在线学习的过程中，师生可以随时随地沟通交流，在此种建立在虚拟空间的"师生学习共同体"中，培训师既是学员的"知识的协同者"，更是学员的"学习的引导者"。

3. 基于"PIR"模型开展项目

线上教学全流程组织以建构主义和联通主义的教育理论为指导，全流程地体现以学员为中心，培养学习习惯，激发学习兴趣，提供学员真正需要的产品和服务，丰富建行大学平台的功能，提升数字智能化水平。

项目基于"PIR"模型开展，其中 P 是指项目准备（Prepare）；I 是指项目实施（Implement）；R 是指项目复盘评估（Review）。项目综合运用直播、线上课程、视频会议、App、微信群、微信小程序和公众号进行开班、线上授课、案例分享、学员互动讨论答疑、作业测试和评比、结业典礼，贯穿线上教学全流程。短视频线上训练营 PIR 模型如图 1 所示。

（三）项目实施流程

1. 准备阶段

设计训练营海报，制作每日学习小贴士设计，撰写宣传文案，建立报名通道；完成班级管理制度的制定、需求调研等。

明确课程安排，了解学员报名情况，建立微信群；在学员报名后的 1 个工作日内，助教与之取得联系，告知学习须知及开课时间，推送开营前学习资料。

明确工作职责。开营前确认分组情况，确认助教与小组组长。班主任主要负责课堂组织、社群营运、教学安排等所有事项。助教主要负责本小组学员的学习情况跟踪、实时辅导及作业辅导等，搜集小组问题并反馈给班主任。小组组长负责督促本小组学员上课打卡及组织小组讨论。班主任、助教、小组组长共同引导学员积极参与社群互动，带动彼此学习。

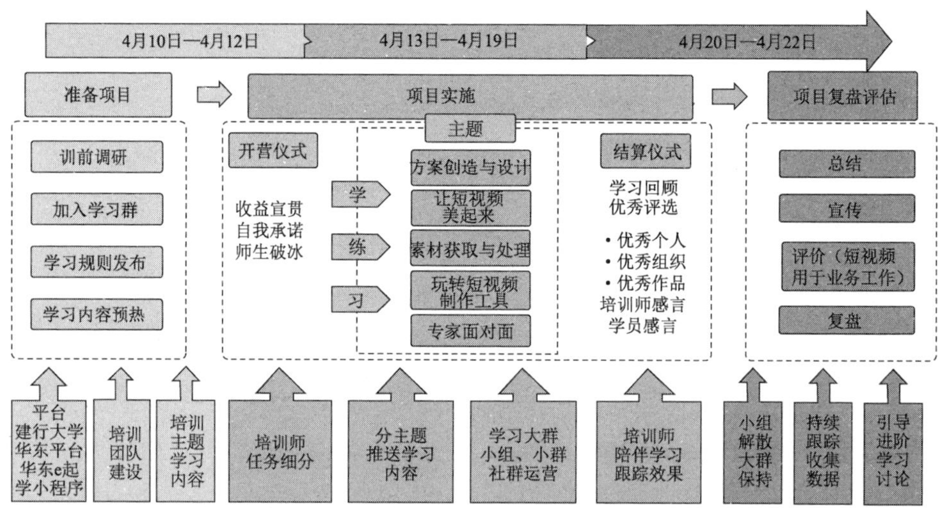

图 1　短视频线上训练营 PIR 模型

2. 开营阶段

每期训练营学习时间为 7 天。一般是周一开营，周日结营，具体项目实施情况如下。

开营日，举办开营仪式，营造学习气氛，下发学习资料及须知。

开营期间，实施训练营相关制度，通过微信小程序“华东 e 起学”实现日常课程督学，所有课程将上传至“华东 e 起学”、微信小程序还包括设置作业课程、解锁课程、打卡提醒、课程通知、日签长图等功能，以实现对课程学习的实时关注。同时，训练营作品评比、项目宣传、班级管理公告等也均通过微信小程序“华东 e 起学”实现。互动答疑、日常管理均通过微信群实现。

结营前，根据训练营激励制度发放证书和奖品。

3. 训后阶段

完成本期训练营作品的搜集与上传工作，召开复盘会议，与学员建立长期联系，为学员提供帮助，完成项目评估工作。

（四）项目评估策略

为了科学地评估培训效果，界定培训对组织的贡献，项目组按照科学的流程进行项目的评估与设计。

在正式评估之前，进行了评估可行性分析，进一步明确了评估需求及评估目标、评估者，制订了评估方案，明确了培训评估报告的核心内容，确定了评估层为学习层。同时确定了评估信息收集方案、数据整理和分析方法，并对评估报告的使用做了相关规定。

有关培训评估的最著名的模型是由柯克帕特里克提出的，该模型包括反应层、学习层、行为层和结果层四个层次。项目组确定此次评估位于行为层。项目组要求在培训结束的 3～6 个月后进行反应层评估。为考虑公平性，行为层要求评估人员由学员、同事、直属领导组合而成。操作的基本步骤是，在培训结束时，协助学员制订一份有量化改进的实践计划，列明现在的情况和需要改进和达到的事项。在培训结束后的 3～6 个月的时间里，对学员进行跟踪调查。评估结束后，培训师进一步与学员、学员同事、学员直属领导进行评估交流。通过评估后发现，学员已将短视频技术应用到工作中，开发了大量短视频作品，内容涵盖业务工作、党建工作、素质能力、疫情防控等各个方面。

四、案例效果

项目极大地满足了分行对新媒体，尤其是短视频在业务工作中的应用需求，受到了广泛欢迎。经过一周的学习，无论是学员还是培训组织者，都给予训练营较高的评价：训练营的课程总体内容丰富，小程序学习形式新颖，社群分享学习氛围浓，培训实用性强，参训后学员能掌握短视频的制作技能。参与训练营的学员表示，班主任、培训师及助教热情高涨，毫无保留地将所学及所得与学员们分享，共同进步。

培训前，通过需求调研了解员工的培训需求，以更大限度地满足求知的需求；培训中，小程序课程、直播课堂及社群互动等丰富的教学形式，既满足了学员随时随地学习的需求，又让学员利用碎片化的时间学习并掌握了结构化的学习内容。

在培训过程中，利用每天的案例分享、课程总结等帮助学员加深课程的理解，深入浅出地引导学员学会学透，做到上一节课就有一节课的效果。训练营最大的特色就是手把手教，让学员实际动手操作，让每个人都真正掌握制作短视频的本领。

项目整体投入费用主要包括小程序的使用费用。项目产出成果丰富，远高于项目投入，性价比高。项目结果与项目预期高度契合。项目产出了大量优秀的短视频作品，锻炼了一批行内员工。同时，该项目对于项目组也是一次难得的成长和磨炼，一方面产出了精品课程，积累了丰富的短视频授课经验和制作经验；另一方面项目组积累了丰富的在线学习项目的设计与运营经验。在建行大学校本部的指导下，华东学院构建了“四个一”培训精品项目，形成了整体培训学习方案，为做好今后的项目打下了坚实的基础。

一个目标：通过训练，每位学员都能具备开发短视频的能力，创作出高质量可推广、可传播的短视频作品。

一条主线：以短视频开发流程为主线，搭建项目课程体系。从文案设计到平面设计、从素材获取与处理到短视频工具介绍，项目课程安排围绕短视频开发流程逐一推出，帮助学员了解短视频开发的每一个关键环节。

一个流程：围绕项目实施步骤，明确训前准备阶段、训中阶段、训后阶段的主要工作安排，为班主任、培训师、专家、助教等角色安排特定的学习支持和管理活动，确保训练营各项工作有序推进。

一套制度：确保有秩序、有陪伴、有标杆、有温度的课堂氛围，让学员快速适应且不想离开。

五、案例经验总结

（一）准确把握在线学习特点，设计出让学员主动学习的在线项目

为了进一步提升训练营课程的实效性，项目组成员一方面遵循实用、有用、会用的“三用”原则，结合调研结果开展课程内容的准备，确保培训内容的贴合度；另一方面研究在线的学习特点，尤其是建行各岗位、各业务条线对于在线课堂的认知，以及在线学习的特点等，在项目设计实施过程中，更加强调以学员为中心，项目设计时为班主任、培训师、专家、助教等角色安排特定的学习支持和管理的活动，并从组织上制定相应机制以确保工作效率，真正设计出以学员为中心、以业务提升为导向的学习项目。

（二）及时复盘，总结提升，不断提升项目质量

每期培训班结束后，项目组及时复盘，完成课程迭代更新。项目组通过集中

研讨的方式，相互交流训练营中学员反馈的情况，深入探讨微信群的交流与互动情况，对在线的学习特点逐渐清晰，对各岗位及各业务条线的需求的定位越发精确，项目组成员迅速调整课程内容，并在下一期中投入使用。

（三）打好基础，积累素材，丰富短视频制作工具

通过近 20 期的项目运营，项目组不断总结经验，以期把培训做得更好，为学员提供更多支持。为了完成这一目标，华东学院要进一步做好以下两个必要的基础工作，助力今后的训练营再上台阶。

一是做好素材赋能。鉴于外部素材都需要付费，为便于节约分行费用，项目组提供了免费的素材，并将素材库通过建行大学网络平台对全行开放，供全行员工使用，帮助学员提升短视频开发质量与效率。

二是丰富制作工具。制作短视频的工具较多，考虑到学员基础不同、兴趣不同，项目组逐步完善工具篇的介绍，将专业的、先进的短视频制作工具，尤其是简易类操作工具的操作方法和手册以新颖活泼的形式做成系列课程，提前投放到网络平台，供学员在工作之余，自主学习、复习和使用，实现了资源的全面共享。

AI 人才赋能解决方案

弘成科技发展有限公司　张冰雷

一、企业简介

弘成教育成立于 2000 年，是网络教育培训综合服务提供者，以大数据、云计算、人工智能等信息技术为支撑，以创新在线教育培训产品、构建智慧教育模式为目标，为用户提供多元化和定制化的教育培训解决方案。

2018 年，弘成教育的数字化人才发展产品“用到云平台 3.0”全新上线，该平台全面探索数字化、智能化赋能企业人才发展的应用实践，开启 AI 智能时代人才发展新模式。该平台基于领先的大数据和 AI 技术，通过智能测评，以及对接各类系统进行大量的数据采集和算法处理，实现对员工的能力诊断和预测分析，进而通过智能陪练、场景化和项目化培训方式更有针对性地提升员工业务能力，并配置可视化可自由组合的 BI 数据系统，全面推动企业人才发展。

二、案例背景

数字化和 AI 是人力资源创造新价值的核心动力。因此，人力资源工作要逐渐从经验驱动转变为数字驱动，以便更好地提升人才发展的效能。以下将以金融行业某头部企业（A 企业）为例，分享企业人才数字化赋能的实践成果。

在企业向数字化转型的过程中，人才发展是至关重要的主题，随着 A 企业产品线的不断壮大，对全国销售团队的岗前与岗中培训成为培训工作的重点：对于新员工，需要让其快速掌握沟通话术，尽快开展业务；对于老员工，需要根据其业务薄弱点，使其不断提升并持续学习新业务的知识。然而针对现有的销售业务管理与人才培养，A 企业依旧面临着管理粗放、标准欠缺、人员培养周期长、实效有待改进的现状。

A 企业人才数字化赋能总体架构如图 1 所示。其中，学习平台、管理系统、测评、陪练、问答、推荐、督导为本项目最终的交付内容，标签体系、胜任力模型、知识图谱是与客户相关业务团队一同打磨共同梳理的内容。

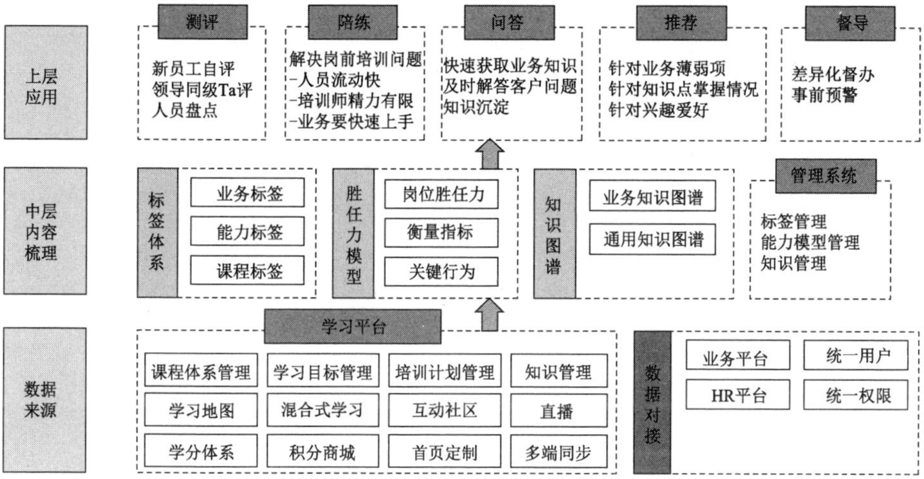

上层应用
测评：新员工自评 领导同级Ta评 人员盘点
陪练：解决岗前培训问题 -人员流动快 -培训师精力有限 -业务要快速上手
问答：快速获取业务知识 及时解答客户问题 知识沉淀
推荐：针对业务薄弱项 针对知识点掌握情况 针对兴趣爱好
督导：差异化督办 事前预警

中层内容梳理
标签体系：业务标签 能力标签 课程标签
胜任力模型：岗位胜任力 衡量指标 关键行为
知识图谱：业务知识图谱 通用知识图谱
管理系统：标签管理 能力模型管理 知识管理

数据来源
学习平台：课程体系管理 学习目标管理 培训计划管理 知识管理 学习地图 混合式学习 互动社区 直播 学分体系 积分商城 首页定制 多端同步
数据对接：业务平台 统一用户 HR平台 统一权限

图 1　A 企业人才数字化赋能总体架构

三、案例实践与创新过程

（一）智能标签

智能标签：构建业务及课程体系，关注业务敏感点，锁定重点员工，让管理不盲目。

1. 企业场景及痛点问题

【客户背景】

金融行业成熟企业，处于业务转型期，在以往金融产品已经具备的基础上，需要不断地尝试推出新产品以适应市场的需要、社会的挑战。

【核心管理人群】

销售人员

【销售人员业务场景】

销售人员的主要工作包括：拓展客户，锁定目标客户，抓住业务时机提供合适的金融产品。

在实际工作推进过程中，销售动作基本都是在线下进行的，企业无法在业务系统中获取销售人员的任何操作行为（如电话跟进、客户答疑、客户拜访等），唯一能够识别到的是：通过销售人员已绑定的客户，对业务节点发生的操作动作的结果进行有效识别。

【管理痛点】

（1）对企业而言：销售人员作为公司业务盈利的核心主体，流动性非常大，公司中入职时间为0～6个月的员工占据30%以上，如何让入职时间为0～6个月的员工迅速突破首单，以专业的和高度的服务意识赢得客户的信任，是企业持续关注的重点问题。

（2）对上级主管而言：1个业务主管会分管6～12名销售人员，核心工作包括每天晨会及业务复盘、定期周会、面试及招聘、一对一场景演练轮训。由于日常事务繁重，很难准确聚焦每位员工出现的不同业务漏洞，无法有针对性地进行场景演练或提供管理建议。

（3）对培训部门而言：已有全面的帮助销售人员快速习得业务知识的课程，因此要求销售人员要在一段时间内完成学习并通过考核。但完成考核，并不代表立即能够上手，在销售人员实际开展工作时，仍会出现困难，发现自己的业务薄弱点。此时，培训部门将无法向销售人员提供有效的推荐建议。

【小结】

（1）如何在恰当的时机发现销售人员的困难，并向管理者提供最需要的信息支持，成为第1个核心突破点。

（2）如何准确识别用何种方式，将庞杂的课程内容分类整合，并为员工提供最需要的课程支持，将是第2个核心突破点。

2. 解决思路

弘成教育为企业提供“标签体系方法论”——通过建立一套具备高效利用价值的标签体系，用以识别和刻画业务场景中各关键因素，并应用于更丰富的智能应用场景（推荐、提醒、数据洞察及前瞻），最终对业务产生积极效果。

【深入业务中，挖掘业务标签】

（1）业务体系：基于各业务产品线，以灵活的组织方式，刻画业务发生的业务场景、业务环节及业务状态。

（2）业务行为：基于员工实际业务开展情况或线上状态日志，提炼出可有效刻画业务状态、业务效果的行为类标签、条件规范和关键成果。

由于业务标签针对销售业务动作，只有业绩效果指标可考量，并不足以监控业务进行过程中的异常点。而唯一能够识别员工状态的方法是通过观察该员工的客户在各业务节点下的业务动作是否顺畅，以反向倒推。

【落地培训场景，梳理培训内容】

（1）知识体系：基于业务培训体系需要，将所有培训所需的知识序列进行全面的结构化整合，并对培训成果进行有效评估。

（2）学习行为：基于学员实际发生的学习行为日志，提炼出可有效刻画学习过程、学习结果的行为类标签及条件规范。

【落地岗位视角、落地能力及岗位画像刻画】

基于可获取的各类标签，形成可评估岗位能力的标准及岗位画像。

3. 方案实施方向

方案的实施不是单方面的，需要双方的协同合作。协同合作的前提是弘成项目团队需要对企业、业务、销售群体有足够的认识，同时，客户也需要对弘成项目团队有充分的认可和支持。

因此整体实施及开展分为两阶段：调研咨询阶段、产品落地阶段。

（1）调研咨询阶段。

第1步：进行深度的企业咨询，了解销售人员的业务特点、业务流程，并协助客户梳理和确定业务流程及核心要求。

第2步：对业务课程结构进行全面了解，并协助客户全面进行知识体系的管理和课程内容标签的梳理。

（2）产品落地阶段。

第1步：根据上一阶段的产出，在明确核心业务流程的情况下，可获取客户、员工行为信息，并设计数据采集解决方案。

第2步：业务部门启动业务标签梳理工作，结合在业务系统中采集的数据并利用销售人员的过程、结果性要求指标，明确识别条件及观察依据。

第3步：基础功能搭建——完成业务体系管理、标签配置、知识标签配置、自定义指标管理等基础功能。

第4步：完成数据采集、诊断计算及建模分析等工作。

4. 产品展示

产品可完成的功能包括：用户可灵活设置业务需求，灵活配置标签条件，支持设置标签条件规则和数值区间类规则（见图 2）；可查阅各标签分层运转情况（见图 3），可支持对每日更新情况进行查看。

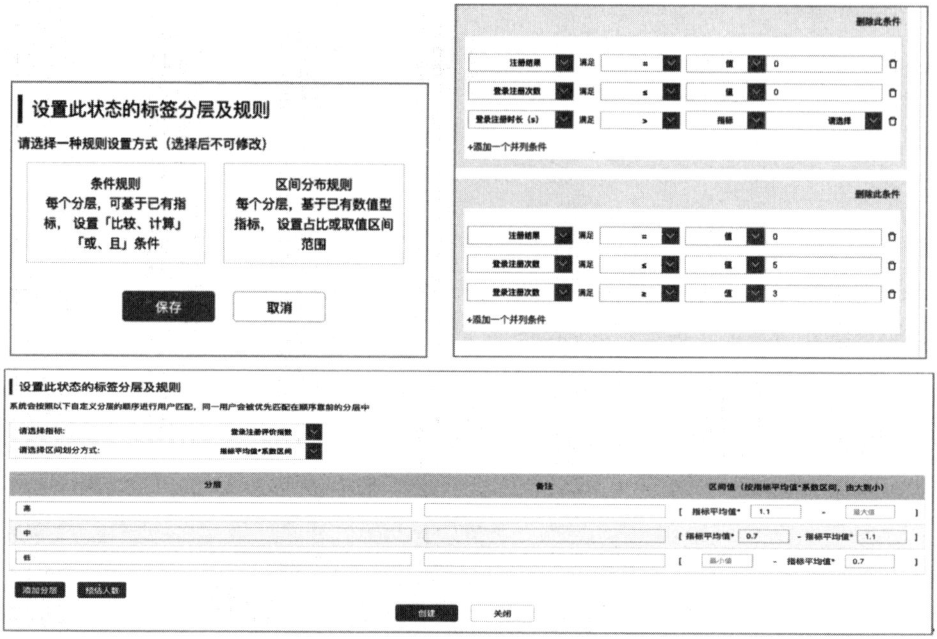

图 2　配置标签条件

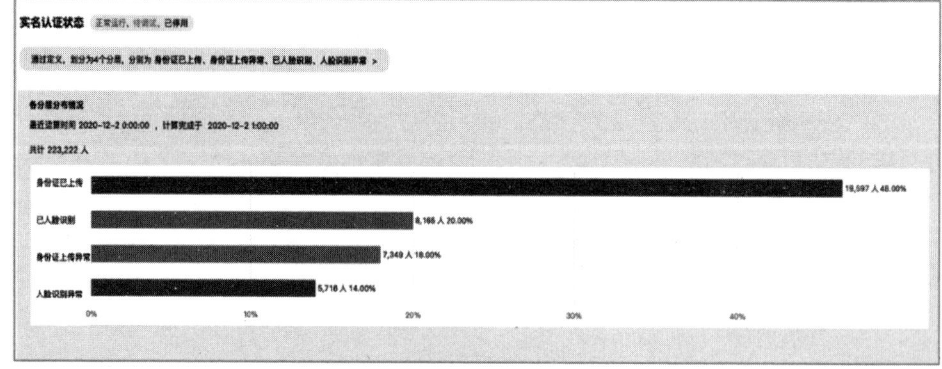

图 3　各标签分层运转情况

5. 实施成果

标签体系的搭建过程，主要是对业务数据的梳理及方案的制定和实现。对于企业客户来说，可感知的功能是有限的，但搭建工程一旦完成，就代表着企业的数据地基已经形成。

【给管理者带来了什么】

（1）为销售人员完成 SOP 标准化工作流程的梳理，并结合流程环节确定数据采集点。

（2）共完成 170 项基础或自定义指标的对接，获得 76 个标签观测值，企业管理者可以根据标签管理平台，灵活配置与管理相关的条件和识别标签。

（3）可实时查看的内容包括在业务推进过程中，全体销售人员所处的实际状态、正常及异常占比和名单，从而能够帮助企业管理者发现异常人群，并对具备共性特征的异常群体提供管理性的预警。

（4）培训学习平台可根据各个业务节点异常情况，对匹配学习的知识课程进行脉络性的梳理和对应，为后续推荐课程提供条件支持。

【衍生价值探讨】

数据基础的夯实，为后续解决企业人才培养赋能提供了充分可靠的数据依据，为刻画立体多维度的员工画像，以及在后续智能应用中提供个性化课程及陪练推荐、能力评估、及时督导等奠定了坚实的基础。

（二）智能测评

智能测评的目的是在人才发展中加入评估机制，从而能够更客观、更准确地刻画员工能力。

1. 企业场景及痛点问题

【核心管理人群】

销售人员

【管理痛点】

（1）对企业而言，销售人员的需求量大、流动性大，因此企业在人才的“选、用、育、留”方面要持续投入大量的智慧和管理手段。如何科学地评估和量化员工的实际水平，找到岗位匹配度高、发展潜力强的人群，并为其进行差异化赋能，一直是企业需要持续思考的问题。

（2）在人才“选、用”环节，招聘部门在进行面试笔试等必要招聘步骤时，以往曾使用过人才测评的工具，但需要纸质发放，回收统计费时费力。同时，受到评估准确性影响，虽然在面试环节搭建了能力基线，但能力发展情况无法持续地观测下去，候选人进入用人部门后，被认可度反馈不一。

（3）在人才“育、留”环节，业务部门希望为岗位建模，并充分了解自己所管辖团队中的每名员工的当前能力水平、与团体的差异、能力持续发展和提升情况，但一直无从下手。

【小结】

（1）企业需要一套快速量化员工能力的评估工具，并适用于招聘、人才培养等多个场景。

（2）企业需要能够对每名员工从招聘、入职、发展培养角度进行纵向的观察，以准确评估和了解每名员工的发展情况，为后续留人、提拔人找到有效依据。

2. 解决思路

弘成教育为企业提供方便其使用的测评工具，用于快速量化员工能力，为满足以下三种场景的人才发展能力的评估需要，提供相应的管理配置、任务分发及数据查看等功能支持。

【场景 1：企业招聘环节，及时了解候选人现状及可发展水平】

在招聘环节，候选人可通过手机扫描二维码，快速答题。人力资源部门可立刻了解员工与岗位所需能力水平的匹配度、在当前销售群体中的水平。当候选人正式入职后，可统一进行数据归档，纳入正式员工范围，供企业持续观测。

【场景 2：内部员工能力评估】

当业务部门需要进行大批量、一次性的员工能力调查时，业务部门可以根据不同的岗位分发不同的测评问卷，并以邮件的形式通知每名员工。这样就可将原先可能需要实施 1～2 周的测评回收及统计工作，仅用 1～2 天即可快速完成。

【场景 3：360 度多角色的人才盘点，挖掘潜力人才】

当企业要对高潜力人群进行定期人才盘点时，就需要请员工的上级、平级、下级、员工自己进行多角色的综合评价，在评估过程结束后，需要根据业务部门要求进行不同权重的运算，再得到最终评估结果。

3. 方案实施方法

第 1 步：进行充分的客户调研，明确客户对接场景、测评工具的特点，确定数据对接方案、个性化报告方案。

第 2 步：完成产品功能集成。

第 3 步：协助企业准备测评工具及计分逻辑，分发评估任务，并查看回收数据。

第 4 步：产品全面交付。

4. 产品展示

测评体验步骤如图 4 所示。

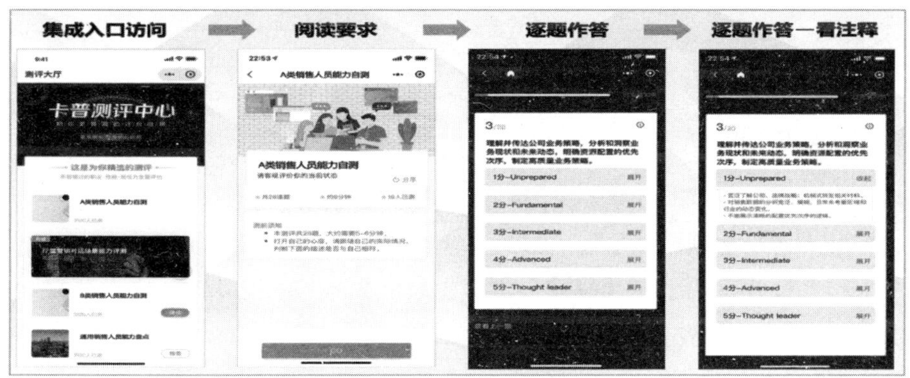

图 4　测评体验步骤

员工个人报告样式如图 5 所示。

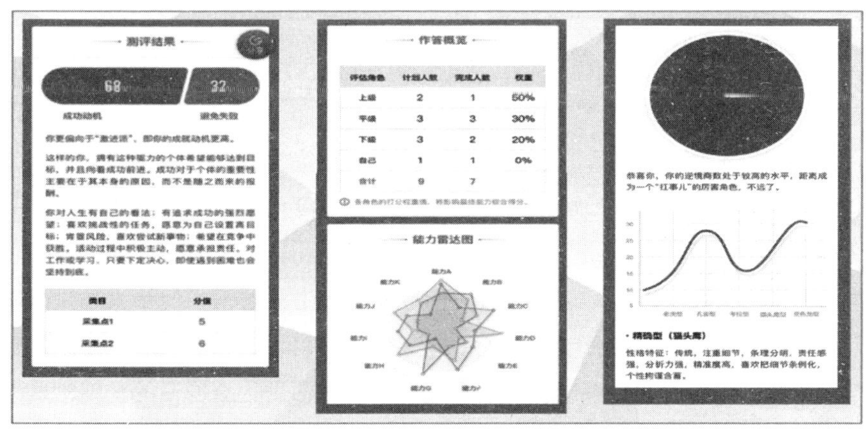

图 5　员工个人报告样式

能力发展趋势报告如图 6 所示。

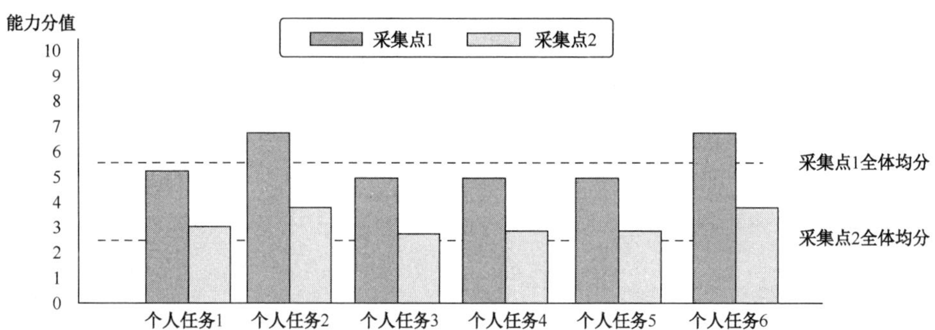

注：同一任务完成多次，不重统计。

图 6 能力发展趋势报告

5. 实施成果

（1）解决了招聘部门每年数千位候选人能力评估问题。

（2）高效解决测评人力投入问题。

（3）各级业务部门可根据需要，差异化地查看 360 度评估结果，并分析每位员工能力水平及发展情况，供企业制定管理策略。

【衍生价值探讨】

测评工具可与岗位能力模型有效匹配，为后续企业岗位序列人才发展计划、建立人才字典库、构建及管理岗位模型等提供数据支持。

（三）个性化推荐

1. 企业场景和痛点问题

当今社会环境下，优秀的企业在不断壮大规模实力的同时，也积累了丰富的经验和知识，这些经验和知识中往往包含着某些重要信息和行业发展趋势，是企业的财富。随着信息技术和互联网行业的飞速发展，信息数量呈爆炸式增长，企业知识也呈现指数级增长，信息过载的问题成为企业处理信息时最大的挑战。对于员工来说，如何从企业无限大的资源中获取适合自己的知识，提高自己的业务能力，是一个极具挑战的事情。对于企业而言，如何把恰当的资源呈现给需要的员工，提高员工在单位时间内获取合适知识的效率，也绝非易事。因此，针对企业的以员工为中心的个性化推荐应运而生。

2. 解决思路

弘成教育提供的智能个性化推荐平台，可对接并获取业务端各类数据，围绕业务节点转化流，为每位员工推荐个性化内容；帮助企业建立岗位能力模型，以岗位能力为中心，根据员工的人口数据、业务数据、学习情况、测评结果等对员工适岗情况做出诊断。

3. 方案实施方向

弘成教育个性化推荐系统以员工岗位能力、员工业务行为、员工学习行为三方面为基础，采集各类员工数据，对接标签系统，以多维度员工画像为基础，向员工精准推荐适合的课程内容，使企业达到根据员工特性进行培训的目的。

（1）基于员工岗位能力推荐。

基于员工培训和成长路径、兴趣和规划等历史行为记录，以及其特征属性，利用机器学习算法模型对员工进行能力诊断，结合岗位能力要求，检测其薄弱能力，并依托弘成教育 CARP 算法模型预测员工对课程的需求度，基于预测结果为其推荐适合的课程，整体流程如图 7 所示。

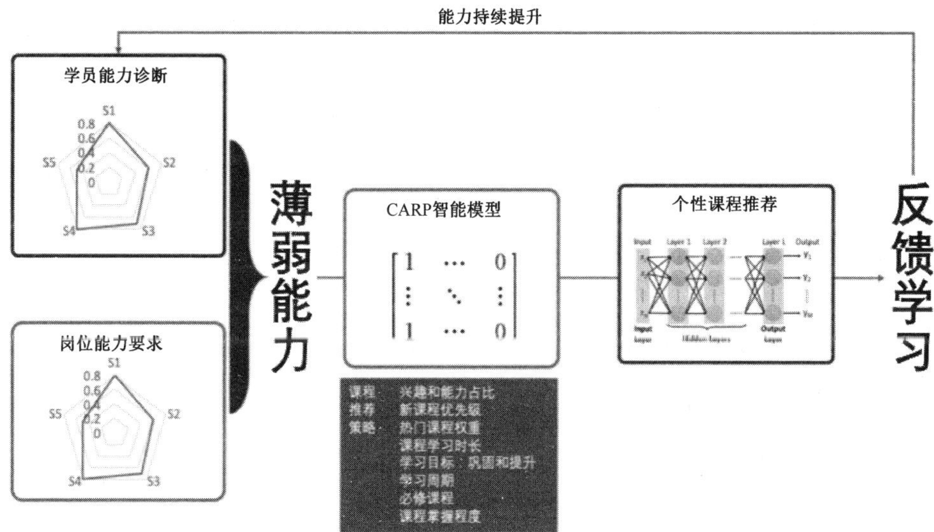

图 7　基于员工岗位能力推荐流程

设计推荐策略时从能力分布、薄弱能力、课程数量、难易程度（相对的概念）、近邻员工五个维度考虑。在能力分布维度，从学员能力的分布找出规律，为其推荐个性化的课程；在薄弱能力维度，选取学员薄弱能力中排名前N个，以有针对性地为其推荐课程；在课程数量维度，可以确定推荐的课程的数量；难易程度维度是相对的概念，在课程的推荐中，根据课程对于该员工的难度，可以作为推荐策略的其中一个权重，为该员工推荐个性化的课程；在近邻员工维度，采用机器学习算法，找出与该员工能力和个人发展规划相似的“近邻员工”，为其推荐与近邻员工相同的课程。推荐策略通过机器学习算法确定各策略最佳权重，从而可以进行多种组合排序。

（2）基于员工业务行为推荐。

以标签系统中员工业务标签、课程标签为基础，以组合的方式设置员工业务标签，筛选出满足特定条件的员工，以向这些员工推荐适合的课程。推荐课程前首先根据课程属性确定排名指标，如课程浏览量、课程点赞数、课程是否必修、是否新课程等，各种排名指标经过推荐算法的计算后，将排名结果展示在员工端页面。

（3）基于员工学习行为推荐。

企业推荐系统的目标就是向员工推荐课程内容。为了实现精准推荐，就要用到员工画像和课程画像。画像就是做特征抽取，产出就是特征标签。

员工画像是指员工的基本属性：年龄、性别、岗位、入职时间等。

课程画像首先按照课程的大类划分，如课程分类、课程形式。课程分类下的二级类目有基础课程、拓展课程、管理类课程等。课程形式下的二级类目有视频课程、文本课程、直播课程等。具体到课程，则有标题、主题、课程时间、浏览人数、点赞人数、用户打分、热度等分类。

行为关系包括员工看了哪些课程内容、点击率、点播率、看了多少、有没有快进、页面平均停留时间等。

基于员工学习行为推荐，以员工学习行为作为基础，为每个员工建立画像，以实现更加精准的推荐。

弘成教育的个性化推荐系统，力求为每位员工做到精准推荐，同时在该系统的系统管理端可以看到推荐人员、推荐课程的分布，对于管理者而言，推荐算法不再是“黑盒”操作，从而方便管理者对推荐结果进行调整，以达到更加精准推荐的目的。除此之外，在推荐的基础上，系统还增加了智能提醒功能，从而对员工的学习进度、任务完成情况起到了指导与提醒的作用。

4. 产品展示

弘成教育个性化推荐系统用户端既可以作为独立的推荐中心进行独立展示（见图 8），也可以作为学习平台进行展示（见图 9）。

图 8　独立展示

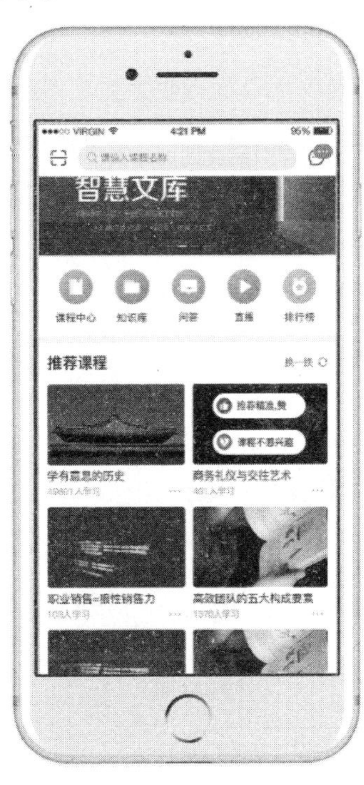

图 9　学习平台展示

（四）智能问答

1. 企业场景和痛点问题

员工在工作中会面对企业业务的多种问题，面对这些情况，大部分企业会选择设立人工客服岗位来回复员工的问题，但是人工客服会遇到人员、成本及用户体验等问题。因此，搭建一套智能问答系统对于企业的发展至关重要。

2. 解决思路

弘成教育研发的智能问答系统，可以看作一个快速解决员工日常问题的互动机器人。

员工在移动端可通过语音或文字向系统提问，系统利用人工智能算法进行语义识别，以快速理解员工的真实意图，从而向员工提供快速、精准的信息问询体验。系统能够对员工提出的未知问题进行搜集与分析，实现自我学习，做到知识库的自我完善，从而实时扩充知识库。

3. 方案实施方向

弘成教育研发的智能问答系统基于人工智能技术，以问答的形式，精准定位用户所需要提问的知识点，同时通过与用户进行交互，为用户提供个性化的信息服务。当用户提出问题时，系统对结构化或非结构化数据进行访问，作为其回答问题的依据，以将问题答案推送出来。系统业务结构流程如图 10 所示。

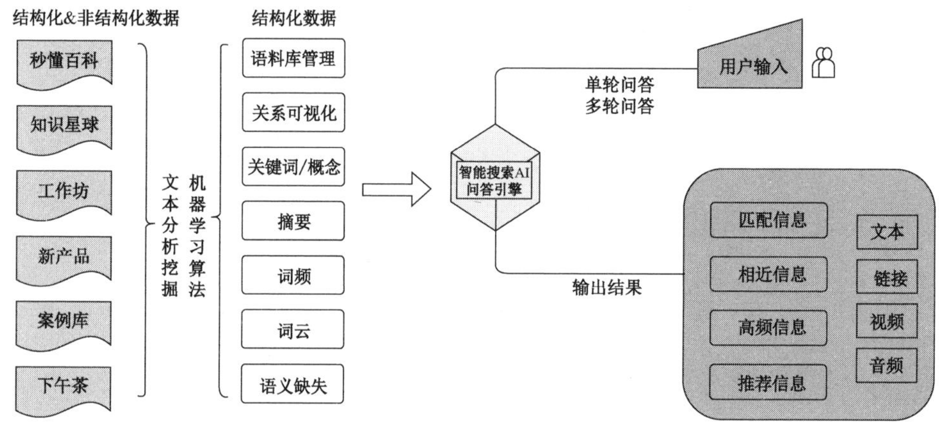

图 10　系统业务结构流程

智能问答系统按照对话类型主要分为问答型、任务型两类，主要涉及问题分析、信息检索、答案抽取三个方面。

问题分析：运用语义分析、语法分析、关键词提取、情感分析、依存分析等多种方式对员工提出的问题进行分析，以确保对问题准确识别。

信息检索：系统对问答库中结构化或非结构化数据进行访问和检索，并根据问题的分析结果，缩小答案可能存在的范围。

答案抽取：从可能存在答案的信息块中抽取答案。对于问答库中已存在的问题，系统根据检索置信度的高低给出答案：置信度高，则系统给出精准答案；置信度低，则系统首先给出问题列表由用户选择问题，然后再给出答案，以保证答案的正确性。对于问答库中不存在的问题，系统会给出兜底回复，并将未知问题进行分类、标记、处理。

弘成教育研发的智能问答系统以可检索、归类、整理的问答形式，帮助企业、学校、政府机构等组织搭建自己的知识库，用户可主动查询并获取产品和服务的说明内容，通过问答互动，加强企业和用户之间的社交黏性。同时，系统中知识社区的积分、打赏、分享等功能，可激发用户主动创作内容，扩散有价值的信息，从而有利于品牌传播和产品营销。系统可通过多种方式触达用户，集成企业微信、小程序、App、PC 等，只要将已有问题和答案导入问答平台，即可开始运行服务，简单便捷，成本低。

4. 产品展示

弘成教育研发的智能问答系统用户端如图 11 所示。

图 11　弘成教育研发的智能问答系统用户端

5. 实施成果

弘成教育研发的智能问答系统适用于全国上万名一线销售人员，以为其提供快速、精准的知识问答服务。系统自上线以来服务了上万名销售代表的知识问询，准确率达 90%以上，日均会话数达到 5000 次以上。

（五）智能陪练

1. 企业场景和痛点问题

对于服务行业来说，不论是销售、客服，还是导购，说服和打动客户都需要高超的谈话技巧。因此，企业会在销售话术、产品介绍培训上花费大量的人力、财力。但目前据公开数据显示，全国各行业服务人员规模超过 3 亿人，庞大的数据背后，却是从业人员质素、水平不一的行业现状。如果仅依靠传统的培训教学，企业不仅消耗大量的人力、财力，而且企业知识无法整理成体系，无法进行数字化沉淀。而对于员工来说，集中培训过后，知识遗忘快，无法得到老师的及时反馈，现场培训时间短，正式上岗前业务实践机会较少，对于培训效果无法追踪与量化，因此业务培训成为了企业和员工共同的烦恼。针对这一痛点，弘成教育自主研发了智能陪练系统，旨在让员工通过和虚拟机器人对话问答的方式进行培训测评，从而助力员工的业务能力及业绩产能的提升。

2. 解决思路

弘成教育研发的智能陪练系统基于人工智能和大数据的分析，将业务场景拆解成培训项目，打通培训与业务之间的壁垒，为员工提供真实场景下的人机交互练习。其流程为利用 AI 模拟客户进行场景演练，同时将 AI 技术与培训深度结合，利用实时语音识别、语音合成、语义理解等 AI 技术，基于行业及企业专有语料库的训练，对员工的表现实时给出多维度评分，以关注员工成长，构建员工个性化成长提升路径。智能陪练系统可以使员工不受时空的限制，利用碎片化时间模拟实际业务场景，随时随地与虚拟机器人进行对话训练，从而有效帮助员工提升沟通、表达技巧。

弘成教育自主研发的智能陪练系统也可应用于企业辅导场景，如经理可上传平时线下对下属的辅导音频，由 AI 进行诊断，并找出辅导标杆。具体业务流程图如图 12 所示。

3. 方案实施方向

弘成教育研发的智能陪练系统的核心功能是，通过知识图谱体系化展现企业业务话术，模拟真实业务场景的多路径的训练场景，对员工的训练结果实时反馈与评估。系统包含的功能模块如图 13 所示。

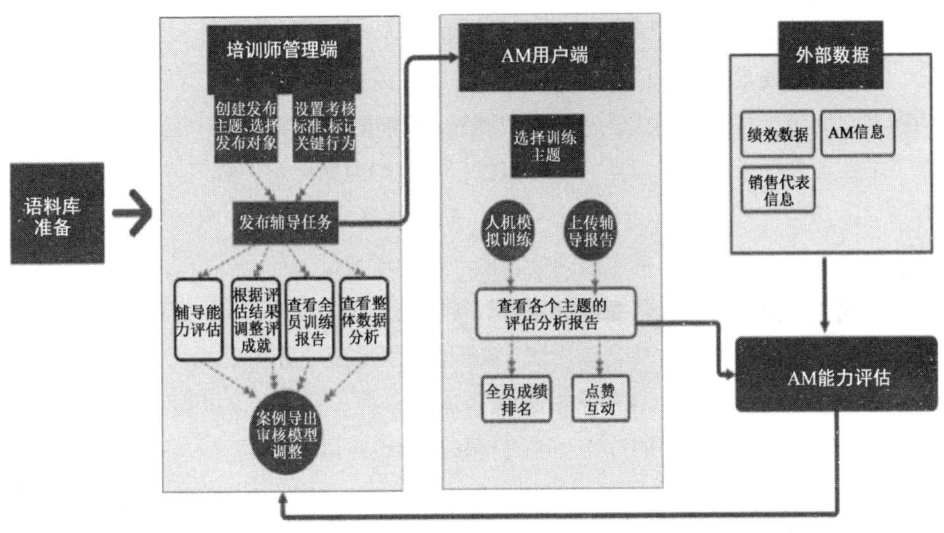

图 12　智能陪练系统业务流程图

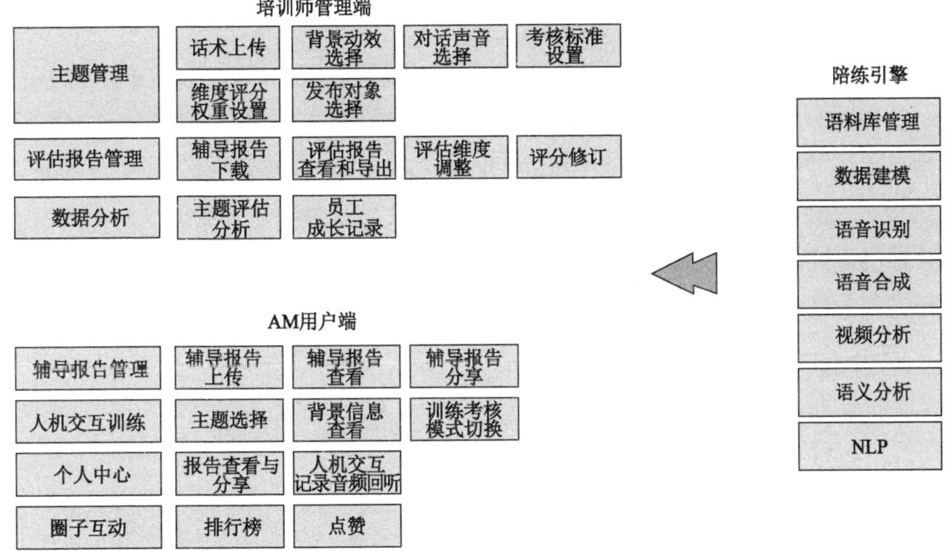

图 13　智能陪练系统功能模块

弘成教育研发的智能陪练系统将企业业务话术中的知识点按业务场景进行拆分，使用基础场景中的对话元素（如开场、对话流、转场、旁白、结束等）设计对话脚本，为员工打造沉浸式学习氛围。同时，智能陪练系统将学、练、测相结合，员工按照业务场景学习知识点后，可以进行反复的对话练习，练习过程中有提示、有指导，练习完成后，可进行对话测试，测试难度不断升级，测试过程有时间限制、次数限制、无提示，真正做到学练测一体化学习。

弘成教育研发的智能陪练系统通过真实人物、卡通人物、3D 定制人物等多种形象模拟客户，做到高仿真角色扮演（Roleplay）实现业务场景的真实模拟。进行训练时，学员可随机抽取客户案例，在训练过程中，系统可以根据不同语境设计分支对话流，使人机之间的沟通交流高度接近自然对话。

弘成教育研发的智能陪练系统基于由内容的完整性、表达的准确性、语音的清晰度、关键词的覆盖率等多维度构成的标准评估模型，依托实时语音转文本和语音合成技术，利用先进的 AI 算法，快速进行意图识别，精准地判断学员回答的准确率，从而实现对学员培训效果的分析。同时，基于企业业务知识点，系统将与学员的每个对话与企业能力项进行映射，通过对话的成绩分析学员对能力项的掌握情况。

弘成教育研发的智能陪练系统通过智能仿真技术，无须提前预订和布置场地，实现了多角色扮演，模拟真实销售场景，还原实战话术内容，学员可以随时随地自主练习，通过学习、演练、测试，渐进式地强化培训效果；通过高清录制练习过程，回放学员集训的每个细节，对学员的培训结果进行多维度统计，全流程量化监测。智能陪练系统达到了将传统人工培训进化到智能机器培训、提升学员沟通能力和思维能力、提高学员效率和业绩的目的。

4. 产品展示

弘成教育研发的智能陪练系统用户端如图 14 和图 15 所示。

5. 实施成果

弘成教育研发的智能陪练产品已被应用于多家世界500强企业，这些企业的月均陪练记录已达到100多万次，培训部门投入人力比由原来的1∶10降低到1∶200，培训效能提高了 20 倍，同时也提高了学员的培训效果。

图 14 智能陪练系统用户端——学、练、测一体页面

图 15 智能陪练系统用户端——陪练页面

四、案例经验总结

弘成教育的 AI 人才赋能解决方案整合企业内部数据资源，形成智能应用模型，赋能企业内部学习培训、人才发展，实现精准的人岗匹配，并为企业人才决策提供辅助，帮助企业建立智能化、个性化的培训体系，实现企业人才发展管理的数字化升级，促进企业业绩长足发展。该方案具有如下优势。

（1）智能数据分析：利用计算机算法智能编排的核心业务，贯穿人才选用育留的职业发展全程。

（2）端到端设计：覆盖系统业务流程中的每个部分，以减少线下人工控制的部分，从而达到节省人力、操作更有效率、过程更加易监控的目标。

（3）移动的特性：符合使用场景和便利性的移动导向。

第六篇　建设专业能力之术

利用在线学习有效性提升科研项目

诺华制药一线培训与发展部　王星恒　林章翰　蒋　燕

一、研究背景

诺华制药一线培训与发展部的数字化转型已进行了3年，已经积累了大量的在线学习资源和成功经验。在疫情期间，诺华制药的数字化学习资源发挥了巨大的作用。

那么，究竟什么样的教学因素可以提升在线学习项目的有效性呢？在2020年开展的“区域业务计划”在线学习项目的实践中，诺华制药负责培训的老师们进行了在线学习有效性提升的研究和探索。

二、理论模型

本项目以Hew的在线学习五因素模型（Hew's five factors model）为基础，探讨老师辅导和学员反思两种在线学习设计特征及其对学员自我效能感和学习效果的影响。Hew（2015）的理论模型提出，老师的辅导（老师可以并愿意与课程参与者互动）可以在学员有疑问的条件下给予学员答疑解惑，而学员通过回答而反思问题是一种主动学习行为，学员通过学习可将学习的知识主动联结到自己的实际工作中。

三、项目目标

（1）通过老师在线辅导和学员学后反思两种方式提升在线学习效果。

（2）用数据实证并测量“区域业务计划”在线学习项目的成果。

（3）针对以上两种设计探索哪种设计可以更加促进在线学习有效性的提升。

（4）通过研究，探索老师之后的工作重心应该放在辅导上还是放在课程的设计上。

四、学员分组与研究假设

本项目采用严谨的实验研究设计，按照随机的方式将学员分成三组（每组学员超过30名）。

第 1 组为对照组：该组学员按照原有的课程设计进行学习和作业练习。

第 2 组为实验组 A：在原有课程设计基础上，由老师额外给予学员在线辅导。

第 3 组为实验组 B：在原有课程设计基础上，由老师为学员设计学习后的反思任务。

本项目提出以下两种假设。

（1）A、B 两个实验组的学习效果高于对照组。

（2）A、B 两个实验组中实验组 B 的学习效果更好。

五、项目的设计与实施方法

本次在线学习项目的参与者为诺华制药某事业部医药销售代表，共招募了 107 名学员参与，并将其随机分配到 3 个不同组中进行学习，最终 96 名学员完成了学习任务。

参与本次在线学习项目的学员需完成 6 天的在线标准课程，每天完成“区域业务计划”标准课程中的一个模块，课程共有 6 个模块的内容。学员在完成标准的在线课程的同时需完成以下任务。

- 每天需完成 20～30 分钟的视频课程学习任务。
- 每一组的学员都需完成课程要求的前测和后测任务，并为其进行视频录像。
- 每天学员除学习标准课程外，还需完成每个学习模块的相应练习和测验活动，并作为课程的必修学习任务。

三个小组间的不同设计与实施方法如下。

第 1 组（对照组）：按照以上标准课程设计完成每天的学习和必修学习任务。

第 2 组（实验组 A）：除按照以上标准课程完成学习和作业任务外，在 6 天的学习周期内，由老师对学员提供一次 1 对 1 辅导，每次辅导时间为 20～30 分钟，由老师和学员约定好时间进行辅导。老师在每次辅导前，需要检查学员在学习过程中的练习和测验情况，以便明确辅导的重点。同时，在辅导过程中，老师也需要对学员在学习过程中产生的问题进行解答。所有辅导活动通过视频电话形式进行，每次的辅导过程均进行视频录像。

第 3 组（实验组 B）：除按照标准课程设计完成学习和作业任务外，在每个课程模块的最后，均需加上一节必修的学习任务，学员需要对本模块的学习进行结合实际工作的反思。学员被要求回答如何利用所学内容去解决实际工作等问题。例如，“请详细描述你将如何运用本模块的销售策略工具解决你面对的一个具体工作问题”。学员的所有反思均以文字的形式完成，并且不少于 50 个字。

六、项目测量指标的设计

1. 成果类指标

诺华制药开展的“区域业务计划”是提升销售策略能力的在线课程，分为 6 个模块，按照美国学者马杰的培训目标行为描述原则，将每个模块的行为和能力表现分为 7 个等级，并对其进行详细的行为描述，以此作为本次学习项目的测量标准，在培训前后由第三方按照这一标准对学习成果进行评估。例如，针对市场潜力分析模块，将按照学员提交的前测和后测作业进行 1 级至 7 级的评分。成果目标细化标准（示例）如图 1 所示。

2. 学习情感类指标

按照 ARCS 评估模型的四个方面 [注意（Attention）、关联（Relevance）、信心（Confidence）和满意（Satisfaction）] 进行学习情感评估。

3. 学员自我评价

按照班杜拉自我效能理论（人们对自己在某些情况下取得成功的能力的信念），分别于在线学习的前、中、后期，由学员对学员自己的业务技能进行自我评估。例如，“请在 1 到 100 的范围内对你的销售策略分析能力进行打分。”

七、指标数据的分析与结论

1. 学习成果

3 个小组的学员经过本次在线学习，学习成果的前测和后测对比如图 2 所示。

第 1 组（对照组）：学员在学习后的技能相比学习前提升了 103.93%。

第 2 组（实验组 A）：学员在学习后的技能相比学习前提升了 151.93%。

第 3 组（实验组 B）：学员在学习后的技能相比学习前提升了 204.05%。

同时，经过多变量方差分析表明，学员的学习成果在三组间具有显著差异，采用事后 Tukey 检验评价三组学员的学习效果差异，结果表明：实验组 B 学员的学习效果显著优于实验组 A 的学员（$p < 0.05$）和对照组（$p < 0.001$）；实验组 A 的学习效果显著优于对照组（$p < 0.001$）。

模块	考核具体项目	评分标准						
		1	2	3	4	5	6	7
1	总体业绩分析技能	没有总体业绩分析	1、表格数据缺少任意一项； 2、无重要发现	1、表格数据齐全； 2、无重要发现	1、表格数据齐全； 2、无重要发现；但不是趋势、波动/异常； 3、没有得出机会和威胁	1、表格数据齐全； 2、无重要发现；分析趋势、波动/异常； 3、没有得出机会和威胁	1、表格数据齐全； 2、无重要发现；分析趋势、波动/异常； 3、得出机会和威胁与重要发现结论不一致	1、表格数据齐全； 2、有重要发现但正确； 3、得出的机会和威胁符合重要发现结论
2	医院分析报告结果分析	没有医院业绩分析	1、表格数据缺少任意一项； 2、无重要发现	1、表格数据齐全； 2、无重要发现	1、表格数据齐全； 2、无重要发现；但不是趋势、不符合公司策略； 3、没有得出机会和威胁	1、表格数据齐全； 2、无重要发现；分析医院趋势、符合公司策略； 3、没有得出机会和威胁	1、表格数据齐全； 2、无重要发现；分析医院趋势、符合公司策略； 3、得出机会和威胁与重要发现结论不一致	1、表格数据齐全； 2、有重要发现且正确； 3、得出的机会和威胁符合重要发现结论

图 1　成果目标细化标准（示例）

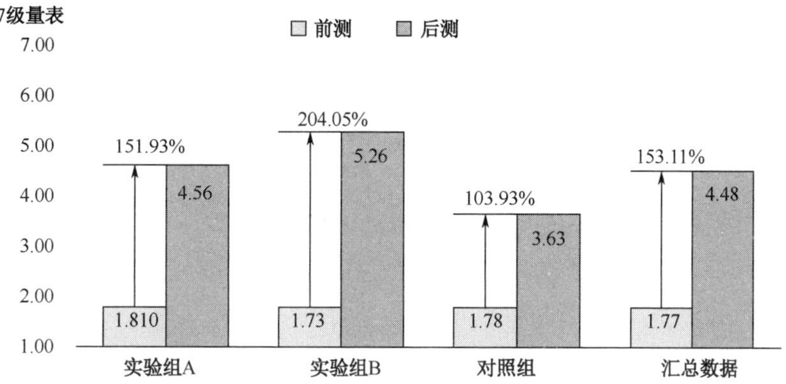

图 2　学习成果的前测和后测对比

2. 学习情感

学员对老师辅导的评价明显高于对项目的综合评价 20.91%，学员对老师辅导的满意程度明显高于对 ARCS 各项的综合满意度，说明在在线学习项目中增加老师的辅导后，会大幅提升学员的学习情感。

学员对回答反思问题的评价明显高于对项目的综合评价 21.07%，学员对回答反思问题的满意程度明显高于对 ARCS 各项的综合满意度，同样说明在在线学习项目中也可以通过设计反思问题来提升学员的学习情感。

3. 自我效能

经过配对检验分析表明，各组学员的自我效能显著提升（$p < 0.001$）。重复测量方差分析结果表明，在三种情况下，学员的自我效能感和表现都得到了提高。多因素分析结果显示，时间对自我效能感和学习成果的主效应显著［Wilks'lambda = 0.111, $F(2,83) = 333.68$, $p < 0.001$］，时间与各组交互作用也显著［Wilks'lambda = 0.584, $F(4,166) = 12.82$, $p < 0.001$］。随访单变量分析表明时间对自我效能感有影响［$F(1, 84) = 39.91$, $p < 0.001$，学习成果 $F(1, 84) = 669.73$, $p < 0.001$］。因此，假设 1 中的两个实验组的学习效果高于对照组得到了支持。进一步对假设 2 进行分析，通过对比实验组 A 与实验组 B 的效果，时间与两组交互作用对学习效果 $F(2,84) = 27.71$, $p < 0.001$，而自我效能 $F(2,84) = 0.47$, $p = 0.63$。通过 Post-hoc Tukey's 检验来评估三组在表现上的差异（见图 3），结果表明，实验组 B 的学习效果显著高于实验组 A($p < 0.05$)和对照组($p<0.001$)，同时，实验组 A 的学习效果明显高于对照组($p<0.001$)。综上所述，说明本次在线学习项目显著提升了学员对区域业务汇报自

我效能和学习效果。

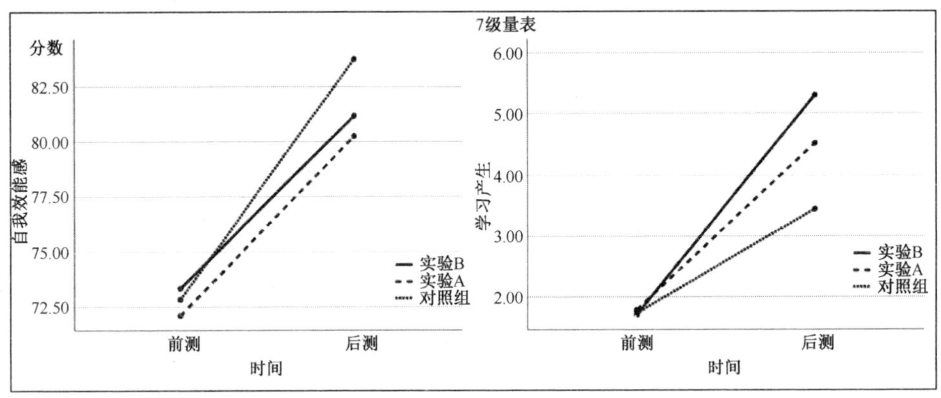

图 3　自我效能与学习成果三组对比

八、结论

与本项目假设一致，研究结果显示了与 Hew（2015）研究相关的模式，这是一个独特的贡献。

本次在线学习研究成果的重要意义在于，在未来同类型学习项目中，老师的工作重心将从繁重的辅导工作中解放出来，而转移至设计学习内容链接工作的反思问题上，从而促进学习效能的提升。这也预示着在数字化时代的今天，学习有效性的提升方式将从传统的培训转向学员的自主学习。

同时，需要在主动学习与自主需求之间的潜在机制方面从理论或经验的角度进行研究。最后，由于目前的研究样本量较小，因此这项研究的外部效度可能会受到影响。

数据驱动深层次在线学习

职鼎科技　吴屹华

在数字化和数据决策的双引擎时代，数字化和数据决策有什么关系呢？首先需要对二者的概念进行说明：数字化指的是利用计算机和互联网技术，将信息的存储和传输变得更加方便和高效，是提高效率的手段；而数据决策指的是对某一件事物的描述，通过获取和分析数据来洞见决策，是提升效益、降低风险的方法。

简单地讲，数字化为生活、学习和工作方式带来了改变；而数据决策则利用由数字化带来的大量数据，为我们提供更有价值的洞见。

当下如火如荼的“培训数字化转型”其实并不是简单地将线下课堂转为线上学习，而是需要利用各种有效数据，由“经验说话”转向“数据说话”，为培训从业者提供高价值的洞见，从而可以提升数字化时代的学习效果。

一、学习分析与深层次的在线学习

无论是现在还是未来，企业培训的目标均是围绕绩效提升员工能力，“人性”永远优先于“技术性”，技术不能喧宾夺主，这是培训工作的本质。归根结底，培训数字化领域的一切改革都是为了促进学员的有效学习。

然而，很多研究和现象表明，目前在线学习的质量并不能令人满意，多数学习仅停留在浅层次水平上。“深层次学习的发生”对有效、持续地开展在线学习意义重大，而学习分析为深层次的在线学习提供了决策依据。

那么什么是“学习分析”呢？学习分析在很大程度上是随着在线学习产生的大量数据而产生的，该领域在过去的十多年发展迅速，成为当今热门的领域。

拉瑞•约翰逊等人对“学习分析”做了细致的定义：利用与学员相关的数据来建立更好的学习设计和教学方法，以促进学习和转化，并为管理者和授课者提供项目实践的有效数据依据。

学习分析不仅可用于预测学员的学习成果，以对其及时进行教学干预，同时也可用于支持学员发展终身学习技能和策略，向学员提供个性化学习和及时反馈，以及支持学员发展协作、批判性思维、交流和创造性等方面的重要技能。

弗格森和克罗也指出，学习分析的目的是为了提高学习效果，以及学习支持和教学支持水平，学习分析应该得到广泛且合乎伦理道德规范的应用。

如同其他培训和教育技术，学习分析归根结底是为了促进学员的有效学习和知识转化。

二、为什么用“数据”做学习分析

管理大师彼得·德鲁克一句经典的管理语录清晰地解释了“用数据说话”的价值：你不能管理衡量不了的工作，如果工作不能衡量就不能优化。业务部门通过客户转化数据提升业绩，生产部门通过提升成品率控制成本，供应链通过提高仓储周转率减少浪费，其目的都是促进降本增效、提高收益。

同样对培训而言，培训用数据说话不仅能提高效率，还能提升培训的效益和结果。但在培训的数据决策中，为了达到提高培训效率与效益的目标，仅依靠学员对内容和老师的满意度等数据是远远不够的，培训管理需要使用更多的数据来分析学习进程和结果，以不断完善培训的设计和方式、促进有效学习和转化，最终提高培训带给组织的效益。

具体来讲，用数据做学习分析带给培训工作的价值有四个方面。

（1）做准。

数据分析让培训更加精准。通过对访谈和问卷的严谨设计与实施，可以精准收集信息并进行量化分析，从而准确提取培训需求，建立基准和目标，合理匹配学习资源，让学习更精准。

（2）做到。

打卡式数据采集确保学习进程。通过瞄准学习目标并进行学习流程和里程碑的设计，在整个学习过程中进行打卡式里程碑数据采集，以确保学习方案有效落地和执行。

（3）做好。

通过数据预警督促学习有效发生。通过学员在学习过程中的反馈数据，发现问题并提供风险预警，以及时做出合理干预，从而引导学习和转化按照预期目标高效展开。

（4）做广。

用数据实证作为推广依据，让成效可预见。通过对成功样板项目进行数据分析，一方面可提供学习设计与实施的优化依据，另一方面可用数据实证预测培训项目推广为组织带来的价值和效益。

三、深层次在线学习需要哪些数据

在线学习中的深层次学习是指学员投身于学习之中时表现出来的一种积极而持续的状态，主要分为三个方面：情感投入、行为投入和认知投入。这三个方面相互存在并相互影响。深层次在线学习指标也要从这三个方面进行数据的收集与分析。

情感投入是学员对学习活动的情感体验，包括促进任务完成的积极情感（如好奇、热情等）、抑制任务完成的消极情感（如痛苦、愤怒、焦虑等）；行为投入是指学员在完成任务的过程中呈现出的专注力、努力程度与持续性；认知投入体现在深层次认知策略使用、自我监控与主动自我调节等方面。

那么如何设计和获取学习投入的指标数据呢？

情感投入指标：学员对学习过程、学习结果的享受和满足程度等。此类指标的设计可以参考美国心理学家约翰·M. 凯勒的 ARCS 评估模型进行数据收集，ARCS 是注意（Attention）、关联（Relevance）、信心（Confidence）和满意（Satisfaction）的英文缩写。

行为投入指标：参与学习与交互活动的情况，如积极提问、主动回应他人、阅读课程资源等。行为投入指标可以参考北京师范大学远程教育中心整理的 21 项在线学习行为（见表 1）收集数据。

表 1　21 项在线学习行为

指标类别	指标解释（在线学习行为）
主动交互	帖子量贡献率（发帖总数÷全部帖子数×100%）
	所发主题帖被教师浏览次数
	帖子内容贡献率（发帖总字数÷全部帖子的总字数×100%）
	访问课程论坛总次数
	浏览同学发布主题帖的总次数
	浏览老师帖子的总次数
单次登录平均参与度	每次登录学习课程的平均时长
	每次登录浏览课程内容页面的平均时长
	每次登录浏览页面总数的平均值
	每次登录浏览论坛主题帖数的平均值
	每次登录访问课程论坛的平均时长

续表

指标类别	指标解释（在线学习行为）
学习成果努力程度	每次提交作业时间间隔小于全班平均时间间隔的总次数
	做作业或测试题时完成所有题目的次数
	多次提交同一个作业的次数
学习挑战程度	提交的作业数
	高页面浏览量的保持
	自测题尝试总次数
自我监控	浏览课程导学页面总次数
	课程内容页面浏览时长高于自己以往浏览平均时长的次数
	反复浏览的课程内容页面数
	浏览课程导学内容的完整性

认知投入指标：学员完成高阶学习目标的程度，如学习中能达到转化运用、问题解决等高阶认知目标。此类数据指标可采用学员对自己的自我评分作为参考，尽管学员的自我评分存在一定主观性和误差，但在学员认知程度较高的在线学习中，这种类似问卷量表的自评数据仍具备明显的优势，即采集快速敏捷。例如，“请对这一模块的学习收获进行评价（1～100 分）”。这种评价方法的理论依据来自班杜拉提出的自我效能理论，该理论是现代模式的培训和教育的基础理论，指个人对自己能否完成某个任务或活动的能力的信心、信念或主体对自我的感受和把握，从动机学角度来探讨主体自我发挥的作用。

四、如何用数据促进在线深层次学习的效果

学习投入数据体现了在线学习的成效，更重要的是这些学习投入的指标数据可以用来支持在线学习的设计、实施和干预等。数据的核心价值就是促进在线深层次学习的效果。具体来讲就是，依据这些数据，可在课程中帮助学员在情感、行为和认知三个层面开展深层次的在线学习活动，并通过收集学习过程数据以分析学习效果。

学习投入数据的展现形式有很多，包括基于问卷调查的数据、在线学习的行为数据、质性数据（包含学员交互内容及数据）、学员提交作业和相互评价的相关数据等。基于不同的数据类型，可分别采用词频分析、社会网络分析、交互深度分析和基于 SOLO 理论等分析方法，进行专业的数据分析与洞见。

在线学习组织者可以进一步利用数据促进学员深层次学习在不同方面的有效性提升。

（1）促进情感转化：推动学员的学习积极性，提升参与度，提高自我效能感，从而得到更好的在线学习体验。参与度体现为学员参与相关任务或活动的强度和情感质量，通过持续的参与行为及其对任务完成的总体积极影响或情感来体现。当在线学习过程中让学员解决现实问题或参与某种真实任务时，学员的学习主动程度就会增强；当学员可以将课程中的新知识联系到个人或职业生活中时，他们就会更有掌握知识的动力。综合来看，对学习情感数据进行分析，可对分析在线学习中情感深层次参与度发挥主要作用。

（2）促进行为转化：使学员深层次地投入学习。尽管在线上学习的环境中，学员的行为表现具有一定的不准确性和欺骗性，但是行为数据的频度、广度和深度仍然能在一定程度上反映学员的学习投入程度。在线学习中，深层次的参与表现为在学习过程中能根据反馈进行自我反思与自我调节，从而可以积极地参与深层次的交互活动。为了让学员能进行深层次的行为参与，一方面，从自身行为调节的角度，需要在教学活动中给予他们及时的反馈，引导其深度反思并及时调整学习策略；另一方面，从与他人交互的角度，可以通过设计活动来促进学员之间的互动。形式多样的社会化交互活动能够帮助学员有效消除距离感，促进深层次学习。综合以上分析可知，用数据说话可以促进学员深层次学习，并可促进学习和知识转化。

（3）促进认知转化：可以鼓励学员分析问题，并能运用所学知识来解决问题，最后归纳出解决问题的方法，“分析—解决—归纳”这个过程就是触发并推动高阶思维转化的过程。认知重组策略让学员将新学的知识和技能与已有的知识和技能建立连接，以达到知识结构的转变，从而发生有意义的学习，而通过概念的重组能产生创新性的观点。拓展策略可以促进学员学习额外的知识，对已有知识形成新的认识，从而拓展学生的思维。

综合来看，问题策略、认知重组策略和拓展策略在促进在线学习中深层次认知参与方面发挥着作用。

五、用数据进行学习分析的展望

在线学习和以往线下培训一样，都是以组织的目标和策略为目标展开的，具体来讲就是，以解决业务中与 KSA（知识、技能和态度）相关的问题为基础的，因此，在线学习分析就一定是围绕业务场景来进行的，不仅要回答在线学习本身的成效问题，还要回答对组织策略和业务目标的贡献等问题。

用数据进行学习分析可以为组织带来如下收益。

（1）测量学员学习成效。

围绕培训项目的目标，按照“教学测”的一致性原则，在学员学习前、学习后进行测量，客观真实地反映其学习效果。

（2）需求的调研与分析。

无论是通过访谈还是问卷的形式进行调研，均可围绕项目目标进行精准设计，从而可以科学地量化处理和分析，以对需求进行科学的诊断并可以有效地以量化的形式呈现。

（3）数据实证学习有效性提升。

用数据代替经验，从而可以在用结果性数据展现学习效果的同时，用过程数据解释和优化形成结果的因素，最终促进学习有效性的提升。

（4）用数据分析促进转化效果。

综合分析学习指标及学员在实际工作中的能力和行为，关注学习转化的各项指标的发展和变化，并及时反馈和干预，从而促进转化效果。

（5）培训成效的数据分析与报告。

通过各项培训指标的设计与数据采集，形成高质量的培训数据资产，让学习效果看得见，让数据更具说服力。

（6）培训有潜力的人才。

用学习成长和进步等数据对有潜力的人才进行甄别和选拔，是培训的重要功能之一，可靠的数据和科学的分析为此提供了可能。